中文社会科学引文索引（CSSCI）来源集刊

产 业 经 济 评 论
REVIEW OF INDUSTRIAL ECONOMICS

第 21 卷　第 3 辑　（总第 71 辑）

主编　臧旭恒

中国财经出版传媒集团
经济科学出版社
Economic Science Press

图书在版编目（CIP）数据

产业经济评论. 第 21 卷. 第 3 辑/臧旭恒主编. --
北京：经济科学出版社，2022.9
ISBN 978 - 7 - 5218 - 4058 - 2

Ⅰ. ①产… Ⅱ. ①臧… Ⅲ. ①产业经济学 - 文集
Ⅳ. ①F062. 9 - 53

中国版本图书馆 CIP 数据核字（2022）第 181098 号

责任编辑：于 源 陈 晨
责任校对：靳玉环
责任印制：范 艳

产业经济评论

第 21 卷 第 3 辑 （总第 71 辑）

主编 臧旭恒

经济科学出版社出版、发行 新华书店经销

社址：北京市海淀区阜成路甲 28 号 邮编：100142

总编部电话：010 - 88191217 发行部电话：010 - 88191522

网址：www. esp. com. cn

电子邮箱：esp@ esp. com. cn

天猫网店：经济科学出版社旗舰店

网址：http：//jjkxcbs. tmall. com

北京季蜂印刷有限公司印装

787 × 1092 16 开 11. 75 印张 230000 字

2022 年 9 月第 1 版 2022 年 9 月第 1 次印刷

ISBN 978 - 7 - 5218 - 4058 - 2 定价：49. 00 元

（图书出现印装问题，本社负责调换。电话：010 - 88191510）

（版权所有 侵权必究 打击盗版 举报热线：010 - 88191661

QQ：2242791300 营销中心电话：010 - 88191537

电子邮箱：dbts@ esp. com. cn）

目　　录

CONTENTS

第 21 卷第 3 辑　　　　　　　　　　产业经济评论　　　　　　　　　　Vol. 21　No. 3

2022 年 9 月　　　　　　　　Review of Industrial Economics　　　　　　September 2022

航班共享、消费者福利与合谋

——来自中国热门直达航线的理论和实证研究

林　平　孙　颖　韩　超[*]

摘　要： 航空公司的航班代码共享协议可协调企业的商业信息交流，促进合谋，从而起到抬高价格，降低消费者福利。代码共享是几家航空公司之间达成的协议，一家承运方航空公司（代码共享实际承运者）允许其他营销方航空公司（其代码共享合作者）销售其运营的航班座位。本文使用国内十大热门直达航线 2017 年 12 至 2018 年 1 月的机票价格数据，通过实证分析发现航空公司签订的代码共享协议与机票价格水平之间存在着积极而显著的正相关性，即代码共享抬高了价格，降低了消费者福利。签订代码共享协议的各航空公司提高了他们合作的直飞航线上所有航班（包括非代码共享航班）的价格。此外，签订代码共享协议的营销方或者承运方航空公司价格高于其他未达成代码共享协议的航空公司的机票价格高，具有垂直关系的代码共享营销方高于其协议中的承运方航班价格。其原因可能为航空公司通过代码共享协调定价策略而抬高价格。本文的研究建议反垄断执法机构制定针对国内直达航线航班代码共享行为的管理办法，加强国内直达航线代码共享的审批，规范各航空公司的代码共享航班服务细则，明确各方责任。

关键词： 代码共享　合谋　市场竞争　反垄断

一、引　　言

每遇我国春节民航客流高峰以及宏观风险事件，航线运力效率不足的航线的机票价格都会出现价格大幅上涨，甚至个别航线惊现"天价"机票，尽管机票价格根据市场这只看不见的手进行浮动，在各大航空公司积极扩大航线的今天，这种供求失衡的情况仍不符合市场运行机制。自民航业经历市场化改革以来，国内各大航空承运方航空公司往往通过代码共享积极地建立合

---

* 林平：山东大学经济学院；地址：山东省济南市历城区山大南路 27 号，邮编：250100；E-mail：plin@ sdu. edu. cn。

孙颖：东北财经大学产业组织与企业组织研究中心；地址：辽宁省大连市沙河口区尖山街 217 号，邮编：116021；E-mail：sophiesun777@ qq. com。

韩超：东北财经大学产业组织与企业组织研究中心；地址：辽宁省大连市沙河口区尖山街 217 号，邮编：116021；E-mail：hanchao0210@ 163. com。

作伙伴关系，实现强强联合。显然，代码共享协议使得国内各大航空公司的航线进一步扩大和完善，运输效率提高，然而，我国国内繁忙和热门航线的直达航班机票价格却未见降低，也未见市场的竞争效应发挥作用。因此，代码共享的竞争效应和反竞争效应也一直未有定论。本文选取国内几大直达航线的代码共享航班进行研究，以探究其在市场中的竞争机制。

代码是由国际民航组织规定的一种特殊符号，将其使用于客票、计算机订票系统（CRS）、航空运输指南和机场信息牌上用以区分不同航空公司。代码共享是指一家航空公司的航班号（即号码）可以用在另一家航空公司的航班上，即旅客在全程旅行中有一段航程或全程航程是乘坐出票航空公司航班号但非出票航空公司承运的航班。代码共享实际上是两个或两个以上航空公司之间签订的协议，其中一家或者多家航空公司作为营销方，即代码共享合作伙伴，被允许出售由另一家航空公司作为承运方，即代码共享实际承运人所运营航班的席位（Oum et al.，1996）。

从结算的角度看，国内代码共享分为自由销售（free sales）代码共享，硬包（hard block）代码共享和软包（soft block）代码共享。自由销售代码共享指营销方航空公司和承运方航空公司用各自的航班号共同销售同一航班，而不限制各自的座位数。硬包代码共享和软包代码共享统称为包座代码共享，指营销方航空公司和承运方航空公司达成合作协议，购买承运方航空公司某一航班的固定座位数，营销方航空公司只能在此范围内用自己的航班号进行销售。所包座位若能在一定期限之前归还承运方航空公司，则称为硬包代码共享，否则称为软包代码共享。

从航程的角度看，代码共享可分为两大类，即联运代码共享（interline code-sharing）和在线代码共享（online code-sharing）。根据航程中是否由同一运营商承运航班分类，航线可分为在线（online）和联运（interline）。因而，当航程中的每个乘机联，即每个航段的承运方航空公司保持不变时，该航班称为在线航班。而当航程中有两个或两个以上的承运方航空公司时，则称该航程是联运的（Ito and Lee，2007）。

从代码共享的实际运营情况看，代码共享分为传统代码共享和虚拟代码共享。根据 Ito and Lee 的定义（2007），当航线为联运，具有两个航段，并且其中一个为代码共享航段，则称该航班传统代码共享航班。当航线为在线，航程中始终只有同一家销售方航空公司，且所有航段都为代码共享航班，则称该航班为虚拟代码共享。

从代码共享的形成方式来看，代码共享有两种形式：一种是互补代码共享（complementary code-sharing），另一种是平行代码共享（parallel code-sharing）。互补代码共享是指两家相互合作的航空公司，通过签订代码共享协议把他们相互独立的航线相连接，形成一个新的互补型航线网络，但每家航空公司仍在其原有的航线上运行。平行代码共享指代码共享的航空公司在同一条航线上运营，相互竞争的航空公司在资源和运营方面进行合作，提供更高频率的航班运输。国内直达航班代码共享，在航程上属于在线代码共享，从其实际运营情况看，其属于虚拟代码共享，从形式是看，属于平行代码共享。

通常情况下，航空公司可以通过股权控制关系达成代码共享协议。作为民航业的政府监管机构，民航局明确规定了具有绝对控股关系的航空公司之间能共用代码。除此之外，航空公司也可通过加入航空联盟与其他航空联盟成员达成代码共享协议。航空联盟是几家航空公司在全球航空业界建立的合作协议。由于航空联盟可通过代码共享发展更大的航空网络，很多航空联盟都是来自几个航空公司之间的代码共享网络发展而成。

本文试图从以下几个方面分析代码共享的竞争机制：第一，为了论证代码共享在直达航线上是否降低了消费者福利，本文采用理论与实证相结合的方式，通过理论模型以及使用大量的价格数据作为证据，以验证代码共享与直达航线航班价格和消费者福利的关系。第二，通过分析需求低迷时期数据，使得促进合谋的因素更容易识别，因为在此时间内，过度的产能（缺乏合谋或减弱竞争的条件）通常会降低价格并加剧竞争压力。第三，本文通过针对时间敏感型消费者的稳健性检测以证实实证分析的结果，内生性问题则是通过处理效应模型解决。

二、相关文献和假设提出

国内学者大多从法律角度研究了代码共享关系中各方责任，而通过经济学角度对代码共享进行实证分析的研究较为稀缺。王彩丽（2015）提出代码共享关系背景下，营销方航空公司应承担绝对法律责任，并与承运方航空公司就应承担的各方法律责任在协议中作出明确规定。王延宇等（2016）分析了代码共享中承运方和营销方之间，航空承运人与旅客之间的法律关系。徐振领（2009）提出，航空公司通过代码共享与签约航空公司达成合作，扩展了航线网络，提高了运营效率，但却形成了联盟之间以及联盟和非联盟航空公司之间新的竞争格局，并限制了非代码共享航空公司的发展。

现已有大部分文献研究了代码共享协议在美国路线以及欧洲路线上竞争效应，实证研究证明了代码共享协议降低联运票价，认为联运代码共享给消费者福利产生了普遍的积极影响。Oum et al.（1996）认为，代码共享协议导致票价减少并增加市场领导者航空公司的乘客数量。Park（1997）发现根据市场规模和交通密度的经济性，互补代码共享会增加经济福利，而平行代码共享会降低经济福利。Brueckner and Whalen（2000）使用模拟分析表明，在使用代码共享的联运航程中，承运方航空公司向其代码共享航空公司的国际航空联盟盟友收取比非联盟盟友低 25% 的票价，从而增加消费者的盈余和福利。

虽已有诸多文献对联运航班代码共享进行了研究，但直达航线代码共享的实证研究却缺少确定性结论。Armantier and Richard（2008）认为美国大陆航空和西北航空使用代码共享协议来扩大他们飞机上销售的座位数，降低了价格，但却发现直达代码共享的价格却较高。他们发现代码共享协议在消费者福利上增加了联运乘客的平均盈余，但降低了直飞乘客的平均盈余。Brueckner and Whalen（2000）试图使用 1300 次海洋航线观测数据进行分析，他们发现直达航线代码共享对价格上涨的影响在统计上并不显著。Ito and Lee（2007）发现以虚拟代码共享为特色的路线的票价高于平行代码共享的票价但却低于没有代码共享的乘飞航空公司的票价。他们认为虚拟代码共享可以成为产品差异化的一种形式，以吸引高价敏感的消费者。Czerny（2009）证明了联运可以使乘客在代码共享协议下使乘客的经济效益变得更好，而非联运乘客则更糟。Gayle（2008）通过比较 2002 年第三季度联盟前的数据和 2003 年第三季度联盟后数据，研究了 Delta，Continental and Northwest 代码共享联盟的国内效应。他认为联盟的形成与票价的增加以及特定类型的交通流量的增加有关，却没有验证出代码共享对直达航班价格的影响。

从经济行为的角度看，代码共享是一种介于合并和传统的航线联营之间的企业整合，对航空运输业有益处也同时带来弊端。代码共享航空公司可以在更多目的地机场增加航线，协调更多航班的时间，同时不会产生额外的运力投资的成本和风险。同时，承运方航空公司可能会享受更高的载客率，因此每座乘客的收益率更高（Dresner and Windle，1996；Brueckner，2001）。此外，航空公司的利润率与其拥有的代码共享合作伙伴的数量有正相关性（Zou and Chen，2017）。由于代码共享可降低成本并提高效率，并且提高现有服务并改进产品，这将有利于航空业的发展。但代码共享也可造成市场划分，排除和限制竞争，限制运力，提高价格等不利影响，这些均损害了消费者利益。从竞争法的角度来看，代码共享是竞争对手之间的协议，因此可能会损害竞争。通过商业敏感信息的交换，可能会产生更高的机票价格。此外，承运方航空公司可能通过向代码共享航空公司收取运营航班的座位费用来增加营销方的成本。由于双重边际化问题，这些费用可以进一步提高价格，从而进一步危害消费者的利益。由于这些代码共享协议可能会降低市场机制的调节功能，所以经常受到反垄断机构的审查（Gayle，2007；Gayle and Brown，2014）。当其反竞争效应超过其竞争效应时，可能会遭到禁止（Gilo and Simonelli，2015）。

与联运航线相比，代码共享对直达航线的航班可能存在反竞争效应。在联运航线上，代码共享协议的各方不会对乘客进行竞争，而是为他们提供相辅相成的服务，例如，某承运方航空公司将乘客从目的地 A 运输至目的地 B，而第二个承运方航空公司则提供从目的地 B 到目的地 C 的持续飞行。若其中一个航段只由某个航空公司运营，那么这个航空公司就有很大的话语权，因为所有的营销方，如果想卖出这个航段的联运机票的话，必须得到此航空公司的同意与许可。在直达航线中，即两个航空公司在给定的航线上是竞争的，例如，某航空公司出售将乘客从 A 运输至目的地 B 的航班，第二个航空公司也在同一航线同一时点出售将乘客从 A 运输至 B 的航班。在这些短途航线中，两个航空公司共同销售着一个航线的机票，并且航线并没有经过一些比较大的枢纽中心。两个代码共享的公司可以通过减低航线频率和提高航段费用来阻碍乘客出行的便捷程度、提高乘客的出行成本，导致消费者的福利损失。

以上研究表明，虽然在国际航空航旅的背景下，代码共享的效果得到了很好的研究，但国内航空公司的代码共享是一个相对较新的现象，因此只受到有限的关注。本文评估了我国国内直飞航线的代码共享在直接或潜在竞争对手中的价格增长效应。与联运航线代码共享促进竞争的效果相反，本文研究发现直飞航线的代码共享协议抬高了价格，降低了消费者福利。

由此，本文提出两个假设去检验代码共享对竞争的影响。一方面，代码共享者之间的合作将产生圆桌效应促成协调和共谋。代码共享提供方便的机制来使航空运营人交换商业敏感信息，可能使其通过默认达成或公开达成合谋协调价格和飞行频率。代码共享的航空营运人也可能有更多的机会来惩罚一家偏离合谋价格的营运人。因此，各签订代码共享的公司独立运营的飞行进行合谋，以在他们合作的直飞航线上达成合谋。圆桌效应的本质是签订代码共享协议的航空公司在特定航线上互换营销方和承运方角色对价格的影响，例如，某起飞日期的某一航线中签订代码共享协议的营销方和承运方航空公司在某些时刻运营了代码共享航班，但在另外的时刻只由营销方或者承运方单独运营和销售某些航班，而在另外起飞日期的该航线中，原先只由营销方或者承运方单独运营和销售的航班变成了营销方和承运方运营的代码共享航班，此外也可能出现原来运行代码共享航班的时刻变成了非代码共享航班，但仍由原营销方或者承运方单独运营和销售这些航班，但无论在这些时刻上如何变化航班的运营方式，签订代码共享的双方或者多方都有可能协调价格甚至合谋。于是，本文提出：

假设 1：签订代码共享协议的各航空公司在他们合作的直飞航线上提高了所有航班票价。

另外，双重边际效应反映了代码共享促进的合谋行为。当涉及垂直供应商客户关系的两家公司在各自的市场上都享有一定的市场支配力时，就会发生双边际化，也就是说，两家公司都能够将价格设定在边际成本以上。因此，消费者在下游市场支付的最终价格高于垂直一体化公司设定的价格。虽然这个概念最初是为了分析两个垄断者之间的垂直关系而开发的，但它适用于任何一个并不完全竞争的垂直相关市场。

对于直飞航线上竞争者之间的代码共享，代码共享实际承运人通常向代码共享营销方航空公司收取票务转让手续费。从这个意义上说，这两个代码共享合作伙伴是垂直相关的，因为乘飞航空公司是上游企业向作为下游企业的代码共享航空公司出售自己的投入。如果这笔转让手续费高于代码共享航空公司的边际成本，而其作为营销方有一定的市场支配地位，那么就会出现双重边际化（Chen and Gayle，2007）。代码共享航空公司的边际成本，以及由此收取的最终价格都已经过调整。因此，代码共享飞行的机票价格可能不仅受代码共享伙伴之间的共谋影响，而且还受到双重边际化的影响。由于代码共享实际承运人需要收取其代码共享营销方的转让费，而实际承运人将机票价格设置于边际成本之上，因此，无论是采用自由销售代码共享还是包座代码共享，营销方所出售的机票将会二次加价，这两种情况都不利于消费者并且具有潜在的反竞争效应，这种双重加价的结果就是提高了价格。Alderighi et al.（2015）发现代码共享航班的高价格主要由营销方航空公司造成的，只有单一承运方的代码共享航线的价格明显高于多承运方的价格。于是本文提出：

假设 2：代码共享的机票价格高于由同一家航空公司承运和销售的非代码共享航班的机票价格；代码共享营销方的机票价格高于承运方的机票价格。

本文后续部分将通过构建理论和实证模型，对以上两个假设进行实证检验，以证实是否存在直飞航班代码共享抬高价格、降低消费者福利的情况。

三、理 论 分 析

对于直达虚拟代码共享的理论模型，本文假设存在 X 至 Y 城市之间的市场，在该模型中，共有 3 家航空公司经营此间的航线，分别是 A_1，A_2 和 A_3，它们提供单程直达的航班服务。其中，A_1 销售该公司的航班座位，A_2 和 A_3 签订了代码共享协议，共同销售由航空公司 2 执飞的航班。从 X 到 Y 的旅客有三种不同的产品可供选择，市场结构如图 1 所示。

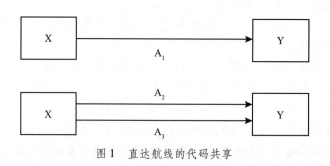

图 1　直达航线的代码共享

本文将 p_1，p_2 和 p_3 设定为 A_1，A_2 和 A_3 销售的三种产品的最终价格。

消费者对这三种产品的需求如下：

$$q_i(p_i,\ p_j,\ p_k) = 1 + \alpha(p_j + p_k) - p_i$$

其中，$\dfrac{\partial q_i(p_i,\ p_j,\ p_k)}{\partial p_i} < 0 < \dfrac{\partial q_i(p_i,\ p_j,\ p_k)}{\partial p_j}$；$\dfrac{\partial q_i(p_i,\ p_j,\ p_k)}{\partial p_i} < 0 <$

$\dfrac{\partial q_i(p_i,\ p_j,\ p_k)}{\partial p_k}$。同时　$\left|\dfrac{\partial q_i(p_i,\ p_j,\ p_k)}{\partial p_i}\right| > \left|\dfrac{\partial q_i(p_i,\ p_j,\ p_k)}{\partial p_j}\right|$；

$\left|\dfrac{\partial q_i(p_i,\ p_j,\ p_k)}{\partial p_i}\right| > \left|\dfrac{\partial q_i(p_i,\ p_j,\ p_k)}{\partial p_k}\right|$，其中，$i,\ j,\ k = 1,\ 2,\ 3$ 且 $i \neq j \neq k$。

在该模型中，产品 i 的需求随其自身价格 p_i 的下降而增加，却随其替代产品的价格 p_j 或 p_k 的价格上升而增加。同时，与 p_j 或 p_k 相比，需求 q_i 随着 p_i 增加或减少而变化更多。因此，在此定义 $\alpha \in (0,\ 1)$。在没有代码共享协议的情况下 A_1，A_2 和 A_3 同时选择 p_1，p_2 和 p_3。

这三家航空公司的可变利润为：

$$\pi_i = q_i(p_i,\ p_j,\ p_k)(p_i - c_i)$$

均衡价格 p_1^N，p_2^N 和 p_3^N 满足一阶条件：

$$q_i(p_i,\ p_j,\ p_k) + (p_i - c_i)\frac{\partial q_i(p_i,\ p_j,\ p_k)}{\partial p_i} = 0 \tag{1}$$

由于国内直达航班均为虚拟代码共享，本文假设所有成本均为零，得到：

$$p_i^N(p_j,\ p_k) = \frac{1 + \alpha p_j + \alpha p_k}{2} \tag{2}$$

接下来，本文研究在 A_2 和 A_3 之间共享代码的情况，如图 2 所示。进行代码共享时，A_2 和 A_3 首先确定 w 和 p_3，然后 A_2 和 A_1 确定 p_2 和 p_1。

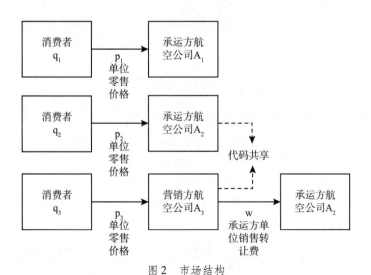

图 2　市场结构

A_2 作为上游厂商向消费者提供承飞服务，并销售产品。而 A_3 在下游市场中销售 A_2 执飞的产品。A_2 将其产品以 w 的价格出售给 A_3，A_3 将产品出售给最终消费者。他们分别设定价格以最大化自己的利润。在这种情况下，A_2 首先提供转让价格。因此，A_3 面临 A_2 选择最大化其利润并通过最大化 p_3^C 价格而做出反应。

$$\pi_3^C = q_3^C(p_1, p_2, p_3)(p_3 - w) \tag{3}$$

$$\frac{\partial \pi_3^C}{\partial p_3} = 0 \tag{4}$$

由式（3）、式（4）确定均衡价格的函数：

$$p_3^C(w, p_1, p_2) = \frac{1 + \alpha p_1 + \alpha p_2 + w}{2} \tag{5}$$

随后 A_2 将预期 A_3 的报价，A_2 选择如下最大化其利润：

$$\pi_2^C = q_3^C(p_1, p_2, p_3^C)w + q_2^C(p_1, p_2, p_3^C)(p_2 - c_2) \tag{6}$$

$$\frac{\partial \pi_2^C}{\partial w} = 0 \tag{7}$$

由式（6）、式（7）确定价格 $w(p_1, p_2)$：

$$w(p_1, p_2) = \frac{1 + \alpha p_1 + 2\alpha p_2}{2} \tag{8}$$

由此，式（5）、式（8）得到均衡价格 $p_3^C(p_1, p_2)$：

$$p_3^C(p_1, p_2) = \frac{3 + 3\alpha p_1 + 4\alpha p_2}{4} \tag{9}$$

均衡价格 $p_3^C(p_1, p_2)$ 和 $w(p_1, p_2)$ 引入航空公司 2 的利润最大化的一阶条件：

$$\frac{\partial \pi_2^C}{\partial p_2} = 0 \tag{10}$$

得到：

$$p_2^C(p_1) = \frac{1 + \alpha + \alpha p_1 + \alpha^2 p_1}{2 - 2\alpha^2} \tag{11}$$

由式（9）、式（11）得到均衡价格 $p_3^C(p_1)$：

$$p_3^C(p_1) = \frac{3 + 2\alpha - \alpha^2 + 3\alpha p_1 + 2\alpha^2 p_1 - \alpha^3 p_1}{4(1 - \alpha^2)} \tag{12}$$

通过总结以上分析，本文可以得到以下结论：

推论 1：假设 p_1 和 p_2 恒定。将没有代码共享的 A_3 的价格作为参照时，代码共享提高了 A_3 的价格，即：

$$p_3^C(p_1, p_2) = \frac{3 + 3\alpha p_1 + 4\alpha p_2}{4} > p_3^N(p_1, p_2) = \frac{1 + \alpha p_1 + \alpha p_2}{2}$$

推论 2：假设 p_1 恒定。将达成代码共享的 A_2 的价格作为参照时，代码

共享提高了 A_3 的价格：

$$p_3^C(p_1) = \frac{3 + 2\alpha - \alpha^2 + 3\alpha p_1 + 2\alpha^2 p_1 - \alpha^3 p_1}{4(1 - \alpha^2)} > p_2^C(p_1) = \frac{1 + \alpha + \alpha p_1 + \alpha^2 p_1}{2 - 2\alpha^2}$$

具体市场结构如图 2 所示。

由理论模型的结果可以看出，相较于未签订代码共享的 A_3 的航班价格 $p_3^N(p_1, p_2)$，其签订代码共享后的价格 $p_3^C(p_1, p_2)$ 的价格更高。而在承运方和营销方航空公司签订代码共享协议后，营销方航空公司 A_3 的价格 $p_3^C(p_1)$ 高于承运方航空公司 A_2 的价格 $p_2^C(p_1)$。此结果验证上文的假设 2，由于更高的价格降低了消费者剩余，因而，消费者福利降低。

四、实证研究设计

（一）样本选择与数据

本文以飞猪网的机票数据为研究样本，于 2017 年 12 月 22 日至 2018 年 1 月 16 日期间每天搜集包括北京至上海、北京至深圳、成都至上海、成都至深圳、广州至北京、广州至成都、广州至杭州、广州至上海、上海至厦门、上海至深圳这十条航线航班的机票价格，并收集该航线的每一航班提前 0，1 天，3 天，7 天，15 天，30 天预订机票的票价。样本删选过程中，我们剔除了 18784 个[①]，最终得到机票价格样本 67724 个。本文的附加数据来源于 WIND 数据库以及各大机场官方网站。

（二）变量选择与模型设计

1. 竞争效应的分析

已有研究关于民航产业代码共享对竞争影响的衡量主要采用代码共享实际承运人的边际利润对其主要因素回归得到代码共享对实际承运人边际利润的影响（Zou and Chen，2017）或者代码共享机票价格的回归（通过机票价格对其主要影响因素回归）（Oum et al.，1996；Armantier and Richard，2005；Gilo and Simonelli，2015）以及代码共享对乘客产生的福利损失（Czerny，2009；Armantier and Richard，2008；Ito and Lee，2005）等方式。这三种方式都对代码共享对竞争的影响进行了定量分析，本文采用价格回归测试方法来分析代码共享对消费者福利的影响。

---

① 本文样本期间为 2017 年 12 月 22 日至 2018 年 1 月 16 日所订机票数据，由于这段时间跨越了元旦节假日，我们删除了起飞时间为 2017 年 12 月 24 日、12 月 25 日、12 月 26 日后的第 7 天，12 月 28 日、12 月 29 日、12 月 30 日后的第 3 天，2017 年 12 月 31 日、2018 年 1 月 1 日及 1 月 2 日后的第 1 天以及 2018 年 1 月 1 日当天的样本数据。

　　具体而言，我们采用代码共享对机票的回归方法对采集数据进行分析，考察热门航线代码共享的各个特征因素，如机场特征、市场特征、航空公司特征、机票特征、代码共享协议，对直飞航班价格的影响，旨在考察代码共享机票价格是否比非代码共享价格增长，因此把价格设为被解释变量，将代码共享航班的虚拟变量设为解释变量，将与机票产品相关的飞机特征，市场特征，航线特征，航空公司特征，机票特征等因素设为控制变量。我们搜集了该计量经济分析中包含的所有自变量和被解释变量的定性信息并描述了用于完成主要数据集的附加数据。

2. 模型设定

　　为了研究直达航班代码共享对价格的影响，我们设计了如下模型：

$$\ln(\text{fare})_{ijt} = \alpha_i + \alpha_j + \alpha_t + \beta_1 \cdot \text{CodeSharing}_{ijt} + \beta_2 \text{Csaroundtab}_{ijt} + \gamma \cdot X_{ijt} + \varepsilon_{ijt}$$

$$(13)$$

　　其中，i 为航线的固定效应，j 为机票起飞时间的固定效应，t 为机票预定时间的固定效应。在进行价格分析时，由于机票的航班信息包含了所乘飞航段的起降航线的特征，起降机场及其所在市场的特征，以及起降时段，仓位规格，机型等信息，因此采用航班的固定效应。机票价格作为强季节性消费品，其价格强烈受起飞时间的影响，因此采用起飞时间的固定效应。此外，由于机票的预定性质，预定时间对机票价格也有影响，因此采用预定时间的固定效应。

　　通常情况下，若乘客乘坐的航空公司与实际销售机票的航空公司不是一家时，便认为是代码共享航班。为了验证本文提出的两个假设，我们在回归方程中加入了两个变量。csaroundtab 为同一城市对市场样本中营销方航空公司至少有一班代码共享航班的情况下，其出售的所有航班的虚拟变量，该变量可以揭示圆桌效应；codesharing 为签订代码共享协议的任意承运方或者营销方所销售的代码共享航班。X_{ijt} 为控制变量，包括是否为大机型（size）、是否高峰时段（peak）、营销航空公司在起降机场时刻的市场份额（share）以及航空公司的机队规模（lFlightsize）。

　　为了具体分析解释变量，即代码共享对价格的影响能力，并确突出代码共享实际乘飞的航班对价格，除了基准模型的解释变量外，下文通过加入代码共享与乘飞航班的交乘项来分析代码共享对机票价格的影响。另外，基于市场对价格影响因素，由于市场特征，例如市场集中度可能会影响基准模型的估计，我们采用加入市场的赫芬达尔指数与代码共享的交乘项对价格进行回归分析。

　　具体模型如下：

　　（1）模型 1：

$$\ln(\text{fare})_{ijt} = \alpha_i + \alpha_j + \alpha_t + \beta \cdot \text{CodeSharing}_{ijt} + \gamma \cdot X_{ijt}$$
$$+ \delta \cdot \text{CodeSharing}_{ijt} \cdot \text{OperatingAirline}_{ijt} + \varepsilon_{ijt} \quad (14)$$

本模型在基础模型的基础上加入 $CodeSharing \cdot OperatingAirline_{ijt}$，为代码共享航班中的销售航空公司变量，旨在分析销售商代码共享与价格的相关性。

（2）模型 2：

$$\ln(fare)_{ijt} = \alpha_i + \alpha_j + \alpha_t + \beta \cdot CodeSharing_{ijt} + \gamma \cdot X_{ijt}$$
$$+ \theta \cdot CodeSharing_{ijt} \cdot HHI_{ijt} + \varepsilon_{ijt} \qquad (15)$$

本模型在基础模型的基础上加入了代码共享与航线集中度的变量 $CodeSharing \cdot HHI_{ijt}$。

3. 变量说明

（1）被解释变量。回归方程中采用的被解释变量（lnfare）是乘客在 2017 年 12 月 22 日至 2018 年 1 月 16 日国内市场购买直达机票乘客的加权平均机票的自然对数。

（2）解释变量。机场的起降时段由于行政分配机制导致进入障碍，因此形成了所谓的机场优势。机场起降时段的优势份额可作为承运人的竞争优势，进而可以对价格造成影响。对于每个机场和航空公司来说，机场优势变量可以通过计算使用机场的航空公司承运人的起降时刻份额来测定。本文的机场特性将测试各票价数据中包含的九大机场的起降时刻份额，通过将实际承运人航空公司的起降时刻总量除以所有飞机的起降时刻总量得到出发地机场时刻份额和目的地机场时刻份额，以求出该航空公司在出发两地的平均时刻份额（share）。

在市场特征方面，市场需求和供给的特点可能会影响价格策略，例如，出发地城市市场人口，目的地城市市场人口，出发地城市的人均收入，以及目的地城市人均收入影响市场需求，替代产品高铁等的数量和价格也会影响机票价格，此外，城市对市场间的差异也可能影响机票价格。这些差异也可能会影响航空公司签订代码共享协议，导致内生性问题。由于这些因素短时期内不随时间变化，根据 Ito and Lee（2007），为了测定特定市场特征产生的这部分固定效应，我们在回归方程中加入航线的固定效应，分析不随时间变化的不可观测变量。另外，市场竞争的激励程度也会影响航空公司的价格策略，本文同时计算了每个城市对市场的赫芬达尔指数 HHI，运用样本城市对的市场中的特定营销方航空公司市场份额来计算。值得注意的是，航线的固定效应也解决了 HHI 作为解释变量产生的潜在的内生性问题。

由于不同的成本结构和公司特点将会影响定价策略。本文采用了航空公司的机队规模（lFlightsize）的 ln 值，来控制航空公司对机票定价的影响，对于航空公司的品牌等航空公司不随时间变化的不可观测的异质性，本文通过航班的固定效应捕捉这些不可观测的变量。

此外，机型，起飞当天日期，订票提前的天数等因素也将影响机票价格。在产品质量方面，由于商务舱和头等舱机票数量很少，因此为了更容易地捕捉到服务水平提高对机票价格的影响，本文采用机型（size），是否为高峰时段（peak）为控制变量。而起飞当天日期以及订票提前的天数也会影响价格，因此采用机票起飞时间的固定效应以及机票预定时间的固定效应。根据 Mantin and Koo（2009），对于时间敏感性的消费者，本文未将经济舱需求与商务和头等舱需求分开，而是通过关注对飞机出发地时间的需求来更好地识别对时间敏感的乘客。因此，我们同时使用了针对时间敏感型消费者的虚拟变量，夜晚（evening）用来执行额外的稳健性检验。此外，我们将数据中涉及出发地当日为节假日的样本剔除。详细的变量说明，如表 1 所示。

表 1　　　　　　　　　　　　　　变量说明

变量	变量说明	变量	变量说明
lnfare	机票价格的 ln 值	size	机型
lFlightsize	销票航空公司机队规模的 ln 值	HHI	航线赫芬达尔指数
peak	出发地时间为 9：00 ~ 10：00 或 14：00 ~ 16：00 为 1，否则为 0	OperatingAirline	代码共享承运方航空公司
share	航空公司起飞和降落时刻总数/所有航空公司起飞和降落的时刻总数	days	订票时提前的天数 = {0，1，3，7，15，30}
csroundtab	圆桌效应	codeshare	代码共享营销方或者承运方所出售的航班
evening	航班起飞时刻为夜间为 1，否则为 0	weekend	航班起飞日为周末为 1，否则为 0
group	航空公司为集团航空公司或子公司为 1，否则为 0	allied	航空公司加入国际航空联盟为 1，否则为 0

4. 变量的统计性描述

表 2 列示了本文主要变量的描述性统计。由表 2 中数据可知，数据集共包括 67724 个样本，但大部分样本都是经济舱，头等舱和商务舱共占总样本的 10%。营销方和承运方航空公司销售的代码共享航班样本共有个 56678 个，占总体样本的 84%；同一城市对市场中至少有一班代码共享航班的营销方航空公司所出售的全部航班样本总量为 62060 个，占总体样本的 92%。仅是代码共享营销方销售的航班样本为 33278 个，占总体样本的 49%。

表 2　　　　　　　　　　　　　描述性统计

变量	样本数量	均值	标准差	最小值	最大值
lnfare	67724	6. 95	0. 38	5. 60	9. 03
share	67211	0. 13	0. 11	0	0. 62

续表

变量	样本数量	均值	标准差	最小值	最大值
HHI	67724	0.21	0.15	0.13	0.66
lFlightsize	67211	5.65	1.12	2.30	6.62
size	67724	0.28	0.45	0	1
days	67724	5.80	5.80	0	30
peak	67724	0.21	0.41	0	1
weekend	67724	0.34	0.47	0	1
evening	67724	0.24	0.43	0	1
codeshare	67724	0.86	0.34	0	1
csroundtab	67724	0.95	0.23	0	1

资料来源：笔者计算。

五、实 证 分 析

（一）基准回归

表 3 列示了机票价格对各个特征的回归结果。我们分别采用面板数据的航线固定效应，机票起飞时间的固定效应，机票预定时间的固定效应进行回归。从回归结果可见 csroundtab 的回归系数为 0.38，且在 1% 的水平上显著，说明在特定的定向市场上，签订代码共享的航空公司能够增加其在该市场上运营的所有航班的票价（圆桌效应），这个结果支持假设 1。此外，codeshare 的回归系数为 0.23，且在 1% 的水平上显著，说明签订代码共享协议的营销方和承运方航空公司的机票价格比非代码共享协议的价格高（双重边际效应），这个结果支持假设 2。考虑到可能存在多重共线性的问题，我们在线性回归中进行了 vif 检验，系数仅为 2.90。这证实了我们的假设，即在和实际的和潜在的竞争对手竞争中签订代码共享的航空公司普遍增加直达航班的票价。另外，我们将同一代码共享协议中营销方和承运方的价格进行回归，回归结果为正数，因此，代码共享协议中营销方航空公司的机票价格比承运方高。

表 3 圆桌效应的实证分析结果

变量	(1)	(2)	(3)	(4)	(5)	(6)	(7)	(8)
csroundtab	0.329*** (0.013)	0.313*** (0.017)	0.313*** (0.015)	0.313*** (0.015)	0.359*** (0.015)	0.358*** (0.015)	0.359*** (0.015)	0.383*** (0.015)
lFlightsize					0.006* (0.003)	0.005 (0.003)	0.005 (0.003)	0.036*** (0.005)
size						0.020*** (0.005)	0.022*** (0.005)	0.020*** (0.005)
peak							0.063*** (0.007)	0.062*** (0.007)
share								-0.007*** (0.001)
常数项	6.635*** (0.013)							
N	17361	17361	17361	17361	17205	17205	17205	17205
R^2	0.034	0.356	0.390	0.436	0.440	0.441	0.446	0.453
航线固定效应	否	是	是	是	是	是	是	是
起飞时间固定效应	否	否	是	是	是	是	是	是
预定时间固定效应	否	否	否	是	是	是	是	是

注：表中括号内为 t 值。*、*** 分别表示在 10%、1% 的水平上拒绝原假设。

在影响价格的其他方面，我们发现机场的起降时刻份额导致的机场优势对价格有显著负向影响，航空公司机队的规模，机型大小，出发高峰时间则与价格呈现正相关。具体而言，机场起降份额增加导致价格降低 0.7%，航空公司机队规模导致价格增加 3.6%，说明航空公司的机队规模越大，其机票价格越高。而乘飞航班的飞机机型越大，价格越高，大机型比中小机型的价格高 2% 左右。此外，高峰时段比非高峰时段价格高 6% 左右。

（二）稳健性检验

模型（1）重复了表 3 的分析，加入了代码共享与其承运航班的交互项，以捕捉具体代码共享的承运航班对价格的影响，从而对上述结果的稳健性进行检验。结果表明，代码共享的圆桌效应（csroundtab）仍然与机票价格呈正相关，签订代码共享协议的双重加价效应（codeshare）也显著。此外，我们发现承运方航班并没有增加价格，反而是降低了价格，承运方航空公司降低了 20% 的价格，这说明导致代码共享抬高价格的因素在销售商，因此，结果潜在说明达成代码共享协议对销售商航空公司带来更多的经济利润。

有学者认为虽然代码共享导致的变化有可能因为合谋和减少的竞争而产生，但也有可能是由于质量的提高。这是因为代码共享合作伙伴可能会在特定的定向市场上进行合作，增加频率，提高市场实力，从而为加价提供便利。然而，如果质量是价格上涨的主要驱动力，同为愿意为质量付出高价的消费者，加价将使尤其是价格敏感的乘客更加敏锐，而时间敏感型消费者则不敏锐，因此时间敏感型消费者从频率扩张中获益的程度更高。因此，我们同时针对时间敏感型消费者，加入夜晚（evening）的变量，通过增加时间敏感变量进行额外的稳健性检验，结果表明，其与价格呈负相关。除此之外，圆桌效应（csroundtab）和双重边际效应（csdoublem）的结果也非常显著，这种稳健性检验结果大大削弱了质量改进论点，并突出了代码共享的反竞争效应。考虑到可能存在多重共线性的问题，我们在线性回归中进行了 vif 检验，系数均为 5 左右。

在市场特性方面，本文加入了代码共享与赫芬达尔—赫希曼指数的交乘项，以分析定向市场特性下市场集中度导致的价格增加。稳健性检验的结果表明，市场集中度导致的市场势力与机票价格呈现明显正相关，导致价格增加。市场的高集中度到价格增加 30% 左右。另外，为了处理代码共享变量中潜在的内生性，即本文选择了热门航班的观测值导致的选择偏误问题，本文通过航线的固定效应消除所有现存市场差异对票价的影响，结果显示，在相同市场特性下，市场集中度越高，价格越高。

稳健性结果显示，航空公司起降机场的时刻市场份额与机票价格呈现弱负相关，即航空公司在其起降机场占有的时刻越多，其价格会越低，潜在说明了节约成本下的规模效应。除此之外，航空公司的机队规模仍与机票价格呈现正相关，机队规模越多，航空公司有形资产越多，其出售的机票价格越高。航班机型的大小，起飞是否高峰时段仍与机票价格呈现正相关，大机型比其他机型价格高出约 20%，高峰时段的机票价格比非高峰时段的价格高 6%，晚间时段的航班价格比非晚间时段降低 13% 左右。

总的来看，csroundtab 的结果仍显著，某一航线上签订过代码共享协议的航空公司所出售的航班比在该航线上未签订任何代码共享协议的航空公司所出售的机票价格高出 38%，这证实了本文的假设 1。由 codeshare 的结果看，代码共享导致航空公司营销方和承运方的整体价格比非代码共享航班价格高 20%。同时，我们通过对比代码共享协议中营销方和承运方的价格，发现代码共享承运方的价格比其他航班低 20%。

（三）内生性检验

相比于其他航线，直达热门航线一直为高需求市场，其价格也一般较高，航空公司因市场的高价而签订代码共享协议，因而，容易导致反向因果以及选择偏误问题，鉴于此内生性问题，本文采用处理效应模型解决。由于解释变量为内生虚拟变量，即代码共享的选择是一种自主行为，受到其他诸多因素的影响，本文选择影响签订代码共享协议的工具变量从而解决该问题。由于航空公司可与和其具有股权控制关系的其他航空公司建立代码共享协议，以及通过加入全球航空联盟与联盟成员建立代码共享协议，因而，本文采用是否为航空公司集团的变量（group）以及是否为航空联盟成员（al-lied）作为工具变量。第一阶段，航空公司选择是否进行代码共享受其是否加入航空联盟，是否与集团内公司联运和合营的约束，第二阶段，加入影响价格的其他控制变量进行回归计算，结果如表 4 至表 7 所示。从结果来看，代码共享依然导致了价格增加，与之前的结果一致。

表 4 　　　　　　　　　　双重边际效应的实证分析结果

变量	(1)	(2)	(3)	(4)	(5)	(6)	(7)	(8)
codeshare	0.187 *** (0.010)	0.200 ** (0.012)	0.217 ** (0.011)	0.217 ** (0.011)	0.224 ** (0.011)	0.228 ** (0.011)	0.228 ** (0.011)	0.231 ** (0.011)
lFlightsize					0.017 *** (0.003)	0.016 *** (0.003)	0.015 *** (0.003)	0.040 *** (0.005)
size					0.028 *** (0.005)	0.029 *** (0.005)	0.028 *** (0.005)	
peak						0.061 *** (0.007)	0.060 *** (0.007)	
share							−0.006 *** (0.001)	
N	17361	17361	17361	17361	17205	17205	17205	17205
R^2	0.024	0.352	0.391	0.437	0.439	0.442	0.446	0.450
航线固定效应	否	是	是	是	是	是	是	是
起飞时间固定效应	否	否	是	是	是	是	是	是
预定时间固定效应	否	否	否	是	是	是	是	是

注：表中括号内为 t 值。** 、*** 分别表示在 5% 、1% 的水平上拒绝原假设。

表 5　　　　　　　　　　　　　　　稳健性检验结果（1）

变量	（1）	（2）	（3）	（4）	（5）	（6）
csroundtab	0. 408 ** （0. 015）	0. 446 ** （0. 015）	0. 264 ** （0. 016）	0. 327 ** （0. 016）	0. 309 ** （0. 015）	0. 376 ** （0. 015）
OperatingAirline	− 0. 212 *** （0. 007）	− 0. 215 *** （0. 007）				
lFlightsize		0. 010 *** （0. 004）		0. 037 *** （0. 005）		0. 035 *** （0. 005）
size		0. 025 *** （0. 004）		0. 024 *** （0. 005）		0. 022 *** （0. 005）
peak		0. 066 *** （0. 007）		0. 063 *** （0. 007）		0. 050 *** （0. 007）
share		0. 000 （0. 001）		− 0. 007 *** （0. 001）		− 0. 007 *** （0. 001）
CodeshareHHI			0. 314 ** （0. 034）	0. 336 ** （0. 034）		
evening					− 0. 141 ** （0. 013）	− 0. 127 ** （0. 013）
N	17361	17205	17361	17205	17361	17205
R^2	0. 501	0. 512	0. 441	0. 458	0. 445	0. 460
航线固定 效应	是	是	是	是	是	是
起飞时间 固定效应	是	是	是	是	是	是
预定时间 固定效应	是	是	是	是	是	是

注：表中括号内为 t 值。** 、*** 分别表示在 5%、1% 的水平上拒绝原假设。

表 6　　　　　　　　　　　　　　　稳健性检验结果（2）

变量	（1）	（2）	（3）	（4）	（5）	（6）
codeshare	0. 334 *** （0. 011）	0. 351 *** （0. 011）	0. 253 *** （0. 017）	0. 351 *** （0. 011）	0. 213 *** （0. 010）	0. 227 *** （0. 011）
OperatingAirline	− 0. 245 *** （0. 006）	− 0. 265 *** （0. 007）		− 0. 265 *** （0. 007）		
lFlightsize		0. 007 * （0. 004）		0. 007 * （0. 004）		0. 039 *** （0. 005）

续表

变量	（1）	（2）	（3）	（4）	（5）	（6）
size		0. 038 *** (0. 004)		0. 038 *** (0. 004)		0. 030 *** (0. 005)
peak		0. 065 *** (0. 007)		0. 065 *** (0. 007)		0. 048 *** (0. 008)
share		0. 004 *** (0. 001)		0. 004 *** (0. 001)		− 0. 006 *** (0. 001)
Codeshare_hhi			− 0. 149 * (0. 051)			
evening					− 0. 139 ** (0. 013)	− 0. 128 ** (0. 013)
N	17361	17205	17361	17205	17361	17205
R²	0. 517	0. 533	0. 437	0. 533	0. 445	0. 457
航线固定效应	是	是	是	是	是	是
起飞时间固定效应	是	是	是	是	是	是
预定时间固定效应	是	是	是	是	是	是

注：表中括号内为 t 值。** 、*** 分别表示在 5% 、1% 的水平上拒绝原假设。

表 7　　　　　　　　　　　　　　处理效应模型结果

变量	（1）	（2）	（3）	（4）	（5）
codeshare	0. 368 ** (0. 013)	0. 372 ** (0. 014)	0. 369 ** (0. 014)	0. 370 ** (0. 013)	0. 355 ** (0. 013)
lFlightsize		0. 010 *** (0. 002)	0. 010 *** (0. 002)	0. 009 *** (0. 002)	0. 025 *** (0. 002)
size			0. 048 *** (0. 004)	0. 051 *** (0. 004)	0. 049 *** (0. 004)
peak				0. 068 *** (0. 004)	0. 067 *** (0. 004)
share					− 0. 003 *** (0. 000)
group	− 0. 537 ** (0. 027)	− 0. 570 ** (0. 028)	− 0. 574 ** (0. 028)	− 0. 575 ** (0. 028)	− 0. 580 ** (0. 028)

续表

变量	（1）	（2）	（3）	（4）	（5）
allied	1.953 *** （0.047）	1.939 *** （0.047）	1.938 *** （0.047）	1.940 *** （0.047）	1.942 *** （0.047）
常数项	− 39.715 （3.918）	− 39.442 （3.914）	− 38.811 （3.911）	− 39.289 （3.899）	− 38.972 （3.901）
N	67724	67211	67211	67211	67211
航线固定效应	是	是	是	是	是
起飞时间 固定效应	是	是	是	是	是
预定时间 固定效应	是	是	是	是	是

注：表中括号内为 t 值。**、*** 分别表示在 5%、1% 的水平上拒绝原假设。

六、结论与启示

本文估计了代码共享对我国直达航班票价的影响。签订代码共享的航空公司能够在其合作的所有航线市场增加其所售（包括非代码共享和代码共享）机票价格（圆桌效应），即通过代码共享具有较高销售的市场份额的航空公司比未与其他代码共享达成市场份额的航空公司价格高出 40% 左右。签订代码共享的承运方或者销售商的机票价格比非代码共享的航班提高的价格高 20% 左右，然而，签订代码共享的承运方航空公司的票价比其他航空公司的航班价格低 20% 左右，因此，该结果说明，在达成代码共享的垂直关系中，销售商航空公司的价格更高。此外，达成代码共享承运方或者销售商航空公司的整体价格都高于其他非代码共享航班，也表明，此种垂直关系比由一家航空公司同时承运或者销售的价格高（可能由于双重边际效应）。以上结果证明代码共享和票价水平之间的显著的正相关可能由代码共享的共谋和双重边际效应所产生。这些结果为竞争监管机构评估代码共享的整体竞争效应的影响提供了新思路。值得注意的是，代码共享也可降低签订协议各方的运营和营销成本，并提高效率，提升现有服务并改进产品，其有利于航空业发展。特别是对于联运航线，协议各方提供各个航程相辅相成的服务，降低了各方成本，有利于提高社会总福利。由于缺乏成本数据，本文对代码共享产生的成本效应无法论证。由于代码共享的合作伙伴航空公司既可以在直达路线上竞争，又可以在联运路线上提供互补性服务，竞争监管机构可以将我们所确定的这种不利竞争的效应与联运服务固有的有利竞争效果进行比较和区分。在今后进一步的研究中，建议应用包括两种代码共享（直达航班竞争者之间以及提供互补服务的航空公司）之间的样本，旨在通过实证比较这两种形式的竞争效应。此外，包括本文在内的关于代码共享的大多数文献都没有区分代码共享包含的不同形式（"自由出售""硬包""软包"等）的竞争效应。因此，今后的研究应该关注这些形式的代码共享来评估不同类型的代码共享之间对竞争的影响程度。

　　根据以上结论，本文提出供反垄断执法机构参考的政策建议。第一，规范我国国内航空公司代码共享的经营行为，对代码共享的航线合作形式进行审批。建议有关各方审核和监管某些航线的代码共享，区分直达形式的代码共享和联运形式的代码共享。积极促进各大航空公司在独家经营航线与支线进行联运代码共享，同时加强直达航班代码共享的审核和监管。第二，建议我国国内航线航班代码共享的审核和监管由中国民用航空局和各地方管理局共同负责。在审批过程中，首先确定签订代码共享协议航空公司的航线经营情况，鼓励各航空公司以代码共享形式形成干线与支线的互补网络航线，加强干线和独家经营航线直达航班代码共享的监管；其次，对代码共享承运方航空公司向其营销方收取的代理费进行规制，对硬包、软包和自由销售代码共享的竞争效应进行测定，以保护航空运输消费者的权益。第三，建议监督和管理代码共享航班的旅客服务。规范各航空公司的代码共享航班服务细则，明确各方责任，特别是对因航班延误，取消和行李丢失等行为的赔偿责任。

参 考 文 献

［1］ 王彩丽：《略论代码共享协议下航空承运人的责任》，载《法制与社会》2015 年第 4 期。

［2］ 王延宇、刘津宁、党亚楠、李秀芳：《代码共享协议下航空承运人的责任研究》，载《楚天法治》2016 年第 6 期。

［3］ 徐振领：《代码共享影响民航产业竞争的实证分析》，载《经济研究导刊》2009 年第 25 期。

［4］ Alderrighi, M., Gaggero, A. A., and Piga C. A., 2015: The Effect of Code-share Agreements on the Temporal Profile of Airline Fares, *Transportation Research Part A Policy & Practice*, Vol. 79, No. 9.

［5］ Armantier, O. and Richard, O., 2008: Domestic Airline Alliances and Consumer Welfare, *Rand Journal of Economics*, Vol. 39, No. 3.

［6］ Brueckner, J. K. and Whalen, W. T., 2000: The Price Effects of International Airline Alliances, *Journal of Law & Economics*, Vol. 43, No. 2.

［7］ Brueckner, J. K., 2001: The Economics of International Codesharing: An Analysis of Airline Alliances, *international Journal of industrial organization*, Vol. 19, No. 10.

［8］ Chen, Y. and Gayle, P. G., 2007: Vertical Contracting Between Airlines: An Equilibrium Analysis of Codeshare Alliances, *International Journal of Industrial Organization*, Vol. 25, No. 5.

［9］ Ciliberto, F. , Watkins, E. , and Williams, J. W. , 2019: Collusive Pricing Patterns in the US Airline Industry, *International Journal of Industrial Organization*, Vol. 62, No. 1.

［10］ Czerny, A. I. , 2009: Code-sharing, Price Discrimination and Welfare Losses, *Journal of Transport Economics and Policy*, Vol. 43, No. 2.

［11］ Dresner, M. E. and Windle, R. J. , 1996: Alliances and Code – Sharing in the International Airline Industry, *Built Environment*, Vol. 22, No. 3.

［12］ Gayle, P. G. , 2007: Is Virtual Codesharing a Market Segmenting Mechanism Employed by Airlines, *Economics Letters*, Vol. 95, No. 1.

［13］ Gayle, P. G. and Brown, D. , 2014: Airline Strategic Alliances in Overlapping Markets: Should Policymakers be Concerned?, *Economics of Transportation*, Vol. 3, No. 4.

［14］ Gayle, P. G. , 2007: Airline Code – Share Alliances and Their Competitive Effects, *Journal of Law & Economics*, Vol. 50, No. 4.

［15］ Gayle, P. G. , 2008: An Empirical Analysis of the Competitive Effects of the Delta/Continental/Northwest Code – Share Alliance, *Journal of Law and Economics*, Vol. 51, No. 4.

［16］ Gilo, D. and Simonelli F. , 2015: The Price-Increasing Effects of Domestic Code – Sharing Agreements for Non – Stop Airline Routes, *Journal of Competition Law and Economics*, Vol. 11, No. 1.

［17］ Ito, H. and Lee, D. , 2005: Domestic Codesharing Practices in the US Airline Industry, *Journal of Air Transport Management*, Vol. 11, No. 2.

［18］ Ito, H. and Lee, D. , 2007: Domestic Code Sharing, Alliances, and Airfares in the U. S. Airline Industry, *Journal of Law & Economics*, Vol. 50, No. 2.

［19］ Mantin, B. and Koo, B. , 2009: Dynamic Price Dispersion in Airline Market, *Transportation Research Part E Logistics and Transportation Review*, Vol. 45, No. 6.

［20］ Oum, T. H. , Park, J. H. , and Zhang, A. , 1996: The Effects of Airline Codesharing Agreements on Firm Conduct and International Air Fares, *Journal of Transport Economics & Policy*, Vol. 30, No. 2.

［21］ Park, J. H. , 1997: The Effects of Airline Alliances on Markets and Economic Welfare, *Transportation Research Part E Logistics & Transportation Review*, Vol. 33, No. 3.

［22］ Zou, L. and Chen, X. , 2017: The Effect of Code-sharing Alliances on Airline Profitability, *Journal of Air Transport Management*, Vol. 58, No. 1.

Code Sharing, Anti – Competitive Effect and Collusion

—A Theoretical and Empirical Study on Non-stop Flights from China's Popular Routes

Ping Lin　Ying Sun　Chao Han

Abstract: Airlines' code-sharing agreements promote the companies' business information exchange and collusion which are prone to raise fares and reduce consumer surplus. Code sharing is an agreement between several airlines, that is, an operating airline (the code-sharing carrier) allows other marketing carriers (its code-sharing partners) to sell its flight seats. This paper adopts fare data of the top ten popular non-stop routes in China in a range from December 12, 2017 to January 16, 2018. It is found that there is a positive and significant correlation between the code sharing agreement signed by the airlines and the fares. The result shows that price increase and consumer welfare decrease is the result of airlines' code-sharing contracts. Airlines of code-sharing agreements have increased the prices of all their flights (including non-code-sharing flights) on their cooperative non-stop itinerary. In addition, the code-sharing price of a marketing or an operating carrier is higher than that of other airlines that have not reached a code-sharing agreement, and the code-sharing price of a marketing carrier with a vertical relationship is higher than the price of the operating carrier in the agreement. The reason may be airlines raise prices through code-sharing by coordinating pricing strategies. The research in this paper conclude that anti-trust enforcement agencies formulate regulations for code sharing of domestic non-stop itinerary, and standardize the service rules of carriers' code-sharing flights, and clarify the responsibilities of all parties.

Keywords：Code Sharing Collusion Competition Anti-trust
JEL Classification：L42 L44

第 21 卷第 3 辑　　　　　　　　产业经济评论　　　　　　　Vol. 21　No. 3
2022 年 9 月　　　　　　Review of Industrial Economics　　　　　September 2022

中国特色流通理论研究回顾

谢莉娟　　张鹏宇*

摘　要：马克思主义流通理论是中国特色社会主义政治经济学理论的重要分支，而从破除计划经济体制下的"无流通论"开始，围绕社会主义流通过程及其客观规律、流通在社会主义经济中的作用和地位、流通领域劳动性质和费用补偿等问题，形成了一批重要理论成果。然而从 20 世纪末开始，马克思主义的流通理论研究一度面临被边缘化的趋势，社会主义"流通特殊"至今未得到完整阐释。从新发展格局下建设现代流通体系的现实任务出发，鉴于当前流通理论创新已明显滞后于社会主义流通实践的发展，当务之急是要从再回顾其研究脉络开始，及时梳理历史成果并反思问题所在，为推动中国特色流通理论发展提供启示。

关键词：中国特色社会主义政治经济学　马克思主义流通理论　社会主义"流通特殊"

一、引　言

改革开放以来，特别是党的十八大以来，中国流通体系建设实现了重大进展，流通体系在国民经济中的基础性作用日益凸显。2020 年 9 月，习近平总书记主持召开中央财经委员会第八次会议时强调："构建新发展格局，必须把建设现代流通体系作为一项重要战略任务来抓"，"国内循环和国际循环都离不开高效的现代流通体系"，"在社会再生产过程中，流通效率和生产效率同等重要"①。在我们持续抗击新冠肺炎疫情期间，流通业作为联结生产和消费的重要桥梁，在稳价保供和保障民生中承担着重要角色。特别是当今世界正经历百年未有之大变局，推动流通体系高质量发展，是畅通国内大循环和支撑构建新发展格局的关键着力点。从以上现实出发，我们更要与时俱进

　*　本文受中国人民大学科学研究基金（中央高校基本科研业务费专项资金资助）重大项目"在新发展格局中建设中国特色现代流通体系的理论与经验研究"（22XNL013）资助。
　　谢莉娟：中国人民大学商学院，中国人民大学市场流通经济研究中心；地址：北京市海淀区中关村大街 59 号，邮编：100872；E-mail：xielijuan@ rmbs. ruc. edu. cn。
　　张鹏宇（通讯作者）：中国人民大学商学院；地址：北京市海淀区中关村大街 59 号，邮编：100872；E-mail：18701314209@163. com。
①　《统筹推进现代流通体系建设　为构建新发展格局提供有力支撑》，载《人民日报》2020 年 9 月10 日 01 版。

地推进理论研究作为坚实后盾。

虽然目前有关流通问题的研究指不胜屈，但中国特色流通理论却亟待发展，甚至关于流通这一概念本身，仍有龃龉不合的现象。事实上，从破除计划经济体制下"无流通论"的思想樊篱开始，到改革开放后的多次流通理论讨论热潮，再到西方经济学引入后的冲击，马克思流通理论的中国化探索经历了曲折历程，在若干争鸣中摸索前进，形成了丰硕成果的同时也遭遇过诸多挑战。在中国特色社会主义步入新时代的背景下，正如习近平总书记所指出的，我们要"加强对规律性认识的总结，不断完善中国特色社会主义政治经济学理论体系，推进充分体现中国特色、中国风格、中国气派的经济学科建设"①。坚持推进社会主义流通理论研究对于科学回答实践问题、正确指导未来发展具有重大的时代意义。

然而从既有文献的发表年代来看，社会主义流通理论的成果集中涌现在新中国成立初期以及改革开放初期，进入 21 世纪后，基于西方经济学范式的市场、贸易、交换、渠道、销售等与流通相近或相关的研究可谓汗牛充栋，但在研究视野和方法不断丰富的同时，马克思主义的流通概念被淡化或混淆，社会主义流通理论研究出现了"断档"（谢莉娟、王晓东，2021）②。鉴于这种情况，当务之急是先对历史成果予以再学习和再梳理，在认真"回顾"基础上，才能继续推动其"新进展"。从以上不足出发，本文拟立足于马克思主义政治经济学，系统回顾中国特色流通理论的发展脉络，以归纳共识、争议与问题，展望未来方向。

二、社会主义"无流通论"及其驳斥

新中国成立后的较长一段时间，社会主义"无流通论"出现在国内经济学界。孙冶方（1979a）率先批判了现实存在的"无流通论"，认为其代表性观点即社会主义社会中不存在流通，特别是在全民所有制内部不存在生产资料的流通过程，实际上仍是"自然经济观"的思想，并指出尽管并无学者直接表明和宣扬"无流通论"，但长期以来学界普遍认同"无流通论"却是不争的事实。1952 年，斯大林的《苏联社会主义经济问题》将"无流通论"推向高潮。在考察作为政治经济学对象的生产关系的内容时，斯大林列入了"产品分配形式"，而将流通排除在外，提出社会主义要真正过渡到共产主

---

① 《习近平主持召开经济形势专家座谈会强调 坚定信心增强定力 坚定不移 推进供给侧结构性改革》，载《人民日报》2016 年 7 月 9 日 01 版。

② 荆林波（2021）分阶段对我国流通领域研究进行了系统性数据统计，强调构建和创新根植于中国实际的流通理论的迫切性。知识图谱显示，与新中国成立初期和改革开放后对流通基础理论的重点关注与广泛讨论不同，2001 年以来的研究话题主要转向流通产业实践发展、外资进入、电子商务、消费、物流等流通实践问题。

义，必须"逐渐用产品交换制代替商品流通"①。对此，孙冶方（1979b）指出斯大林否认交换是独立于直接生产过程之外的经济过程，而将其归入直接生产过程。独立的流通过程的存在性被完全否定。这一观点长期影响着学术界，全民所有制内部的流通因而难获承认，在一定程度上引发了产需脱节等流通实践中的混乱。

受苏联社会主义政治经济学中的"自然经济观"影响，学者们大多认为社会主义社会的经济活动应由一个统一、集中的计划性社会中枢领导和组织，社会不需要"交换"，计划性的"分配"完全可以满足消费，并平衡供需（骆耕漠，1956；刘诗白，1959；田光、经君健，1959；张翼飞，1959a）。孙冶方（1979a）认为这种观点实则混淆了发生在各独立核算单位之间的社会分工和发生在独立核算单位内部的技术分工，否定了本应在生产者之间发挥媒介作用的流通过程，进而混淆了分配和交换的概念，将本应属于流通（即"从交换总体上看的交换"②）范畴的计划性调拨和配给视为分配的范畴。顾准（1957）则指出了"无流通论"的错误观念产生的另一重要原因，即若仅从商品流通的表层现象出发，产品之所以成为商品，一个重要特征在于其经过了流通过程，发生了所有权的转移，而商品流通又必将带来资本主义复活风险。基于上述认识，社会主义社会必须对产品进行直接"分配"，才能避免陷入资本主义倾向。

从中国社会主义经济建设的早期实践来看，由于当时生产资料紧缺和消费品供不应求，为保证国民经济的正常运行，产品交换不得不采取计划性调拨、配给的方式，产生了社会主义社会不需要流通的假象，实物配给制形式的"分配"在实践中取代了流通的职能（孙冶方，1979a）。此外，"无流通论"产生还具有一定的社会历史因素。中国上千年的小农经济历史使人们习惯了小生产的眼光，因而以往常与剩余价值盘剥、榨取相联系的流通过程很容易在主观上受到排斥（孙冶方，1981）。

事实上，学术界在这一时期对于"无流通论"观点的普遍认同并不是一朝一夕形成的，在20世纪50年代掀起的关于"社会主义制度下商品生产与价值规律"问题的讨论热潮中已经出现了"无流通论"的踪迹。而商品生产与交换之所以会引起广泛讨论，往往由于其直接与盲目自发的市场势力相关联（孙冶方，1959a）。其中，争论的首要焦点就在于商品的概念界定和范围划分。

在商品的概念界定上，学者们普遍反对仅以产品是否经过交换来判断其是否成为商品，但在具体依据上存在较大分歧，出现了所有权是否发生转移（关梦觉，1959a）、是否遵循等价交换原则（于光远，1959）或兼含两者

---

① 斯大林：《苏联社会主义经济问题》，人民出版社1952年版，第65、61页。

② 《马克思恩格斯全集》第46卷，人民出版社1979年版，第36页。

（孙冶方，1959a）的不同主张。在商品的范围划分上，多数肯定社会主义社会中的消费品是商品（骆耕漠，1956；关梦觉，1959a；孙冶方，1959a；田光、经君健，1959），但在全民所有制内部的生产资料是否为商品的讨论上有不同意见，认为其仅保留商品"外壳"（骆耕漠，1956），或在肯定消费品和生产资料都是商品的基础上，提出两者在社会主义制度中的商品性质有所区别（朱剑农，1959；田光、经君健，1959；张翼飞，1959a）[①]。对此，顾准（1957）强调社会生产是连续不断的，不能将其割裂开来，仅认为一部分属于商品生产。于光远（1959）也认为在全民所有制内部仍存在商品的生产与交换，不认同"真正的商品""商品的形式"等类似的提法。

除了在"商品"范畴上未达成统一的意见，对于社会主义制度下商品生产与交换的存在原因也众说纷纭。于光远（1959）总结了其时盛行的主要观点，包括两种所有制形式的并存、"按劳分配"原则的实行、"经济核算制"的推行[②]。如刘诗白（1959）和田光（1964）明确表示全民所有制和集体所有制的并存是商品生产、流通存在的客观基础。骆耕漠（1956）、顾准（1957）和于光远（1959）则认为商品生产的存在并非源于不同种公有制形式的并存，只要按劳分配的原则和经济核算制仍在实行，商品生产就会持续存在。此外，还有观点认为社会分工、等量劳动相交换与两种所有制的并存结合起来构成了全民所有制内部商品生产与交换存在的原因（田光、经君健，1959）。对此，于光远（1959）指出应当区分商品存在的原因和商品本身的规定性，社会分工是商品存在的重要前提之一，但绝非商品"质"的规定性即采取"在交换中比较产品中所包含的社会必要劳动，依据等量劳动与等量劳动交换的原则"的交换方式。与商品的范围划分相对应，有研究分别讨论了消费品和生产资料成为商品的原因，即社会主义社会中的按劳分配使消费品成为商品，而经济核算制的实行是全民所有制内部的生产资料成为商品的决定性因素（关梦觉，1959a）。

尽管在具体问题上争论众多，但总体上大多主张社会主义的商品生产和交换在根本性质上不同于资本主义的商品生产与交换，体现的生产关系也完全不同（林铮，1957；刘诗白，1959；于光远，1959；张翼飞，1959a；田光，1964）。同时，多数观点也坚持认为商品生产与流通并不符合社会主义制度下经济发展的客观要求。随着未来向社会主义社会的高级阶段即共产主

[①] 类似表述还有将社会主义制度下的生产资料视为一种"新型的商品"（林铮，1957），或是认为其带有"微弱的商品性"（张翼飞，1959b）等，尽管提法众多，但实际上多倾向于淡化其商品属性。

[②] 也有研究从生产关系和生产力的辩证关系出发，如提出生产关系层面是由于全民所有制和集体所有制的并存，生产力层面则是由于其发展的实际水平需要实行按劳分配，商品生产与交换从而保有存在的必要，参见关梦觉（1959a）和张翼飞（1959a）；林铮（1957）则将商品生产和交换的产生归因于社会主义生产方式下生产力和生产关系之间的矛盾。

义社会过渡，当社会中仅存在全民所有制这一种所有制形式且按需分配代替了按劳分配时，消费品不再是商品，生产资料所保留的商品"外壳"也将褪去，商品生产全部转为产品生产，商品交换也会被产品的直接"分配"完全取代，流通过程终将消亡，经济核算制、按劳分配原则也不复存在（骆耕漠，1956；关梦觉，1959a；刘诗白，1959；张翼飞，1959a）[1]。可以看到，"无流通论"的观点在这场理论探讨热潮中已初具雏形，包括在探讨全民所有制内部的交换问题时，刘诗白（1959）就曾提出，不同于"事实上的商品交换"即不同所有制间的交换，国营企业间的交换实则是"产品的直接分配"，只是由于经济核算制的存在，才保有商品交换的"外壳"。还有学者提出了全民所有制内部的交换具有双重性质的观点，将其视为产品分配与商品交换的结合（关梦觉，1959a）。

与商品生产的发展趋势紧密相关的是价值规律的前途命运，价值规律作为商品生产、交换所遵循的客观经济规律，其作用发挥自然总会与商品生产、交换相联系，从而备受关注（孙冶方，1959b；于光远，1959）。多数研究认为价值规律的作用在社会主义制度下是受到限制的，但商品生产和流通的存在又使得价值规律的作用不至于完全消失（罗郁聪，1956；宋福僧，1957；关梦觉，1959b；刘诗白，1959）。具体而言，对于已纳入国家计划购销范围内的产品，由社会主义基本经济规律和国民经济有计划（按比例）地发展规律进行计划组织与调节，对于计划规律尚不能完全覆盖的部分，主要包括商品生产和商品流通领域，则由价值规律作为计划规律的"助手"补充发挥作用。随着有计划、按比例的经济规律的作用范围不断扩大，价值规律的作用将逐步缩小并最终消失。也有观点提出即便是计划内产品，国家也应充分利用价值规律的作用和价值对劳动的衡量作用，提升生产积极性并更好地满足日益增长的社会需要（吴海若，1957；薛暮桥，1959）。实际上，论证核心始终在于，只有商品生产存在，价值规律一定会发挥作用（于光远，1959），而随着商品生产的消亡，价值规律的作用也终将消失（谢佑权、蒋绍进，1956）[2]。

对此，孙冶方早在 1956 年就专门撰文指出，不管是商品经济还是计划经济中，价值规律"始终存在着且作用着"，只是不同其在资本主义经济中的盲目自发作用，在社会主义经济中是由国家自觉主动地、有计划地掌握、利用它（孙冶方，1956）。此外，也有研究是以"调节"和"影响"分别衡

---

[1] 关于商品的消亡过程有两种不同观点：一是张翼飞（1959a）等认为尽管商品"量"的规模会不断扩大，但其"质"的商品性会逐渐衰退，直至完全消亡；二是以于光远（1959）为代表，反对商品"颜色"衰退的观点，认为不是商品自身的商品性在削弱，而是在商品种类上，属于"商品"的产品会逐渐减少。

[2] 顾准（1957）指出，学术界甚至曾流行过这样一种观点，即"谁企图用价值与价值规律来解释社会主义经济中的现象，谁就是违背马克思主义"。

量价值规律在生产和流通领域的不同作用（罗郁聪，1956；谢佑权、蒋绍进，1956）。对此，顾准（1957）指出："价值规律既调节生产，也调节流通。既调节消费资料的生产与流通，也调节生产资料的生产及转移过程"，不应将生产与流通割裂开来，计划管理工作的存在也并不会削减价值规律的作用（南冰、索真，1957；吴海若，1957）。

这一时期，价值规律的作用之所以被否定、被限制，主要有三点原因：其一，学术界普遍认为社会主义生产直接以生产使用价值为目的，价值不复存在，价值规律自然也不再发挥作用。对此，顾准（1957）明确提出"社会主义生产是价值生产"，价值规律应当作用于全部的经济过程。其二，是仅将价值规律的自发性调节作用即通过市场价格的涨落来调节供求关系，看作其全部内容。以关梦觉（1959b）为代表，认为价值规律就是通过市场价格的变动，刺激或抑制生产与消费以平衡供需。孙冶方（1959b）指出这种主张失之偏颇，混淆了客观经济规律自身及其在不同社会历史条件下作用的差异，价值规律的内涵实为"形成价值实体的社会必要劳动的存在和运动的规律"。其三，孙冶方（1959b）指出原因还在于价值规律往往被视为计划规律的对立物，直接与自由市场、资本主义自发势力相关，价值规律仍能发挥作用，只是因为我国尚未消除资本主义经济和个体经济。

尽管新中国第一代领导人多次强调过商品生产和流通过程的重要性[①]，但在这场理论讨论的热潮中，流通活动仍多被视为商品经济与商品生产的遗迹，流通在社会再生产过程中的地位和作用长期遭到否定，关于流通过程的理论研究与分析自然难得重视（孙冶方，1979a）。在"无流通论"观点盛行期间，孙冶方（1956，1959b）较早地肯定了流通在社会主义社会中的重要性，强调研究流通过程对于社会主义政治经济学的重要意义，并提出要重视价值规律的作用。顾准（1957）也明确表明，社会主义经济不仅应是计划经济，更应是实行经济核算的计划经济，用经济核算来弥补经济计划的不足，例如，价格可以调节消费品在零售市场中的销售，实现供需平衡。并且，孙冶方（1959a，1959b）开创性地指出应认识到"带有共产主义分配形式（按需分配）的萌芽的供给制"与我国计划工作中推崇的"实物供应制"不同，并提出"生产资料的调拨"是"完全崭新的一种流通方式"的观点，突破了长期以来将调拨配给归为分配范畴从而否定流通的错误认识[②]。

多次的呼吁与争辩也起到了实际效果。1962 年，党的八届十中全会专门

[①]　1958 年，毛泽东在领导纠正"大跃进"和人民公社化运动中的错误时，"强调发展商品生产、遵守价值规律"，参见《〈关于若干历史问题的决议〉〈关于建国以来党的若干历史问题的决议〉》，中共党史出版社 2010 年版，第 52 页；刘少奇也指出流通领域是最敏感的，能反映出生产领域的各种问题，应重视流通研究，参见孙冶方（1980）。

[②]　孙冶方（1979b）进一步指出这种物资供应制并不是社会分工基础上的社会主义产品流通的正常形式，而是物资紧缺条件下不得已采取的应对措施。

讨论了商业工作问题，强调了国营商业、合作社商业和集市贸易这三条流通渠道的建设①。同年，《经济研究》编辑部也专门组织针对社会主义制度下流通问题研究的理论座谈会，会议总结了长期以来流通的地位与作用被忽视和否定的原因，强调流通在社会主义社会特别是全民所有制内部实现经济联系的重要性②。尔后，关于流通问题的理论探讨开始涌现，发展商品流通渠道、节约流通费用等商业工作中的实际问题受到关注（江淮，1963、1964）。但在随后的十多年间，关于流通问题的理论研究再次陷入低谷。

直至改革开放后，学术界才逐渐开始破除苏联社会主义政治经济学影响下"无流通论"的樊篱。以孙冶方（1979a，1979b）为代表的学者从分配和交换的范畴辨析出发，指出产品分配作为劳动工具与劳动力的分配结果，只有经过流通过程，才能最终到达消费一端，有力地论证了流通是不同于分配的、客观存在于社会主义社会中的独立经济过程，并强调"物资供应绝不是属于分配范围以内的事，而是交换或流通本身"。他还带有预见性地指出流通问题的研究不能仅停留在一般规律的揭示上，也要加深对流通渠道、流通组织形式等具体问题的探讨。在 1980 年召开的全国商品流通理论讨论会中，流通长期以来在理论与实践中被忽视的现象也得到了广泛承认③。

三、社会主义流通基础理论的核心内容

改革开放以来，思想上拨乱反正的推进和以孙冶方为代表的学者们对流通问题的高度关注，使得"无流通论"的观点逐渐被摒除，流通的理论与实践问题开始受到充分重视，进入新的研究热潮。其中，以孙冶方等经济学家为首要代表，在马克思主义政治经济学的理论指导下，结合中国社会主义经济实践的历史经验展开讨论，奠定了中国特色流通理论构建的坚实基础，为流通基础理论研究创造了宝贵的思想财富。

（一）社会主义流通过程及其客观规律

孙冶方（1979a）率先指出，过去我国经济学术界长期存在着仅将流通视为商品流通而认为流通并不符合社会主义最本质的生产关系的观念桎梏，认为"必须把流通同商品脱钩，离开商品来找寻交换和流通的必要性"，合理抽象出流通这一客观经济过程中的一般性内容。他创造性地提出"流通一

---

① 《中国共产党第八届中央委员会第十次全体会议公报》，http：//cpc. people. com. cn/GB/64162/64168/64560/65353/4442078. html。

② 参见迪元：《北京部分经济工作者和经济理论工作者座谈如何进一步开展社会主义制度下流通问题的研究》，载《经济研究》1962 年第 10 期，第 70～72 页。

③ 参见邢俊芳：《把商品流通经济理论研究工作放在应有的位置上——全国商品流通经济理论讨论会学术观点概述》，载《经济研究》1980 年第 5 期，第 33～36 页。

一般"，即"有社会分工，就会有交换；有社会化的大生产，就会有流通过程"（孙冶方，1981），突破了数年来将资本主义生产方式下的流通特殊看作流通一般的错误认识，为社会主义经济中流通过程的存在性正名。孙冶方对于"流通一般"的提炼实际上源于对社会主义流通具体形式的区分，他认为社会主义经济中保有商品流通和产品流通两种流通形态，商品流通存在于不同所有制之间，产品流通则是在公有制经济内部，是社会主义形态下的特殊流通形式。社会大生产条件下企业间的关系均需通过产品或商品流通过程才能实现，因此，对于"流通一般"的抽象和研究尤为必要①。高涤陈（1984）赞同孙冶方关于"流通一般"的观点，认为在承认社会主义客观存在商品流通的同时，也应从社会化大生产的根本性质出发，肯定其他流通形式的存在，正确认识和把握作为社会经济过程的"真正的流通"。他还指出，社会分工和专业化生产会向更高的阶段发展，流通作为社会化大生产的组成部分，相应地，也会持续得到发展。徐从才（2006）遵循孙冶方对于"流通一般"的论述，提出流通在不同经济形式和不同社会形态下所表现出的"流通特殊"，只有将"流通一般"和"流通特殊"结合起来分析，才能清晰揭示特殊形式的流通的本质。

在逐步破除"无流通论"错误观念的同时，对于社会主义流通范畴的考察也引起广泛的学术讨论。根据马克思对"流通"的不同使用情境和涉及流通问题的多处论述，一种代表性观点认为流通存在广义流通和狭义流通之分。对于狭义层面流通过程的内容，存在不同意见：一种意见认为狭义的流通即为商品流通（赵效民，1984；徐从才，2006），另一种则认为狭义的流通是与直接生产过程相并立的过程，即社会再生产总过程去除生产、分配和消费的部分，并强调这是"真正的流通过程"（高涤陈，1984；张卓元，1984；张洪平，2014）。这与孙冶方（1981）所主张的流通和生产均为社会再生产过程的必要阶段的观点是相一致的。广义的流通是指资本循环与周转的全部运动过程，即在社会整体层面上，是包含生产、分配、交换和消费在内的社会再生产的总过程（赵效民，1984；徐从才，2006；张洪平，2014）。杨承训（1986）则反对将生产运动的全过程包含于流通过程之中，认为流通是直接与商品相挂钩的，而非存在于所有经济形态中的"物质代谢"过程。

近年的研究通过回顾马克思对于资本流通整体过程的分析，重新梳理了流通在不同层次上的具体含义。任保平（2011）马克思对于流通概念的界定至少包括商品流通、货币流通和资本流通三个层面，其中商品流通才是真正

---

① 对此，后续不少学者提出了不同意见，认为"社会主义全民所有制经济内部也存在着商品货币关系，企业之间的生产资料流通属于商品流通"，并被公认为是马克思主义流通理论的重大突破。赵效民（1984）曾对孙冶方将全民所有制内部生产资料的流通看作产品流通而非商品流通的原因予以总结，他还特别强调，孙冶方在个别问题上认识的偏差决不能掩盖或否定孙冶方本人对于社会主义流通理论的卓越贡献。

意义上的流通。新近文献重新从"社会总资本的流通""大流通""小流通"三个层面总结了流通的概念和内容（谢莉娟、王晓东，2021）。"社会总资本的流通"即资本循环与周转的总过程（G—W…P…W—G′）包括四个要素：（1）"实际生产过程及其持续时间"；（2）"产品转化为货币"的过程；（3）货币"转化为生产资本的各要素"的过程；（4）一部分资本购买活劳动能力的过程[①]。"大流通"对应要素（2）、要素（3），是马克思认为的"真正流通过程"[②]，也是与实际生产过程相对的经济过程。"小流通"则对应要素（4），代表劳动力成为商品后经历的买卖过程。其中，从"社会总资本的流通"包含实际生产过程来看，"生产只是流通的要素"[③]，而从"大流通"包括"资本从离开生产过程到它再回到生产过程这一整个时期"出发[④]，"流通本身是生产的一个要素"[⑤]。可以看到，前文中"广义的流通"即马克思提出的"社会总资本的流通"范畴，"大流通"则对应"狭义的流通"的第二种意见。文中强调"流通经济"领域在社会化大生产条件下的研究重点应为"大流通"涵盖的范畴[⑥]，同时在社会主义市场经济中，还应重视资本流通形式以外的、以获取使用价值为目的简单商品流通（W—G—W′）过程。裴宏、王诗桴（2022）则立足于马克思资本循环理论，结合实际测算需要，将流通界定为"商品资本在市场交换中价值实现的过程"，兼顾了主资本循环和可变资本投资及回流的次级循环。

在流通过程的经济内容上，孙冶方（1979a，1981）首先从产品双重性和劳动双重性出发，指出在社会化大生产条件下，流通中使用价值的更新和企业的独立核算映射着流通过程的经济内容，即使用价值的物质代谢和价值的补偿，且其不随交换形式和社会形态的变化而变。毋庸置疑，孙冶方提出的产品两重性的观点为社会主义流通理论研究贡献了大智慧，但随着社会主义市场经济体制发展至今，其观点也表现出一定的历史局限性即"产品价值论""产品流通论"实际上低估了商品经济在社会主义社会中的重要性（张卓元，1984；夏春玉、丁涛，2013a）。1982 年党的十二大以后，市场调节、商品经济等概念被频繁提及。深刻剖析经典作家关于商品二重性的理论、正确掌握商品经济运动规律成为社会主义流通理论发展的必然要求。从马克思对流通过程的划分即商品形态转化为货币形态（W—G）和货币形态向商品形态的转化（G—W）出发，高涤陈（1984）提出流通过程的基本经济内容

---

①③⑤　《马克思恩格斯全集》第 30 卷，人民出版社 1995 年版，第 517 页。

②　《资本论》第 2 卷，人民出版社 2018 年版，第 389 页。

④　《马克思恩格斯全集》第 31 卷，人民出版社 1998 年版，第 68 页。

⑥　文中特别指出在资本主义社会，商业资本这一"资本在历史上最古老的自由的存在方式"由于产销分工而被卷入资本的总流通过程"执行一种特殊职能"，并受产业资本支配，从而归属于"大流通"范畴，具体形式为以专业化商人为主体的商业资本流通（G—W—G′）。

为商品使用价值和价值自身的及相互间的矛盾运动关系。使用价值的新陈代谢体现为，在无数次买卖活动交织而成的流通过程中，新的使用价值会不断补充已进入消费过程的旧的使用价值；价值的等量补偿体现在商品所有者在让渡使用价值的同时，又必须等量地收回商品的价值量，用以补偿生产消耗和扩大再生产规模。

因此，流通过程必须遵循的一项重要经济规律就是等价交换规律（高涤陈，1991），只有产品的价值得到等量补偿，扩大再生产过程和使用价值的顺利替换才有所保障（孙冶方，1981；高涤陈，1984）。遵循等价交换原则实质上是价值规律在流通领域的表现（曾洪业等，1981；高涤陈，1991）。尽管价值量完全相等的交换活动极其偶然，但等价交换原则仍是亿万次不等价交换活动的基本要求和必然趋势（高涤陈等，1988）。等价交换原则要想得到贯彻，离不开商品竞争规律的作用。"只有通过竞争的波动从而通过商品价格的波动，商品生产的价值规律才能实现，社会必要劳动时间决定商品价值这一点才能成为现实。"① 商品进入市场后，只有在竞争中不断比较个别劳动时间，才能最终确定其社会必要劳动时间，进而决定价值量的形成。因此，商品竞争规律是价值规律发挥作用的前提，也是流通领域中重要的经济规律（高涤陈等，1979；纪宝成等，2017）。事实上，交换活动要想顺利完成，除需遵循等价交换原则即卖方等量地实现商品价值外，还需买方能够获得适应自身消费所需的使用价值，如此，买卖双方才能进行自愿交换，这也正是流通领域另一客观经济规律——商品自愿让渡规律的两项基本要求（曾洪业等，1981；高涤陈，1985）。此外，在流通过程中，价值规律往往还会与商品供求规律交织来发挥作用，表现为供求关系影响价格，价格又会反过来调节供求力量（曾洪业等，1981）。商品的供给和需求作为生产和消费在交换过程中的反应，其背后的供求规律自然会对流通领域起支配作用。一方面，由于社会主义生产的最终目的在于满足人民消费需要，商品的供求关系总会向生产适应消费的平衡状态运动；另一方面，生产和消费的频繁变动又必然决定着供求关系会经常陷入不平衡的矛盾中，在流通领域就体现为供给和需求总是在平衡状态与不平衡矛盾的交替运动中不断演进（高涤陈，1985；纪宝成等，2017）。总而言之，供求规律、自愿让渡规律、竞争规律、等价交换原则与价值规律这五项客观经济规律不以人的意志为转移，交织联系、相互依存、彼此制约、共同作用并支配着社会主义流通过程。高涤陈等（1988）在深入考察后指出这实际上是商品价值和使用价值这一内部矛盾的外化表现，是商品的二重性随生产和交换的范围扩大而形成的。这一理论事实充分论证了深入认识马克思主义劳动价值论框架下商品的二重性对分析、掌握流通过程的重要意义。

---

① 《马克思恩格斯全集》第 28 卷，人民出版社 2018 年版，第 221 页。

随后，高涤陈（1985，1991）从社会主义经济的内涵出发，提炼出生产资料公有制、商品经济和社会化大生产的要点，并指出供求规律等五项经济规律作为商品经济的固有规律，是流通领域与商品经济相联系的必然结果，进一步考察了流通过程的经济规律。在社会主义公有制条件下，社会主义基本经济规律和国民经济有计划按比例发展规律对流通领域同样发挥作用。其中，社会主义基本经济规律规定了一切经济活动的基本要求，流通领域自然也需以最大限度地满足人民消费需要为根本出发点；有计划按比例发展并不等同于全面强制性的计划指令，而是在充分发挥市场机制的作用的同时，以自下而上的商品流转计划开展商品流通。与社会化大生产相联系的则是流通时间节约规律。社会再生产周期既定时，生产时间与流通时间呈现出此消彼长的对立关系。这对于流通领域的启示意义在于，流通时间越短，再生产周期越短，生产效率越高，经济发展也就越快。特别是在当前中国经济发展"面临需求收缩、供给冲击、预期转弱三重压力"和重在"畅通国内大循环""突破供给约束堵点"的现实下①，节约流通时间尤为必要（裴宏、王诗桲，2022）。三个要点所涉及的经济规律之间是紧密联系、不可分割的：针对以往将商品经济视为社会主义对立物的固化逻辑，高涤陈等（1988）特别指出，商品经济可以与不同的社会经济形态共生，而社会主义经济必须依靠商品经济形式来运行，因此，商品经济运动规律在与社会主义经济运动规律结合发挥作用的同时，也是其作用实现的推手。在现实经济生活中，社会主义基本经济规律需通过价值规律、供求规律等来发展生产并满足需求（高涤陈等，1988）；商品竞争规律也是与社会主义基本经济规律中满足人民物质和文化需要这一最终目的保持高度一致的（高涤陈，1985）；价值规律不但不与国民经济有计划按比例发展规律相对立，反而应由其自觉运用（杨承训，1986）。

（二）流通在社会主义经济中的作用和地位

全面认识社会主义流通过程，离不开对流通在社会主义经济中重要作用的准确把握。孙冶方（1981）率先指出正是流通过程的存在与作用，成千上万的个别资本的生产过程才得以结合成为社会生产总过程。因此，流通过程是将各社会经济部门联结成有机整体的重要纽带，往往制约甚至决定着社会再生产速度（高涤陈，1984）。并且，社会主义的各种经济关系交错集中在流通领域，各部门经济利益的实现依赖于流通活动，是以经济运动中的各种矛盾往往首先暴露于流通过程，流通也成为再生产过程中最复杂、最敏感的环节（孙冶方，1981），常常是认识和解决各种经济问题的切入点。

孙冶方（1979a，1981）首先指出流通对于社会主义社会的重要作用已

---

① 《中央经济工作会议在北京举行》，载《人民日报》2021 年 12 月 11 日 01 版。

触及社会形态层面。社会主义和资本主义的区别，不仅体现在生产资料的所有制形式和劳动者的社会地位上，更体现在社会经济整体是计划性的还是盲目自发的。而经济计划性的重点就在于部门间、地区间及企业间的关系协调，问题集中在流通领域。随着经济改革的推进，关于流通对社会经济运行的作用也不断涌现出新观点、新论断。1984 年，党的十二届三中全会提出社会主义经济是"在公有制基础上的有计划的商品经济"。对此，杨承训（1986）认为社会主义商品经济的计划性正是集中表现在流通领域中，流通对于发展和稳定市场的作用不言而喻。1992 年，党的十四大正式提出"建立和完善社会主义市场经济体制"的目标①。黄国雄（1998）提出重视流通问题是市场经济的内在要求，市场经济的核心在于交换经济，市场的活力聚焦于流通领域，市场范围的开拓依赖于流通活动。丁俊发（2003a）也指出流通是社会经济结构与国民经济运行状况的晴雨表，流通过程的顺畅运行正是国民经济畅通良性循环的关键所在。

在流通的作用和地位认识上，囿于计划经济的体制背景和"无流通论"的思想束缚，学界曾长期存在着"重生产、轻流通"的固化观念，片面强调生产的决定性地位，而忽视流通对生产的影响和作用（孙冶方，1981；曾洪业等，1981；杨承训，1986）。改革开放后，流通对生产的能动作用逐渐得到重视。在 1980 年召开的全国商品流通经济理论探讨会上，与会者已普遍认同，生产与流通均为社会主义社会再生产过程的重要组成部分且缺一不可②。孙冶方（1981）、曾洪业等（1981）和高涤陈（1984）也在肯定流通首先是由生产决定的同时，强调其并非被动的派生事物，而是影响和制约着生产过程。特别是从社会再生产周而复始的动态关系上看，生产和流通互为前提且互为媒介。没有生产物的生产，自然谈不上流通；而流通过程一旦受阻，再生产过程也寸步难行。生产与流通各守其位、相互联系、相互依存，又彼此制约。事实上，对于生产的决定性作用和流通的反作用，马克思也曾做出多处论述，"流通的要素先于流通而存在，而不是由流通本身创造出来的"；"流通的前提既是通过劳动进行的商品的生产，又是作为交换价值的商品的生产"，同时也指出，"在商品转化为货币以前，生产过程不可能重新开始。过程的稳定连续性，即价值毫无阻碍地和顺畅地由一种形式转变为另一种形式，或者说，由过程的一个阶段转变为另一个阶段，对于以资本为基础的生产来说，同以往一切生产形式下的情形相比，是在完全不同的程度上表

---

① 《加快改革开放和现代化建设步伐，夺取有中国特色社会主义事业的更大胜利——江泽民在中国共产党第十四次全国代表大会上的报告》，https://fuwu. 12371. cn/2012/09/26/ARTI1348641194361954. shtml。

② 参见邢俊芳：《把商品流通经济理论研究工作放在应有的位置上——全国商品流通经济理论讨论会学术观点概述》，载《经济研究》1980 年第 5 期，第 33～36 页。

现为基本条件"；"生产过程如果不能转入流通过程，就要陷入绝境"①。

在经济体制进入转轨期后，基于流通实践的迅速发展，学术界对于流通和生产的关系认识也有所变化。首先是"流通对生产也起决定性作用""生产和流通相互决定"等观点的兴起。杨承训（1986）和徐从才（1987）分别从流通的生产力属性和再生产过程的动静态分析出发，认为发达商品经济的一项重要特征就是生产和流通相互决定的关系成为常态，特别是商品生产成为普遍形式后，则开始由流通决定生产。随着商品经济的繁荣，纪宝成（1993）和冉净斐（2005）立足于社会主义市场经济条件，认为流通与生产之间是双向决定、互为前提且互为因果的关系。此外，学术界也出现过"流通决定论"的主张。冒天启（1982）以人体心脏和血液循环类比生产与流通的关系，认为流通无条件地对生产起决定性作用，要以"流通决定论"来概括流通在社会再生产整体中的地位。丁俊发（1998）则以流通在国民经济运行和再生产大循环中的作用为依据，提出市场经济条件下应以"流通决定论"即流通决定一切为准。对此，张洪平（2006，2016）两次提出异议，指出"流通决定论"的重要论据都曾被经典作家们论及，应当肯定"流通决定论"在特定历史时期的积极作用，但"生产决定论"才是社会主义市场经济建设的理论指导。

事实上，马克思曾指出："过程总是从生产重新开始。交换和消费不能是起支配作用的东西，……一定的生产决定一定的消费、分配、交换和这些不同要素相互间的一定关系。当然，生产就其单方面形式来说也决定于其他要素。"② 近来的研究正是通过回顾马克思基于社会再生产整体框架的经典阐释，重新认识了流通与生产的关系，强调不能脱离社会再生产整体框架去认识流通的作用。如丁俊发（2003b）认为商品经济条件下的卖方市场状态中，流通是生产顺利进行的必要前提，但仍由生产决定流通；而市场经济的买方市场态势下，则是消费通过流通来决定生产。纪宝成等（2017）提出"生产—流通—消费"的动态关系框架，指出生产目的实现、消费的信息反馈及其对生产的反作用，均依赖于流通过程，是以流通并非仅由生产所决定或对生产起反作用，而是在一定条件下决定生产，即在以专业化和商品化的生产为特征的商品经济条件下，由于价值实现与使用价值物质更新的需要、社会分工带来的交换需求以及生产规模扩张的需要，流通对生产也能起决定性作用，这与其在自然经济和简单商品生产阶段的作用存在实质性区别。新近文献考察了不同层面的流通与生产的关系，指出狭义的流通是生产的要素并由生产决定，社会总资本流通则包含着生产这一要素，社会化大生产中的流通甚至已成为生产的基本条件（王晓东、谢莉娟，2020）。还有部分研究通过

---

① 《马克思恩格斯全集》第 30 卷，人民出版社 1995 年版，第 210、211、533、385 页。

② 《马克思恩格斯全集》第 30 卷，人民出版社 1995 年版，第 40 页。

回归马克思本人的论述，强调马克思主义政治经济学中的流通与生产始终同等重要，并非只是反作用于生产，而是影响着扩大再生产的速度、结构和比例（任保平，2011；谢莉娟、王晓东，2021）。正如恩格斯所说，"生产归根到底是决定性的东西"。流通在遵循其固有规律运行时，也会"反过来对生产的条件和进程发生影响""这是两种不相等的力量的交互作用"①。在论及政治经济学的研究对象和方法时，他也曾指出，"生产和交换是两种不同的职能。……这两种职能在每一瞬间都互相制约，并且互相影响，以致它们可以叫作经济曲线的横坐标和纵坐标"②。

纵向来看，在生产和流通的关系认识上，从打破"流通不起作用"的樊篱开始，经历了流通"反作用于生产""与生产之间相互决定""对生产起决定性作用"等观点的变化，发展至今，"生产首先是决定性的要素，流通则反作用于生产甚至在一定条件下决定生产，同时生产与流通并重"逐渐达成共识。

（三）流通领域的劳动性质、流通费用与商业利润来源

在社会再生产中，"流通当事人也和生产当事人一样必要"，但正如马克思指出的，"这并不是把流通当事人和生产当事人混淆起来的理由"③。流通领域的劳动性质问题不仅是社会主义政治经济学的重要议题，更与中国经济实践与流通发展的现实历程密切相关。

在计划经济时期，由于"自然经济论""无流通论"的思想掣肘，流通领域的劳动常与其他部门的劳动一同纳入社会主义生产劳动的整体讨论中。在 20 世纪 60 年代学术界关于社会主义制度下生产劳动与非生产劳动的理论争辩中，对于劳动是否具有生产性的划分依据，除了从生产目的来看的是否直接满足整个社会的物质文化需要（何炼成，1963），更多学者认为应从社会主义生产关系出发，以是否从事或有助于物质资料的生产来衡量（杨长福，1964；草英、攸全，1965；许柏年，1965）。改革开放后，现实经济发展再次引发关于生产劳动问题的热烈讨论④。于光远（1981）和陆立军（1985）总结道，学术界长期存在着将生产劳动仅限于物质资料生产劳动的观点。孙冶方（1981）和高涤陈、陶琲（1982）进一步指出，基于这种观点，纯粹商业劳动甚至是流通领域的全部劳动均被视为不创造价值的非生产性劳动。于光远（1981）认为这种观点并不符合马克思关于劳动生产性的学说。陆立军（1985）也反对仅以是否生产物质产品作为判断依据，提出肯定

---

① 《马克思恩格斯全集》第 37 卷，人民出版社 1971 年版，第 485～487 页。
② 《马克思恩格斯全集》第 26 卷，人民出版社 2014 年版，第 154 页。
③ 《资本论》第 2 卷，人民出版社 2018 年版，第 143～144 页。
④ 参见《经济研究》编辑部：《建国以来社会主义经济理论问题争鸣（1949—1984）》（上），中国财政经济出版社 1985 年版，第 657～693 页。

非物质生产劳动也追加价值的观点才符合马克思劳动价值论的基本原理。

随着思想上"无流通论"的破除和实践中流通重要性的日益凸显，商业劳动是否具有生产性的问题形成讨论热潮。事实上，马克思曾在流通费用问题中对流通领域的劳动性质做过清晰的论述。他将流通费用分为纯粹流通费用、保管费用和运输费用，纯粹流通费用又分为买卖时间和簿记费用两个部分。并总结道，纯粹流通费用这种"由价值的单纯形式变换，由观念地考察的流通产生的流通费用，不加入商品价值"，而保管储备和运输费用则是"生产过程在流通过程内的继续""在一定程度上加入商品价值，因此使商品变贵"，只不过"它们的生产性质完全被流通的形式掩盖起来了"①。

而 20 世纪 80 年代对于流通领域劳动性质的一个争论焦点就是，认为马克思对于商业劳动的认识是基于资本主义追逐剩余价值的生产目的，而社会主义的生产目的则在于最大限度地满足全体社会成员日益增长的物质和文化生活的需要，因此流通领域的劳动在社会主义中的性质本质上不同于其资本主义社会中（郭大力，1978；高涤陈、陶琲，1982；陆立军，1985）。孙冶方（1981）更是明确提出，"流通中存在着非生产性的劳动是资本主义生产方式的特殊产物，不是社会化大生产的共同现象"，并将运输劳动的范畴扩至商业雇员的售卖行为，认为流通整体都是生产过程的继续。高涤陈、陶琲（1982）也认为售货员的劳动同样是商品运输的必要部分，应归入生产劳动范畴。相应地，社会主义制度下流通领域的各项费用也不需再做纯粹流通费用的划分，均属于必要的生产性费用（孙冶方，1981）。对于社会主义流通劳动生产性的论证还有基于社会主义的生产目的，从流通过程的必要性出发，认为产品只有经过流通到达消费领域，才能成为现实的产品，包括纯粹商业劳动在内的流通领域劳动因而与直接生产过程的劳动同样必要，是服务于消费的生产性劳动，创造新的价值（孙冶方，1981；俞明仁，1986；高涤陈，1995）。高涤陈、陶琲（1982）进一步指出这种分析角度才符合劳动在自然方面的物质规定性和社会方面的社会生产关系的统一，也符合马克思对劳动生产性问题的分析逻辑。此外，还有研究提供了流通劳动是生产性劳动的其他论据。于光远（1981）认为社会主义的生产劳动在生产关系上需符合社会主义性质，在生产上则要以满足人民日益增长的物质和文化需要为目的，并据此将为实现消费和推动生产过程顺利进行的交换活动归为生产劳动。俞明仁（1986）则从商品二重性出发，提出商业劳动除作用于价值存在形式的转化外，还由于使用价值是价值的物质承担者，而作用于使用价值的物理运动，同时实现价值，因此商业劳动通过推动使用价值的运动，对商品价值完成追加。

在这场研讨热潮中，也存在着不同意见，如吴树青等（1993）坚持马克

---

① 《资本论》第 2 卷，人民出版社 2018 年版，第 154、170、156 页。

思对于流通领域劳动的划分，即包括生产在流通过程的继续和商业工人的非生产性劳动两类。骆耕漠（1986）则依据"商人作为单纯的流通当事人既不生产价值，也不生产剩余价值"，"事实上不过是发生了商品的形态变化，这种形态变化本身同价值创造或价值变化毫无关系。如果说在生产的商品出售时实现了剩余价值，那是因为剩余价值已经存在于该商品中"①等论述，认为商业劳动不是生产劳动，而学术界由于存在着将生产劳动的结果作为判断劳动生产性的依据、混淆"创造商品价值的劳动"和"再分配生产劳动所创造的价值的劳动"、被中间商购销差价的表象蒙蔽以及对于"价值一般"的理解偏差等问题，难以认识到"商业劳动是非生产劳动"的实质。

21 世纪以来，随着流通产业在国民经济中的比重日益提升和流通活动形式的持续丰富，学术界围绕流通领域的劳动性质与价值创造问题展开了新的讨论。一类观点主张将流通劳动均归为创造价值的生产性劳动。何炼成（2003）指出在现代商业中，商业雇员的劳动也部分承担了运输、保管、包装加工等劳动，应归为创造价值的生产性劳动。黄国雄（2005，2010）认为现代流通活动提供有形及无形产品，在实现价值的同时，也通过服务追加价值，应属于生产性劳动。部分讨论还涉及马克思劳动价值论的发展问题。陆立军（2002）认为劳动价值论的创新点之一在于应看到交换过程不仅发生了使用价值转移、价值转移和实现，更完成了价值的增值，因而属于创造价值的劳动。卫兴华（2012）也认为劳动价值论的一项发展是应肯定商业劳动等非物质生产劳动也创造价值，指出马克思计算商品价值的方法中仅承认产业劳动创造的价值，并未实现商业雇员的劳动力价值，原因就在于未将商业劳动纳入创造价值的劳动范畴。另一部分学者则存在异议。张洪平（2005，2014）认为流通领域劳动的重要性并非只有在将其归为生产劳动时才能证明，而应取决于社会生产关系，如果以纯粹商业劳动生产的是无形产品或"服务"为据来论证其劳动的生产性，岂非又走向了"无流通论"，他强调尽管流通领域的劳动是必要的，但仍应区别于创造价值的直接生产过程中的劳动。王福成（2019）更是明确提出社会主义条件下单纯的商品买卖活动不创造价值和剩余价值。

近来的研究重新回顾并系统梳理了马克思在《资本论》中有关流通费用理论的论述，主张坚持马克思对于流通劳动的性质和价值创造属性的认识，不能片面地将流通领域的全部劳动均看作追加价值的劳动，"生产性劳动创造价值，而流通性劳动耗费价值"（任保平，2011；鲁品越，2016；柳思维，2017；王晓东、谢莉娟，2020）。他们指出，马克思认为买卖时间是人格化的资本"在市场上执行卖者和买者的职能的时间""正像花费在诉讼程序上的劳动并不增加诉讼对象的价值量一样"，买卖时间所耗费的劳动"是一种

---

① 《资本论》第 3 卷，人民出版社 2018 年版，第 326、311 页。

不会增加转化了的价值的流通费用"，它并不创造价值，而只是为价值的形式变化做中介；簿记费用在劳动性质上和买卖时间相同，"都是劳动时间和劳动资料的追加消耗"①。保管和运输费用则不同：商品保管费用的"目的本身不是价值的形式转化，而是价值的保存"，又由于"价值存在于作为产品，作为使用价值的商品中"。保管活动因而不增加商品的使用价值，而是使"它的减少受到了限制，它被保存下来"②。对于运输费用而言，"物品的使用价值只是在物品的消费中实现"，因而"物品的位置变化成为必要"，"使运输业的追加生产过程成为必要"。在运输过程中，会发生对象化劳动的价值转移和活劳动的价值追加，且价值追加部分和直接生产中的情况相同，即"分为工资补偿和剩余价值"③。因此，运输费用是创造价值的生产性劳动。王晓东、谢莉娟（2020）进一步指出，尽管马克思并未对流通过程的每种费用都展开分析，但他提出的划分标准足以明晰流通领域的劳动性质问题，即"一般的规律是：一切只是由商品的形式转化而产生的流通费用，都不会把价值追加到商品上"④，且此项规律不受职能主体和社会制度的影响。具体而言，买卖时间费用在由产业资本家直接承担时是其劳动时间的一项扣除。即使"变为由他们付酬的第三者的专业"，其非生产性也不会发生改变，所谓买卖时间形成价值的"错觉是从商人资本的职能产生的"。簿记费用同样如此，即使簿记"从生产职能中分离出来，独立化为特殊的、专门委托的当事人的职能"，也"并不会使这种职能形成产品和价值"⑤。

但同时，学者们也强调这并不等同于否定纯粹商业劳动创造"经济空间"以保障社会经济运行的重要意义（鲁品越，2016；王晓东、谢莉娟，2020）。正如马克思指出的，"这种费用是价值由商品形式转变为货币形式所必要的"，并以"燃烧一种生热用的材料时花费的劳动"类比，这种劳动不会生热，却"是燃烧过程的一个必要的因素"⑥。原因在于，它"使社会的劳动力和劳动时间只有更少一部分被束缚在这种非生产职能上"，"有助于腾出生产时间"，并使"资本在价值增殖上所受的消极限制缩小了"⑦。

然而，在生产性流通劳动的范围界定上，仍存在一定的分歧：任保平（2011）和柳思维（2017）等学者认为，根据马克思的表述，保管费用和运输费用可以合称为生产性流通费用，王晓东、谢莉娟（2020）则在将纯粹流通费用部分的劳动界定为"媒介性劳动"的基础上，认为需在生产性劳动和

---

① 《资本论》第 2 卷，人民出版社 2018 年版，第 146、147、150、166 页。
② 《资本论》第 2 卷，人民出版社 2018 年版，第 157 页。
③ 《资本论》第 2 卷，人民出版社 2018 年版，第 167、168 页。
④ 《资本论》第 2 卷，人民出版社 2018 年版，第 167 页。
⑤ 《资本论》第 2 卷，人民出版社 2018 年版，第 147、148、151、152 页。
⑥ 《资本论》第 2 卷，人民出版社 2018 年版，第 150、147 页。
⑦ 《资本论》第 2 卷，人民出版社 2018 年版，第 148 ~ 149 页。

媒介性劳动以外单独讨论保管费用。原因有二：其一是储备保管费用不创造价值却追加价值量的特殊性质。保管活动中新投入对象化劳动和活劳动并不形成价值，而是作用于使用价值的保存，因而需按比例摊派在商品价值中并提升价值量；其二则在于保管费用问题的复杂性。因为"只有在商品储备是商品流通的条件，甚至是商品流通中必然产生的形式时"，"这种表面上的停滞"才是正常的。当商品储备是由于流通蓄水池的泛滥而扩大时，就"已经不是不断出售的条件，而是商品卖不出去的结果"，"成为在价值实现时的扣除，即价值损失"。然而，"储备的正常形式和不正常形式，从形式上是区分不出来的，而且二者都是流通的停滞"，甚至于在现实经济生活中，不正常的商品储备往往"会被误认为是再生产过程扩大的征兆"，为资本主义的周期性经济危机埋下隐患①。

　　由于学者们在流通领域劳动性质和流通费用问题上存在分歧，对于商业利润源泉的认识也并不一致。在分析商品经营资本时，马克思曾论及，"商业资本只是由于它的实现价值的职能，才在再生产过程中作为资本执行职能"，并"从总资本所生产的剩余价值中取得自己的份额"。商业雇员承担的无酬劳动"虽然不创造剩余价值，但能使他占有剩余价值"。这正是坚持商业劳动不创造价值的学者们所主张的，如吴树青等（1993）认为商业劳动者的剩余劳动实质上是商业资本家参与剥削产业工人、无偿占有其创造的剩余价值的手段，纯粹商业劳动雇员的工资也来自产业工人生产的剩余价值。"正如工人的无酬劳动为生产资本直接创造剩余价值一样，商业雇佣工人的无酬劳动，也为商业资本在那个剩余价值中创造出一个份额。"② 在社会主义社会，商业利润的来源同样是生产领域形成的剩余价值（王福成，2019），是产业资本的利润让渡（王晓东、谢莉娟，2020），流通领域的劳动补偿实际上是对产业部门创造的价值的一种扣除（张洪平，2014）。商业费用的补偿和商业利润的形成不是超出价值的"外加"，而是价值即生产价格的"内扣"（骆耕漠，1986）。王晓东、谢莉娟（2020）进一步指出马克思曾从节约流通过程的资本付出、时间耗费和媒介资本间分工三个角度揭示了纯粹流通费用获取商业利润的合理性。然而，主张流通领域劳动是生产性劳动的研究者则持不同意见，俞明仁（1986）认为商业利润和产业利润分别来自各自部门内工人的剩余劳动所创造的价值，是两个不同源泉。卫兴华（2012）也强调商业利润不是源于产业利润的让渡，商品最终价值应等于生产价值、商业雇员的劳动力价值及其生产的剩余价值的总和。

　　长期以来，流通领域劳动性质问题上的争论也在一定程度上影响着学界对于流通业在国民经济中定位的认识（王晓东、谢莉娟，2020）。以突破流

① 《资本论》第 2 卷，人民出版社 2018 年版，第 165～166 页。
② 《资本论》第 3 卷，人民出版社 2018 年版，第 327 页。

通业在计划经济时期长期被认为是末端行业的观念为起点，柳随年（1992）首先明确表明流通应作为一项产业而独立存在。随着市场经济条件下买方市场的形成，流通业上联生产、下接消费的纽带作用日益突出，刘国光（1999，2004）、丁俊发（2003a）和徐从才（2006）等多次强调流通业开启国内市场与社会经济运行的先导产业地位，形成明确的"流通先导论"。而后，随着深化流通体制改革的不断推进，黄国雄（2005，2010）结合流通业对国民经济增长的贡献率和占据的社会就业比等实际特征，归纳出流通业在经济运行、国际交往等四个方面中发挥的基础性作用，提出"流通产业是基础产业"的创新命题，亦即"流通基础论"。发展至今，才基本达成将流通业定位为基础性和先导性产业的共识①。

　　新中国成立70多年来，中国特色流通理论研究以马克思主义流通理论为指导，围绕社会主义流通实践，创造并积累下丰硕的研究成果。作为历史性突破的孙冶方社会主义流通理论的开创，有力破除了"无流通论"的思想桎梏，这本身就极具中国特色。事实上，不仅在马克思主义经典著作中未曾出现过"社会主义流通理论"的明确表述，从其他社会主义国家的实践中也无处搜寻可借鉴的研究模板，中国社会主义流通理论的形成实际上是70多年来流通实践经验的理论上升，而非简单模仿、一蹴而就的结果。从这一角度来看，计划经济体制的实行与改革开放以来的经济体制改革对于我国流通理论研究来说，都是有"功"的。正是社会主义流通实践中的艰难摸索甚至是多次"碰壁"，才让后人看到哪条"路"是行得通的，流通理论研究在这一过程中也得以稳扎稳打、一步一脚印地向前持续迈进。

四、研究反思与展望

（一）研究反思

　　回望中国特色流通理论的研究历程，在计划经济时期，尽管经济学家孙冶方等做出了呼吁流通过程研究的有益探索，但由于流通往往与商品、市场等内容直接联系，多被一种特殊眼光来看待，并被视为资本主义商品经济的遗迹，流通研究因而在主观上容易受到排斥。改革开放后，学术界以孙冶方等人为代表大力破除了"无流通论"的栅锁，20世纪80年代中期更是集中出现了回顾和再讨论孙冶方社会主义流通理论的热潮，结合经济体制的深入

---

① 2012年，《国务院关于深化流通体制改革加快流通产业发展的意见》（国发〔2012〕39号）也首次明确"流通产业已经成为国民经济的基础性和先导性产业"。随后，《国务院办公厅关于促进内贸流通健康发展的若干意见》（国办发〔2014〕51号）、《国务院办公厅关于推进线上线下互动加快商贸流通创新发展转型升级的意见》（国办发〔2015〕72号）等文件均强调了流通业的"基础性和先导性作用"。

发展，充分论证了社会主义流通理论研究的重要性①。这一时期，流通理论的研究取得了突破性的进展，社会主义条件下流通过程的存在性得到正名、重要性也受到广泛认可。然而，流通理论研究发展至今，社会主义流通的特殊性尚未得到清晰、完整的解释，仍存在若干问题有待更深入的探究与分析。特别是 21 世纪以来，尽管有研究结合中国具体流通实践，重申了马克思主义流通理论对于流通体制改革（周丽群，2017）、流通渠道体系建设与优化（纪宝成、谢莉娟，2018）、流通职能划分与产业定位（王晓东、谢莉娟，2020）、流通时间测算模型与分析（裴宏、王诗桁，2022）的真理性指导和启示作用，充分论证了马克思关于"流通一般"的提炼与研究对中国特色社会主义的"流通特殊"仍具备的科学预见性和理论解释力（晏维龙，2009；纪宝成等，2017；谢莉娟、王晓东，2021）。但更多的文献是基于西方经济学研究框架，开展"市场""分销""营销""交易"等流通相近概念的研究（晏维龙，2002；夏春玉，2006；夏春玉、丁涛，2011、2013b），以及从西方非主流经济学中追溯流通理论根源的探索②。

相比之下，在马克思主义政治经济学话语体系下展开的流通理论研究尤为不足，原因主要有三：其一，流通问题研究的理论源头是马克思主义政治经济学，而马克思本人对于流通的研究与论述却是散落于《资本论》三卷本与经济学手稿中的，直至《资本论》二卷、三卷，流通思想才得到完整阐释，而后两卷是马克思逝世后由恩格斯编辑出版的，后人在对一些问题的理解上仍存在争议，无疑加大了研究难度。其二，20 世纪 90 年代在社会主义市场经济体制确立后，本可迎来流通理论研究的广阔前景。然而，西方经济学在引进丰富研究思想和方法的同时，也对流通研究带来了强烈冲击，一个重要原因在于新古典经济学设定的产销直接见面、市场自动出清的严格假设忽视了媒介生产与消费的客观要素"流通"，也就不再涉及流通问题的专门研究，流通领域研究难得主流经济学认可（夏春玉，2006；徐从才，2006；祝合良、李晓慧，2016）。尽管有研究尝试借鉴西方经济学的研究范式或其对交换问题的研究，但始终不能从根本上剖明流通问题，无论是新古典主义，抑或是凯恩斯主义经济学说，与马克思主义实际上存在着根本性的竞争关系，在吸收和借鉴的过程中，实际上是很难做到"浑然一体"完全融合的。而流通一词本就源于马克思对资本流通过程的分析，只有在马克思主义

---

① 参见郑宁（1983）、张卓元（1983，1984）、刘国光（1984）、刘诗白（1985）、薛暮桥（1985）等。1984 年以"加强社会主义流通理论研讨会——孙冶方社会主义流通理论讨论会"为主题，召开了第一次全国性的专门讨论社会主义流通理论的学术会议，充分肯定了孙冶方在社会主义流通理论研究中的先驱地位和重要贡献，同时结合经济体制改革实践，提出了"社会主义商品经济与资本主义商品经济""流通过程的内涵"等社会主义流通理论研究中仍存在争论或有待深入探究的问题。

② 参见夏春玉、丁涛（2011，2013b）以及吴小丁、张舒（2011）。

政治经济学的框架体系下，才能得到系统清晰的阐释（谢莉娟，2022），如果脱离了以马克思主义政治经济学为基础的理论内核，很多所谓的"流通"研究实际上不必要再采用流通一词。其三，20 世纪 90 年代以来，流通学科由理论经济学的分支独立为应用经济学科下的二级学科，在一定程度上开拓了流通的研究领域，但也无形中放松了相关的基础理论研究①。同一时期，作为新中国第一批学科专业而建议起来的、马克思主义话语体系的贸易经济专业还曾被调整至目录外招生（直到 2012 年重新恢复），其间大量人才流失，学科队伍萎缩，理论研究存在一定的"空档期"②，甚至曾在我国社会主义流通理论研究应"何去何从"的问题上出现了明显分歧与争论③。并且，伴随社会主义经济建设的实际需要，流通领域的研究重心出现了"重理论"转向"重实践"的明显变化。然而，理论研究的不足和学科内核的游移不定又在很大程度上限制了应用研究（谢莉娟，2022），以马克思主义政治经济学为指导的流通理论研究难得有效衔接。

党的十八大以来，以习近平同志为核心的党中央领导集体多次强调坚持学习和发展马克思主义政治经济学，结合中国实践并贡献中国智慧。现今，新的高质量流通理论研究正在不断涌现，在国内顶级学术期刊上关于流通问题的发文逐渐活跃，但也应看到中国特色基本经济制度下积累的丰富流通实践经验仍有待理论提炼，中国特色流通理论研究任重而道远。

（二）未来研究展望

通过回顾和梳理新中国成立以来流通理论的"坎坷"历程，我们在此呼吁未来的流通理论研究应在充分吸收西方经济学优秀研究成果的基础上，继续加强对马克思主义流通经济理论的研究，形成具有中国特色的流通理论完整体系。

首先，要正本清源，回归《资本论》等马克思和恩格斯的经典著作的深入学习和认识，过去对《资本论》中内容的误读、错读乃至观点臆造等不正确做法应及时得到纠正。坚持在马克思主义政治经济学话语体系下开展理论

---

① 我们习惯上讲的流通学科包括本科招生目录的贸易经济、研究生学科目录的商业经济等不同名称。

② 荆林波、袁平红（2018）对 2013～2018 年，国内主流学术期刊中以"流通"为题的发文数量予以统计，指出流通理论研究数量大幅缩减，状况不容乐观。

③ 一类观点主张吸收融通西方经济学的有益成果，创新发展流通理论，包括充分吸收和有效借鉴新兴古典经济框架下"专业化与交易费用的两难冲突"的研究、新制度经济学的交易费用和制度变迁理论以及现代产业组织理论等成果，同时积极应用数据建模、计量分析等规范的研究方法和技术工具，增强流通研究的解释力，参见徐从才（2006）、马龙龙（2009）和祝合良、李晓慧（2016）；另一类观点则强调回归马克思主义流通经济理论的研究基础（谢莉娟、王晓东，2021），系统学习和再认识马克思关于流通问题的论述（杨圣明，2014），坚持马克思以劳动二重性为核心的劳动价值论（何炼成，2003），提取马克思流通理论中适用于社会主义经济运动与市场经济条件下商品流通的基本原理（王福成，2019）。

研究与创新，同时避免对马克思和恩格斯的经典著作的不恰当解读或是机械式套用。习近平总书记也曾强调："我们政治经济学的根本只能是马克思主义政治经济学，而不能是别的什么经济理论"；"有些人认为，马克思主义政治经济学过时了，《资本论》过时了。这个论断是武断的，也是错误的"；"在我们的经济学教学中，不能食洋不化，还是要讲马克思主义政治经济学，当代中国社会主义政治经济学要大讲特讲，不能被边缘化"[①]。

其次，在正确把握马克思主义经典著作思想的基础上，今后的流通理论研究更应注重具有中国特色的发展与创新。充分结合中国经济的发展成果，归纳提炼流通实践的现实经验，基于"流通一般"的理论基础，总结分析中国特色社会主义市场经济条件下的"流通特殊"规律，做出更多上升为系统性学说的有益尝试，推动马克思主义中国化的高质量发展，为更好地解决中国问题提供有力的理论指导。

参 考 文 献

[1]《〈关于若干历史问题的决议〉〈关于建国以来党的若干历史问题的决议〉》，中共党史出版社 2010 年版。

[2]《把商品流通经济理论研究工作放在应有的位置上——全国商品流通经济理论讨论会学术观点概述》，载《经济研究》1980 年第 5 期。

[3]《北京部分经济工作者和经济理论工作者座谈如何进一步开展社会主义制度下流通问题的研究》，载《经济研究》1962 年第 10 期。

[4]《经济研究》编辑部：《建国以来社会主义经济理论问题争鸣（1949—1984）》（上），中国财政经济出版社 1985 年版。

[5]《马克思恩格斯全集》第 46 卷，人民出版社 1979 年版。

[6]《马克思恩格斯全集》第 26 卷，人民出版社 2014 年版。

[7]《马克思恩格斯全集》第 28 卷，人民出版社 2018 年版。

[8]《马克思恩格斯全集》第 30 卷，人民出版社 1995 年版。

[9]《马克思恩格斯全集》第 31 卷，人民出版社 1998 年版。

[10]《马克思恩格斯全集》第 37 卷，人民出版社 1971 年版。

[11] 丁俊发：《商品流通热点探索》，中国物资出版社 1998 年版。

[12] 丁俊发：《重新认识流通（下）》，载《中国流通经济》2003 年第 2 期。

[13] 丁俊发：《重新认识流通（上）》，载《中国流通经济》2003 年第 1 期。

[14] 高涤陈、陶琲、杜禹：《关于商品竞争规律的探讨》，载《经济研究》1979 年 s1 期。

[15] 高涤陈、陶琲：《流通领域的劳动性质问题》，载《中国经济问题》1982 年第 5 期。

[16] 高涤陈：《论流通经济过程》，载《经济研究》1984 年第 4 期。

[17] 高涤陈：《商品经济规律及其在社会主义条件下的作用》，载《经济体制改革》

[①] 习近平：《不断开拓当代中国马克思主义政治经济学新境界》，载《求是》2020 年第 16 期，第 4~7 页。

1985 年第 4 期。

[18] 高涤陈等：《社会主义流通过程研究》，上海人民出版社 1988 年版。

[19] 高涤陈：《流通经济论——高涤陈文集》，中国商业出版社 1991 年版。

[20] 高涤陈：《流通经济论（续篇）—高涤陈文集》，中国商业出版社 1995 年版。

[21] 郭大力：《关于马克思的〈资本论〉》，生活·读书·新知三联书店 1978 年版。

[22] 顾准：《试论社会主义制度下的商品生产和价值规律》，载《经济研究》1957 年第 3 期。

[23] 关梦觉：《关于社会主义制度下商品生产的几个争论问题》，载《经济研究》1959 年第 8 期。

[24] 关梦觉：《关于当前的商品生产和价值规律的若干问题》，载《经济研究》1959 年第 2 期。

[25] 何炼成：《试论社会主义制度下的生产劳动与非生产劳动》，载《经济研究》1963 年第 2 期。

[26] 何炼成：《坚持和发展马克思的流通经济论》，载《中国流通经济》2003 年第 8 期。

[27] 黄国雄：《重视流通就是重视市场的实现》，载《商业经济研究》1998 年第 12 期。

[28] 黄国雄：《论流通产业是基础产业》，载《财贸经济》2005 年第 4 期。

[29] 黄国雄：《加强流通理论创新　推动流通产业快速发展》，载《中国流通经济》2010 年第 4 期。

[30] 纪宝成：《市场经济条件下的商品流通与宏观调控问题》，载《山西财经学院学报》1993 年第 5 期。

[31] 纪宝成、谢莉娟、王晓东：《马克思商品流通理论若干基本问题的再认识》，载《中国人民大学学报》2017 年第 6 期。

[32] 纪宝成、谢莉娟：《新时代商品流通渠道再考察》，载《经济理论与经济管理》2018 年第 7 期。

[33] 江淮：《论社会主义的商品流通渠道》，载《经济研究》1963 年第 5 期。

[34] 江淮：《论流通费用的节约》，载《经济研究》1964 年第 12 期。

[35] 荆林波、袁平红：《改革开放四十年中国流通领域发展回顾与展望》，载《求索》2018 年第 6 期。

[36] 荆林波：《中国流通领域：从研究回溯到未来方向》，载《财贸经济》2021 年第 3 期。

[37] 林铮：《社会主义经济内部的矛盾与商品生产的关系》，载《经济研究》1957 年第 3 期。

[38] 刘国光：《学习孙冶方的流通理论》，载《财贸经济》1984 年第 2 期。

[39] 刘国光：《推进流通改革　加快流通业　从末端行业向先导性行业转化》，载《商业经济研究》1999 年第 1 期。

[40] 刘国光：《加快流通产业向先导产业的转化》，载《价格理论与实践》2004 年第 6 期。

[41] 柳思维：《〈资本论〉中流通费用理论的内容及其现实意义》，载《经济问题》2017 年第 12 期。

[42] 柳随年：《搞活大流通　建设大市场》，载《人民日报》1992 年 4 月 13 日。

[43] 刘诗白：《价值规律在人民公社生产中的作用》，载《财经科学》1959 年第 4 期。

［44］刘诗白：《社会主义流通是商品流通——孙冶方流通理论的研究》，载《财贸经济》
　　　1985 年第 1 期。

［45］陆立军：《社会主义生产劳动之争与我见》，载《经济研究》1985 年第 4 期。

［46］陆立军：《论社会主义社会的劳动和劳动价值》，载《经济研究》2002 年第 2 期。

［47］鲁品越：《流通费用、交易成本与经济空间的创造——〈资本论〉微观流通理论的
　　　当代建构》，载《财经研究》2016 年第 1 期。

［48］骆耕漠：《论社会主义商品生产的必要性和它的"消亡"过程——关于斯大林论社
　　　会主义商品生产问题的研究》，载《经济研究》1956 年第 5 期。

［49］骆耕漠：《论商业劳动的非生产性质》，载《中国社会科学》1986 年第 1 期。

［50］罗郁聪：《论价值规律在我国商品流通领域中的作用》，载《厦门大学学报（社会
　　　科学版）》1956 年第 6 期。

［51］马克思：《资本论》第 2 卷，人民出版社 2018 年版。

［52］马克思：《资本论》第 3 卷，人民出版社 2018 年版。

［53］马龙龙：《中国流通理论研究与学科建设》，载《商业经济与管理》2009 年第 4 期。

［54］冒天启：《试论社会主义的流通》，载中国社会科学院经济研究所政治经济学研究
　　　室编：《经济改革的政治经济学问题探讨》，中国社会科学出版社 1982 年版。

［55］南冰、索真：《论社会主义制度下生产资料的价值和价值规律的作用问题》，载
　　　《经济研究》1957 年第 1 期。

［56］裴宏、王诗桷：《马克思流通时间的理论、模型和测算方法初探：一个资本循环视
　　　角》，载《经济学动态》2022 年第 1 期。

［57］冉净斐：《流通战略产业论》，载《商业经济与管理》2005 年第 6 期。

［58］任保平：《马克思经济学与西方经济学商贸流通理论的比较》，载《经济纵横》
　　　2011 年第 2 期。

［59］斯大林：《苏联社会主义经济问题》，人民出版社 1952 年版。

［60］宋福僧：《论价值规律在社会主义经济中的作用》，载《西北师大学报（社会科学
　　　版）》1957 年第 1 期。

［61］孙冶方：《把计划和统计放在价值规律的基础上》，载《经济研究》1956 年第 6 期。

［62］孙冶方：《要用历史观点来认识社会主义社会的商品生产》，载《经济研究》1959a
　　　年第 5 期。

［63］孙冶方：《论价值——并试论"价值"在社会主义以至于共产主义政治经济学体系
　　　中的地位》，载《经济研究》1959 年第 9 期。

［64］孙冶方：《社会主义经济的若干理论问题》，人民出版社 1979 年版。

［65］孙冶方：《论作为政治经济学对象的生产关系》，载《经济研究》1979 年第 8 期。

［66］孙冶方：《重视理论 提倡民主 尊重科学——回忆少奇同志的几次讲话》，载《经
　　　济研究》1980 年第 4 期。

［67］孙冶方：《流通概论》，载《财贸经济》1981 年第 1 期。

［68］田光：《从自然经济、商品经济到社会主义"产品经济"的辩证发展》，载《经济
　　　研究》1964 年第 1 期。

［69］田光、经君健：《社会主义商品生产存在的原因》，载《经济研究》1959 年第 3 期。

［70］卫兴华：《劳动价值论的坚持与发展问题》，载《经济纵横》2012 年第 1 期。

［71］王福成：《〈资本论〉与社会主义商品流通》，中国金融出版社 2019 年版。

[72] 王晓东、谢莉娟：《社会再生产中的流通职能与劳动价值论》，载《中国社会科学》2020 年第 6 期。

[73] 吴海若：《价值规律在社会主义经济中的作用》，载《经济研究》1957 年第 6 期。

[74] 吴树青、卫兴华、洪文达：《政治经济学（资本主义部分）》，中国经济出版社 1993 年版。

[75] 吴小丁、张舒：《商品流通研究的市场营销学理论渊源探析》，载《外国经济与管理》2011 年第 3 期。

[76] 习近平：《不断开拓当代中国马克思主义政治经济学新境界》，载《求是》2020 年第 16 期。

[77] 夏春玉：《流通、流通理论与流通经济学——关于流通经济理论（学）的研究方法与体系框架的构想》，载《财贸经济》2006 年第 6 期。

[78] 夏春玉、丁涛：《流通理论在经济学中的回归：一个学说史的考察》，载《商业经济与管理》2011 年第 8 期。

[79] 夏春玉、丁涛：《孙冶方流通理论的回顾与再认识》，载《财贸经济》2013 年第 1 期。

[80] 夏春玉、丁涛：《非主流经济学的兴起与流通经济学的复兴》，载《北京工商大学学报（社会科学版）》2013 年第 1 期。

[81] 谢佑权、蒋绍进：《关于价值规律在社会主义经济条件下作用问题的探讨》，载《厦门大学学报（社会科学版）》1956 年第 6 期。

[82] 谢莉娟：《创新中国特色流通理论》，载《中国社会科学报》2022 年 2 月 8 日。

[83] 谢莉娟、王晓东：《马克思的流通经济理论及其中国化启示》，载《经济研究》2021 年第 5 期。

[84] 许柏年：《再论社会主义生产劳动——与何炼成同志商榷》，载《经济研究》1965 年第 5 期。

[85] 徐从才：《对"生产决定论"的反思——兼论运用现代商品经济条件下流通与生产相互关系的原理深化经济改革》，载《财贸经济》1987 年第 8 期。

[86] 徐从才：《流通理论研究的比较综合与创新》，载《财贸经济》2006 年第 4 期。

[87] 薛暮桥：《对商品生产和价值规律问题的一些意见》，载《经济研究》1959 年第 1 期。

[88] 薛暮桥：《社会主义经济必须重视商品流通》，载《财贸经济》1985 年第 1 期。

[89] 晏维龙：《略论市场与流通的概念关系》，载《中国流通经济》2002 年第 5 期。

[90] 晏维龙：《马克思主义流通理论当代视界与发展》，中国人民大学出版社 2009 年版。

[91] 杨长福：《社会主义制度下的生产劳动与非生产劳动》，载《经济研究》1964 年第 10 期。

[92] 杨承训：《略论流通理论中的五个关系》，载《财贸经济》1986 年第 1 期。

[93] 杨圣明：《对马克思流通理论的再学习、再认识》，载《毛泽东邓小平理论研究》2014 年第 7 期。

[94] 于光远：《关于社会主义制度下商品生产问题的讨论》，载《经济研究》1959 年第 7 期。

[95] 于光远：《社会主义制度下的生产劳动与非生产劳动》，载《中国经济问题》1981

年第 1 期。

[96] 俞明仁：《试论社会主义流通劳动创造价值和商业利润的来源》，载《经济研究》1986 年第 11 期。

[97] 曾洪业、刘志宽、李金轩：《社会主义商品流通的几个问题》，载《经济理论与经济管理》1981 年第 6 期。

[98] 张洪平：《论流通领域劳动的生产性与非生产性》，载《当代经济研究》2005 年第 4 期。

[99] 张洪平：《流通过程的地位和作用再认识》，载《经济学家》2006 年第 3 期。

[100] 张洪平：《从流通一般到社会主义流通的特殊性》，载《当代经济研究》2014 年第 8 期。

[101] 张洪平：《流通过程的系统决定论——兼评流通决定论》，载《当代经济研究》2016 年第 12 期。

[102] 张翼飞：《社会主义阶段商品的发展和消亡问题》，载《经济研究》1959 年第 1 期。

[103] 张翼飞：《全民所有制内部商品关系的发展和消亡问题》，载《经济研究》1959 年第 3 期。

[104] 张卓元：《卓越的理论贡献 深邃的思想启迪——孙冶方社会主义流通理论评介》，载《财贸经济》1983 年第 7 期。

[105] 张卓元：《社会主义流通是独立的经济过程——孙冶方关于社会主义流通概念研究》，载《财贸经济》1984 年第 6 期。

[106] 赵效民：《回顾对〈社会主义经济论〉流通过程篇的讨论》，载《财贸经济》1984 年第 6 期。

[107] 郑宁：《孙冶方的流通理论与经济体制改革的实践》，载《经济研究》1983 年第 11 期。

[108] 周丽群：《马克思流通理论对流通改革发展的启示》，载《马克思主义与现实》2017 年第 3 期。

[109] 朱剑农：《关于社会主义制度下的商品生产和价值规律》，载《经济研究》1959 年第 1 期。

[110] 祝合良、李晓慧：《对流通理论与流通经济学科发展的几点思考》，载《商业经济与管理》2016 年第 12 期。

A Review of the Circulation Theory with Chinese Characteristics

Lijuan Xie   Pengyu Zhang

Abstract：In the study of political economy theory of socialism with Chinese characteristics, the study of Marxist circulation theory study is an important branch, from the break "circulation theory" under the planned economic system, the study surrounded socialist circulation process and its objective laws, the role and position of circulation in socialist economy, the nature of labor and expenses compensation in area of circulation and so forth, and formed rich theoretical achievements. However, since the end of the 20th century, Marxist circulation theory study once faced with marginalization trend, the socialist circulation particularity has not been fully explained. In terms of the construction task of modern circulation system under the new development paradigm, given the current circulation theory innovation has obviously lag behind the development of the socialist circulation practice, it is imperative to starting to review the research context, combing historical achievements and reflecting the problem in time, and providing enlightenment to promote the development of circulation theory with Chinese characteristics.

Keywords: Political Economy of Socialism with Chinese Characteristics   Marxist Circulation Theory   Socialist Circulation Particularity

JEL Classification: B24   M21

第 21 卷第 3 辑　　　　　　　　　产业经济评论　　　　　　　　Vol. 21　No. 3
2022 年 9 月　　　　　　Review of Industrial Economics　　　　September 2022

海外人才回流对中国城市创新的影响研究

——基于中国 256 个地级市的分析

方　慧　周晓宇*

摘　要：为探究海外人才回流的经济效应，以人才的跨国流动为切入视角，在进行理论分析的基础上，构建海归综合引力权数，使用中国 256 个地级市 2008～2019 年的面板数据，从城市层面实证研究了以归国留学生为代表的海外人才回流对中国城市创新水平的影响。结果显示，海外人才回流对所在城市创新能力的提升具有显著的促进作用，这一结论在经过内生性处理以及变量指标的替换后依然成立。进一步检验发现，海外人才回流的创新效应体现在创新质量的优化，其对城市高技术含量创新的促进作用更强；海外人才回流对于不同发展水平的城市创新的促进效果不同，对于发展水平相对较低的非中心城市而言更为显著；海外人才回流对城市创新的促进作用存在区域异质性。机制检验表明，海外人才回流可通过促进企业融资及吸引外商直接投资提升城市创新水平。基于上述研究结论并结合当前实际背景，提出针对性政策建议。

关键词：海外人才回流　人力资本　城市创新

一、引　　言

深入实施创新驱动发展战略，推动中国比较优势由传统低成本劳动力转向高技术创新已经成为当前的重要发展目标。城市作为创新要素集聚的主要空间载体，激发城市创新活力是落实创新驱动战略的重要思路。党的十九大报告指出人才资源就是第一资源，人力资本作为凝结着知识和技能的一种特殊生产要素，是国家技术创新的源泉，对中国经济高质量发展起着决定性作用（张宽、黄玲云，2019）。随着经济全球化的不断深入，人力资本的跨国流动日益频繁，其中留学生的出国和回流成为当前人才国际流动的主要形式，也是当前复杂国际背景下引发学者关注的重要课题。

---

* 本文受山东财经大学教学改革研究项目"财经类本科拔尖创新型人才培养导向的荣誉教育模式研究"（jy202027）、山东省研究生教改项目"新文科背景下经管研究生荣誉教育模式研究"（SDYJG21153）、山东省自然科学基金"制造业数字化促进山东出口贸易高质量发展的机理与优化路径"（ZR202103020528）资助。

　方慧：山东财经大学国际经贸学院；地址：山东省济南市市中区舜耕路 40 号，邮编 250000；E-mail：15866603579@163. com。

　周晓宇：山东财经大学国际经贸学院；地址：山东省济南市市中区舜耕路 40 号，邮编 250000；E-mail：1298397244@qq. com。

　　据教育部 2020 年统计，1978～2019 年，中国各类出国留学人员累计达656.06 万人，其中 423.17 万人毕业后选择回国发展，占已完成学业群体的86.28%，回流比已近九成。在全球经济态势日趋紧张以及中国的经济崛起和政策实施的推力和拉力双重影响下，人才回流比大幅上升。图 1 为 2020年归国留学生来源国家分布①，这些主要来源国家大多为具备先进教育理念和技术水平的发达国家，并且智联招聘数据显示，硕士是求职海归的中坚力量，因此拥有留学经历在一定程度上代表着较高程度的人力资本水平（仇怡、聂尊辉，2015）。罗思平、于永达（2012）通过整理光伏企业高管数据发现，拥有海外留学经历的企业创办者和高管占比接近 1/4。综上所述，随着"海归潮"的形成和兴起，海外留学归国人员已经成为中国高级人力资本的重要组成部分。

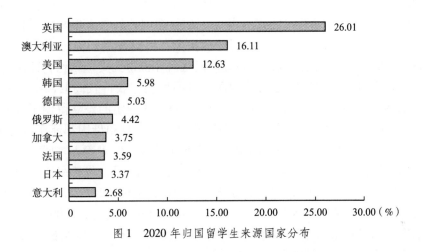

图 1　2020 年归国留学生来源国家分布

　　人口是经济社会活动的根基，人力资本作为高级要素更是推动国家发展的第一资源，是创新的主体，人才之于创新是至关重要的（张萃，2019）。恒大研究院和智联招聘联合发布的"中国城市人才吸引力排名"报告中对各城市人才吸引力指数的加权计算结果显示，2019 年上海、深圳、北京和广州位居前四，同年这四个城市也占据了中国发明专利授权量排名的前四位，说明人才吸引力强的城市也具有很强的创新能力。海外回流人才通过在国外学习获得了先进的技术知识，归国后会优化当地人力资本，产生知识溢出等效应，促进所在城市地区的技术创新。并且与国内人才不同的是，海外回流人才具有开放性，其将国外的新思想引入国内，避免了和国内其他地区相同的重复创新，促进有效创新。

　　在当前中国自主创新能力依然较为薄弱且存在明显空间差异的背景下，

———————————

① 笔者根据梧桐果平台相关数据整理所得。

海外人才回流作为创新的重要影响因素，把握海外回流人才之于城市创新水平的影响程度，对于各城市增强对回流人才的重视，制定积极合理的人才引进政策吸引留学归国人才进而提升城市创新水平具有较强的现实意义。

二、文献综述

随着人才强国和创新驱动发展战略的提出和实施，海外人才回流和城市创新相关的问题近年来引发了学术界越来越多的关注。

海外人才回流的国内外相关文献研究主要集中于两个方面。

一方面是对于海外人才回流影响因素的研究。国外对该方面的研究出现的时间较早，且大多认为人才回流的动因来自在国外积累的人力资本可以在国内产生增值（Borjas et al.，1996；Dustmann et al.，2011）。Borjas et al.（1996）认为在回国成本较低的前提下，如果在国外的收入报酬低于预期成果，将技术信息引进国内可以得到更多报酬，回国发展则更为有利。Dustmann et al.（2011）通过构建动态 Roy 模型研究也得到类似结论，即倾向回国的主要原因是在国外学习的技能回到母国后能够获得较高的回报。Saxenian（2005）研究发现，中国为了减少人才外流所制定的设立留创园等鼓励留学生回国创业的政策使得毕业后回国发展对于自身和母国都能实现增值，促进了海外人才的回流。国内的相关研究起步较晚，但对于人才回流中国的影响因素探讨较为丰富，基于人口迁移的"推拉理论"，包括东道国制度环境风险因素（Saxenian，2001；许家云等，2013；李梅，2017）、中国经济教育科技水平和政策实施为其带来的发展机遇（林琳、孟舒，2009；杨河清、陈怡安，2013；张信东、吴静，2016）以及海外人才自身的情感因素（何敏、于天祚，2018；鲍威等，2021）。

另一方面是围绕海外人才回流产生的技术溢出效应展开的研究。Jungsoo Park（2003）基于经济合作与发展（OECD）经济体数据实证探讨了学生的国际流动作为技术溢出渠道的重要性。Le（2008）强调人力资本的决定作用，认为人才回流母国对于国际知识和技术的流入具有积极影响。国内相关研究中，李平、许家云（2011）首次将海归与技术扩散相结合，使用省级面板数据模型对海归带来的技术扩散效应进行了门槛检验，发现国际智力回流对于中国各地区技术进步发挥了重要作用。在此基础上，这种技术溢出效应还会对其他方面带来影响。已有的研究大多集中于其对经济发展的贡献。海外人才回流带来的知识和技术的扩散会推动产业结构高级化进程（李平、张玉，2012），使中国的区域经济发展水平得到提升（蓝庆新等，2019）。而相比之下，目前对海外人才回流与创新水平之间关系的探讨较为缺乏。

关于创新水平的影响因素，随着新发展理念的提出和贯彻，相关的研究已经比较丰富。然而现有的国内文献主要基于国家和省级层面角度，研究不同影响因素对创新水平的作用，对于地级市层面创新水平的关注仍然不足，相关文献较少。曾婧婧、周丹萍（2019）使用中国 59 个创新型城市 2009～2015 年的面板数据，基于创新投入的角度分析了政府和企业的创新投入与城市创新能力的关系；柳卸林等（2021）以数字化为研究视角，突出了吸收能力对城市创新和区域经济增长的促进作用；方慧、赵胜立（2022）则将中欧班列作为切入点，认为中欧班列开通能够降低创新要素运输成本使得资源配置得到优化，有助于城市创新能力的提高。在人力资本方面，现有研究大多是围绕国内或者外来的人力资本进行。Caragliu et al.（2016）和张萃（2019）分别对国内和外来人力资本与城市创新水平的关系进行了研究，发现人力资本是创新的重要促进要素。高翔（2015）则将重点关注于分析城市规模和人力资本二者对城市创新能力的相互调节作用。目前来看，对于海归这类回流人力资本的城市创新效应的研究仍旧缺乏。海外人才回流带来的人力资本积累和技术溢出是创新的重要源泉，因此关于海外人才回流对创新水平的影响是当前值得关注的研究问题。

　　基于上述背景，本文就海外人才回流对创新的理论影响机制进行探讨，并在此基础上将维度细化至城市层面，使用 2008～2019 年中国 256 个城市的面板数据就其影响程度进行实证检验。本文可能的边际贡献在于：第一，以归国留学生这类海外回流人才为研究角度，丰富了人才作为第一资源对创新的促进作用在此研究领域的经验证据；第二，将研究范围细化至城市层面，构建海归综合引力权数测算各城市留学回流人数，实证检验了海外人才回流对城市的创新水平影响效应；第三，以创新要素为视角，检验了企业融资和外商投资在海外人才回流与创新发展间的中介作用，完善了人才回流推动城市创新的作用机制。

三、海外人才及城市创新特征分析

（一）海外人才留学及回流特征

1. 海外人才留学国别特征

　　教育部数据显示，2019 年中国出国留学人员总数为 70.35 万人，较 2018 年增长 6.25%；各类留学回国人员总数为 58.03 万人，增速达到 11.73%。由引言分析可知中国留学及归国人数呈现出快速增长的趋势。图 2 直观地显示了 2020 年中国留学人员数量所在国家分布①，中国海外留学生约有 160 万人，其中九成都分布于图上十个国家。

---

① 中华人民共和国国务院新闻办公室发布会。

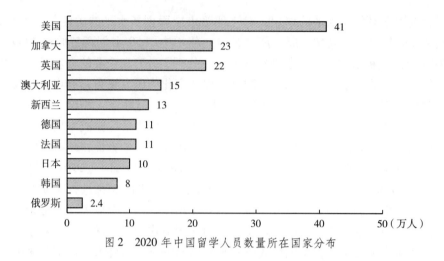

图 2　2020 年中国留学人员数量所在国家分布

　　值得注意的是，这些国家虽然经济实力雄厚，但大部分都受到了严重的新冠肺炎疫情的冲击，说明中国留学生在海外需要承受疫情防控带来的各种不便和压力。美国是受疫情影响最为严重的国家，也是近年来推行单边保护主义的代表国家。国际形势的演变使得部分准备留学的中国学生将计划留学国转向于环境和政策更为友好并且疫情防控措施更为健全的国家。美国国际教育协会《美国门户开放报告》显示，2018～2019 年中国赴美留学人数增长率为 1.7%，达近十年最低，2019～2020 年增长率更是降至 0.8%。因此，尽管目前美国依旧是中国最主要的留学目的国，中国赴美留学人数的增长率却是保持着下降趋势，留学目的国趋于多元化。根据启德教育 2020 年 7 月发布的《新常态下的留学现状报告》，选择日本、新加坡和新西兰为目的国的留学人员数量比例均出现小幅提升，分别占总量的 4.54%、3.84% 和 2.51%。

2. 海外人才回流城市特征

　　伴随着近几年逆全球化主义的不断兴起，新冠肺炎疫情的蔓延不外乎是雪上加霜，使得国际形势不确定性越发增强。基于上述背景，中国海外留学生毕业后选择回国就业发展的比重迅速上升。智联招聘于 2021 年 1 月发布的《2020 中国海归就业创业调查报告》显示，2020 年向国内岗位投递简历，意向国内就业的海外人才数量较上一年增幅达到近 34%，远高于 2019 年的 5% 和 2018 年的 4%。图 3 反映了 2020 年海外人才回流就业的主要城市①。经济水平和发展机遇是海归选择回流城市的重要因素，可以看出排名前十的城市均为发展水平较高且就业机会较多的一线和新一线城市，北京和上海两市一共就已占据超三成的比例。

---

① 笔者根据智联招聘发布的相关数据整理所得。

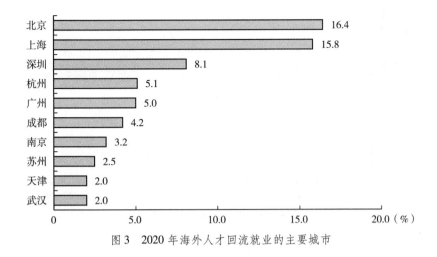

图 3　2020 年海外人才回流就业的主要城市

（二）城市创新水平特征

新常态背景下，技术创新已经成为引领国家或区域高质量发展的第一动力。近年来，中国坚持以创新驱动战略为导向，随着各项政策的实施，中国创新水平不断提升。由图 4 可以看出中国专利申请授权数五年来不断增加[①]，在一定程度上反映了中国持续上升的创新产出水平。由上海市经济信息中心发布的《全球科技创新中心评估报告》通过对各城市创新能力进行综合评价评选出了 2021 年全球创新百强城市，其中中国入围城市数量为 14 个，仅次于美国。与 2020 年排名相比，西安、天津、重庆和合肥首入榜单，已入榜的城市位次也几乎都有提升。北京近几年一直占据榜单中国城市首位，2019 年全球排名第 10，2020 年排名第 7，2021 年排名第 6。可见，中国创新成果的全球竞争力也呈现节节攀升的趋势，中国已逐渐迈入科技大国行列。

图 5 为 2020 年中国创新指数排行前 15 位的城市[②]。较高的发展水平通常意味着较强的创新能力，可以看出图 5 创新指数排名靠前的城市都是国内经济实力较为雄厚的城市，和海外人才回流吸引力强的城市重合率极高，说明人才吸引力强的城市也具有很强的创新能力。然而中国地级市数量近 300 个，绝大多数城市目前仍旧处于创新产出匮乏状态，创新质量更是亟待提高。

----

① 笔者根据国家统计局发布的相关数据整理所得。
② 笔者根据科技部和中国科学技术信息研究所发布的相关数据整理所得。

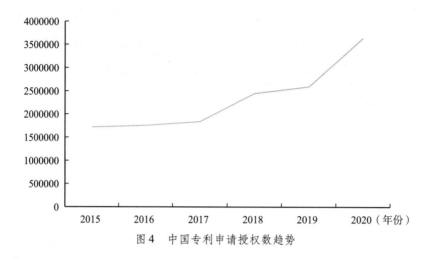

图 4　中国专利申请授权数趋势

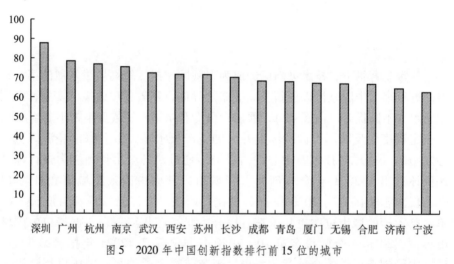

图 5　2020 年中国创新指数排行前 15 位的城市

海外回流人才作为高级人力资本，是推动城市创新的重要资源。根据当前人才回流及各城市创新特征和趋势，人才吸引力较强的城市如何更好促进不断涌进的海外回流人才储备发挥其知识溢出效应，而吸引力较弱的一般城市如何能够吸引更多海归人才回流，是推动各城市创新能力提升所要考虑的重要问题。

四、理 论 分 析

（一）海外人才回流与城市创新的基本关系分析

以罗默和卢卡斯为代表的新经济增长理论将以知识和技能为体现的人力资本引入经典经济增长模型，认为内生化的技术进步是经济增长的核心，而人力资本积累是技术进步的重要决定因素。该理论指出知识存在"溢出"特征，强调了干中学以及知识溢出的关键作用（Romer，1990）。人力资本即体现在劳动者身上的资本，指的是劳动者通过接受教育、培训等所具有的知识技能、文化和健康素质等具有经济价值的特质（方慧等，2010）。劳动者学习获得的知识和技术越高级，人力资本的质量就越提升。海归的留学目的国通常为具有先进教育理念和科技水平的发达国家，通过在外的学习和工作经历，在一定程度上掌握了较为前沿的专业知识和技术经验，并且通常具备着更高水平的素质观念，因此海归的回流可以直接促进当地人力资本数量的增加和质量的提高（Mayr and Peri，2008）。在先进国家学习后回国的留学生丰富了回流城市人力资本储备，不仅能够增强城市学习国外先进技术的能力（吴建军、黄丹，2017），提升城市自主创新所需的思维能力平均水平，还通过创业和就业等行为促进海外前沿知识技术在回流城市企业的溢出，提高所在城市整体技术水平和创新能力。

除了回流人才本身带来的人力资本，其普遍具备的国际性视野、前沿知识技能以及较强的管理思维能力还会对城市本土人员产生影响，进一步强化城市人力资本水平。一方面，中国虽然经济已实现高速发展，然而人口众多，有限的资源和市场使得近年来的就业竞争越发激烈。留学生学成回国为城市带来了高级人力资本，在高新技术领域将会与本土人才形成竞争，减少本土人员的就业机会，产生"职位挤出效应"（李平、许家云，2011），这将促使本土人员为适应激烈的就业市场而通过积极参加培训等途径提升自身知识技能，从而改善城市整体人力资本质量，提升创新水平。另一方面，海归在工作和日常中表现出的高水平思维和技能也会对身边的人产生一定程度的影响即形成示范效应，使其他人通过"干中学"优化人力资本，推动城市创新发展。

基于上述分析，本文提出：

假设1：海外人才回流作为高级人力资本，能够促进城市创新水平提升。

（二）海外人才回流对城市创新的影响机制分析

创新过程离不开创新要素的投入，主要包括 R&D 人员与 R&D 资本等（宛群超、袁凌，2021），也就是高技能劳动力和物质资本的投入。海外回流人才作为高级人力资本，为当地企业的研发创新提供了高技能水平的劳动力要素，为企业创新创造了人才条件，这将促使企业通过融资或引进外资等方式增加资本和研发投入，集聚创新要素，完善创新系统，推动企业和其所在的城市创新。本文基于创新要素视角，就带动城市企业融资和吸引外商直接投资两方面探讨海外人才回流对城市创新的影响机制。

1. 企业融资机制

企业为了在技术上实现创新，不论是新产品的研发创造还是在原有旧产品的基础上进行改进，都需要投入大量的物质资本（佟家栋、张俊美，2021）。创新过程事实上是一种"投机过程"，往往存在着不确定性强、收益不稳定和信息不对称等特征，因此对于创新资本的需求常常是通过融资来实现的（胡璇，2022）。归国留学生不仅为所在城市带来了知识和技术的溢出，他们身上还具备着较强的学习及应用能力和经验，是企业开展创新活动的中坚力量，能够为企业自主创新和模仿创新提供所需的高技能人力资本要素，使企业创新的能力和概率提升。这将会增强企业的创新意愿，激励企业增加融资，促使更多的物质资本与人力资本相结合以实现企业创新，进而带动所在城市的创新水平。据此，本文提出：

假设 2：海外人才回流能够激励企业增加融资进而实现企业创新，使得所在城市创新水平提升。

2. 外商投资机制

除了企业为回流人才实现创新而主动引进外资丰富资本的方式外，海归作为高级人力资本，其存在本身就有利于吸引外商投资（Ting Gao，2005）。邓宁提出的国际生产折中理论认为，区位优势是吸引外商直接投资的重要条件，人力资本则是不可忽视的构成国家或地区区位优势的一个非自然要素。海归的回流增加了中国高级人才储备，有利于打破外企投资中国所遭遇的"人才瓶颈"问题，促进所在城市人才区位优势的形成（袁子馨等，2019），进而推动当地外商直接投资的增加。此外，海外留学生通过在国外一定时期的学习和工作生活，会在留学国逐渐形成自己的社交、商务等社会关系网络。学成回国后这种关系网络可以起到连接母国与留学国之间的纽带作用，也有利于中国吸引外商直接投资资本集聚。可见，海外人才回流的增加对当地外商直接投资会产生正向影响。

外商直接投资数量的上升又会进一步影响城市创新水平。首先，外商投资本土企业能够为本土城市创新带来一定的物质资本（方慧等，2021）。其次，外商直接投资若在中国设立企业，其在运作过程中能通过与周围企业的关联合作和人员流动等行为对周围企业产生集聚和技术溢出效应（Baldwin，2005），实现先进知识在企业间的扩散，促进本土企业对知识的吸收和再创造，有利于所在城市整体技术创新水平的提高（付平、张莘，2021）。范如国、蔡海霞（2012）通过实证研究发现，FDI 的流入量每上升 1% 会使得企业专利申请的数量增加 0.18%，即 FDI 的增加对中国企业创新具有显著的正向溢出效应。综上所述，海外人才回流可以通过吸引外商直接投资间接促进城市创新水平的提高。据此，本文提出：

假设 3：海外人才回流具有外商直接投资引致效应，能够通过吸引外商直接投资带动城市创新水平。

五、模型设定与变量描述

（一）模型设定

为检验海外人才回流对中国城市创新水平的影响，构建基本计量模型如下：

$$\ln pg_{it} = \beta_0 + \beta_1 \ln re_{it} + \beta_2 Control_{it} + \lambda_t + \mu_i + \varepsilon_{it}$$

其中，下标 i、t 分别表示城市和年份；pg_{it} 表示城市 i 在第 t 年的城市创新水平；re_{it} 表示第 t 年城市 i 的留学生回流数；$Control_{it}$ 表示一组影响城市创新的控制变量；β_0 为常数项；λ_t 和 μ_i 分别表示年份和城市的固定效应；ε_{it} 为随机误差项。

（二）变量描述

1. 被解释变量

城市创新水平（$\ln pg_{it}$）。现有研究大多使用专利申请数、专利授权数或新产品销售收入来衡量当地创新水平。专利相比新产品销售收入更能直接体现出创新的知识创造功能（卞元超等，2019），而相较于专利申请数而言，专利授权数更能有效反映出城市的真实创新产出能力，因此本文使用城市专利授权数作为城市创新水平的主要衡量指标。而专利又分为三类，分别为发明专利、实用新型专利和外观设计专利，其中发明专利授权难度较大，具有更强的创造性和更高的技术含量（李佳等，2020）。因此本文在主回归中使用专利授权总数作为衡量指标，并在之后的异质性检验中进一步将专利分为发明专利和非发明专利分别进行回归估计，以分析海外人才回流对城市创新质量的异质性影响。

2. 核心解释变量

海外人才回流（$\ln re_{it}$）。本文使用历年各城市学成回国的留学生数作为衡量海外人才回流程度的指标变量。目前可获得的留学生回流数据仅限于国家层面，对于本文所研究的城市层面的数据暂时无法直接获取，因此本文借鉴李平、许家云（2011）的做法，构建海归综合引力权数得到城市回流数据。基于本文第二部分对海外人才回流影响因素的文献总结、参考以往文献做法以及考虑数据的可得性，本文选取历年城市 GDP、高校在校生数、教育支出和科学技术支出四个指标作为海归引力因素，分别将这四个指标与历年中国留学生回国人数进行回归，再以其对留学生回国的贡献度作为权数加总，得到中国历年各城市的海归综合引力权数，即：

$$index_{it} = \alpha_1 x_{gdp} + \alpha_2 x_{stu} + \alpha_3 x_{edu} + \alpha_4 x_{tec}$$

其中，$index_{it}$ 表示历年各城市的海归综合引力权数；x_{gdp}、x_{stu}、x_{edu}、

x_{tec} 分别表示历年各城市 GDP 占全国 GDP 的比重、各城市高校在校生数占全国高校在校生数的比重、各城市教育支出占全国教育支出的比重以及各城市科学技术支出占全国科学技术支出的比重。将计算出的海归综合引力权数乘以全国历年留学回国人数（ret^{total}）即可得出历年各城市留学回国人数 re_{it}，即：

$$re_{it} = re_t^{total} \times index_{it}$$

3. 控制变量

由于如城市 GDP 等本应纳入模型控制变量范围的部分指标变量已被用于计算海归综合引力权数，考虑到其与解释变量可能存在多重共线性问题而无法纳入，因此在参考相关文献的指标选取后，本文最终选取以下五个指标变量作为控制变量：一是产业结构（ind_{it}），反映城市发展水平，使用第二产业占 GDP 的比重来衡量；二是固定资产投资（fac_{it}），反映城市资金投入水平，用各城市固定资产投资额占 GDP 比重表示；三是财政收入（fin_{it}），反映政府财政预算水平，用各城市财政收入占 GDP 比重表示，财政收入越高则用于研发投入的资金就相应越多，有利于城市创新；四是工业总产值（$lngiov_{it}$），反映城市工业企业生产总规模和总水平；五是网络使用度（$lnnet_{it}$），使用城市互联网接入用户数表示，反映城市信息化水平，互联网使用人数越多，说明城市信息化水平更高，越有利于知识技术的溢出和创新能力的提高。

（三）数据说明

本文选取的样本为全国 256 个城市 2008～2019 年的面板数据，被解释变量城市专利授权数据来自 CNRDS 数据库；计算解释变量海外人才回流数时所使用的全国留学回国人员数、GDP、高校在校生数、教育支出和科技支出数据来自《中国统计年鉴》和《中国城市统计年鉴》；控制变量数据来自《中国城市统计年鉴》和《中国区域经济统计年鉴》。为了减弱异方差带来的影响，本文对变量创新水平、海外人才回流、工业总产值和互联网用户数据进行对数化处理，并在后续回归中均使用稳健标准误。各变量描述性统计特征如表 1 所示。

表 1　　　　　　　　　变量描述性统计

变量	样本量	平均值	标准差	最小值	最大值
lnpg	3072	3.087	0.717	1.000	5.220
lnre	3072	2.798	0.509	1.398	4.281
ind	3072	0.477	0.100	0.117	0.787

续表

变量	样本量	平均值	标准差	最小值	最大值
fac	3072	0. 738	0. 276	0. 015	2. 104
fin	3072	0. 085	0. 054	0. 022	0. 920
lngiov	3072	7. 288	0. 494	5. 400	8. 505
lnnet	3072	1. 742	0. 437	− 1. 626	3. 714

六、实证结果及分析

（一）基准回归

为确定应使用固定效应还是随机效应模型估计，本文首先对数据模型进行了 Hausman 检验，结果显示 p 值为 0. 000，表示强烈拒绝原假设，认为应使用固定效应模型，因此本文使用固定效应模型进行估计。估计前通过计算 VIF 值对模型进行多重共线性检验，得到 VIF 均值为 3. 44，并且最大值远小于临界值 10，因此可以基本判断变量之间并不存在显著多重共线性。

1. 全样本检验

使用固定效应模型的基准回归结果如表 2 所示。其中（1）列和（2）列分别为控制了城市个体固定效应下未添加控制变量和加入控制变量的回归结果，可以看出，无论是否引入控制变量，核心解释变量 lnre 的估计结果都是在 1% 的水平上显著为正，但引入控制变量后 lnre 的系数值有所减小。考虑随时间变动的因素也会对城市创新水平产生影响，（3）列和（4）列在前两列的基础上进一步控制了年份固定效应以提升结果的准确性。由结果可知，在控制了年份固定效应并引入控制变量后，核心解释变量系数值虽然有所降低，但仍然在 1% 的水平上显著为正。上述结果初步验证了本文假设 1，初步证明了随着人才强国战略的深入实施，海外人才回流的增加显著促进了中国城市创新能力的提升。对于上述结果的原因，正如理论分析所述，海外人才这种高级人力资本的回流带来的直接效应便是使得回流城市人力资本量和质得到提升，而在"新经济增长理论"中，人力资本是促进技术进步的核心要素，因此人力资本的积累通过知识溢出效应能够促进城市创新。除此之外，海外人才回流通过在国内外形成的社会关系网络还会对城市创新带来间接效应。留学生在国外的关系网络有助于回流城市吸引 FDI 资本集聚，回国后在国内则会通过技术溢出效应提升所在城市的整体创新水平。

表 2　　　　　　　　　　　　　　　基准回归结果

变量	（1）	（2）	（3）	（4）
lnre	1.061 *** (0.0204)	0.594 *** (0.0414)	0.689 *** (0.120)	0.443 *** (0.113)
ind		-0.700 *** (0.122)		0.182 * (0.105)
fac		0.0458 (0.0329)		0.00327 (0.0354)
fin		-0.0100 (0.0564)		0.165 ** (0.0704)
lngiov		0.318 *** (0.0763)		0.276 *** (0.0645)
lnnet		0.296 *** (0.0619)		0.110 *** (0.0405)
_cons	0.119 ** (0.0571)	-1.107 *** (0.425)	1.005 *** (0.266)	-0.622 (0.382)
city	Y	Y	Y	Y
year	N	N	Y	Y
N	3072	3072	3072	3072
R^2	0.780	0.822	0.843	0.855

注：***、** 和 * 分别代表在 1%、5% 和 10% 水平上显著，括号中为稳健标准误。

在表 2 中还可以看到各控制变量的回归结果。产业结构对城市创新水平影响系数在 10% 的水平上显著为正，可能的原因是，产业结构表示为第二产业占 GDP 的比重，以制造业为主的第二产业目前仍是中国占据主导地位的产业，也是城市创新的重要载体，因此第二产业占比的增加为城市创新提供了驱动力；固定资产投资系数为正但并不显著，意味着资本投入的质量转化仍有待提高；财政收入对城市创新影响系数为在 5% 的水平上显著为正，说明政府财政收入的提高使得相应的科技研发支出增加，显著提升了城市创新产出；工业总产值的系数在 1% 的水平上显著为正，说明工业作为创新的主导因素，其产值的提高显著促进了所在城市的创新水平；网络化程度系数在 1% 的水平上显著为正，说明城市互联网使用人数的上升使得城市整体信息化水平提升，能够显著促进技术溢出的产生以及企业对于高新知识的获取和吸收，进而提升城市创新水平。

2. 异质性检验

（1）基于创新质量差异的分类检验。

专利授权数被普遍应用于衡量企业和区域创新能力。而国内专利一般又可分为三种，包括发明专利、实用新型专利和外观设计专利。其中发明专利具有技术要求高且授权难度大的特征，相较其他两类具有更高的创新质量，因此有必要将专利按照质量的差异进行分类检验。本文借鉴李佳等（2020）的做法，进一步将城市专利授权数（pg）分为发明专利授权数（invg）和非发明专利授权数（noinvg）并分别取对数回归，以检验海外人才回流对城市不同技术含量创新的异质性影响。

基于创新质量差异的异质性检验结果如表 3 所示，在模型估计中均控制了城市和时间固定效应并使用了稳健标准误。（1）列和（2）列分别为未加控制变量与加入控制变量后的发明专利估计结果，（3）列和（4）列则为对应的非发明专利估计结果。可以看出，海外人才回流对发明专利的估计系数在 1% 的水平上显著为正，而对非发明专利的系数在加入控制变量后系数只在 10% 的显著性水平上为正，说明海外人才回流对城市内高技术含量的专利创新的促进作用较普通创新更为明显，对于城市创新质量的提升起着显著的促进作用。其原因不难解释，海归人才绝大多数都有着在发达国家的学习和工作经历，其具备的知识技能、管理能力和国际视野普遍强于本土人才，因此海归人才回流本国后会更有利于所在城市高质量的创新产出。

表 3　　　　　　　　　　　创新质量差异的异质性检验结果

变量	lninvg		lnnoinvg	
	（1）	（2）	（3）	（4）
lnre	0.588 *** (0.143)	0.423 *** (0.133)	0.517 *** (0.141)	0.241 * (0.123)
ind		0.266 (0.275)		0.540 ** (0.230)
fac		0.0537 (0.0361)		0.00288 (0.0374)
fin		− 0.0212 (0.492)		0.470 (0.374)
lngiov		0.122 (0.0800)		0.211 *** (0.0750)
lnnet		0.0767 ** (0.0382)		0.0881 ** (0.0424)
_cons	0.0857 (0.318)	− 0.660 (0.510)	1.342 *** (0.311)	0.0613 (0.448)
city	Y	Y	Y	Y
year	Y	Y	Y	Y

续表

变量	lninvg		lnnoinvg	
	（1）	（2）	（3）	（4）
N	3067	3067	3072	3072
R^2	0.796	0.801	0.782	0.797

注：***、**和*分别代表在 1%、5% 和 10% 水平上显著，括号中为稳健标准误。

（2）基于城市发展水平差异的分类检验。

中国城市数量众多，然而由于多方面因素的影响使得各个城市地区发展并不均衡。基于此，理应对不同发展水平的城市进行分类检验，探究海外人才回流于不同发展程度的城市是否会对其创新水平带来不同程度的影响。近年来中国大力支持国家中心城市的规划和发展，在资源环境和经济基础较强的地区建设的中心城市作为国家形象的代表，其经济、社会发展水平在全国都处于领先地位，并且由人才吸引力以及发明专利授权量排名可知其人才积累和创新水平也普遍强于其他城市，因此本文将样本分为中心城市和非中心城市两组进行分类检验。由创新质量的异质性检验可知海外人才回流对高技术的发明专利数的增加具有更为显著的促进作用，且发明专利相对更好地反映了创新质量，因此本文接下来的异质性检验都将被解释变量由专利授权总数替换为发明专利授权数进行估计。基于城市发展水平差异的异质性检验结果如表 4（1）列、（2）列所示，中心和非中心城市的海外人才回流系数都在 1% 的水平上显著为正，异质性并不明显。

考虑到中国中心城市目前仅有九个，分样本量过小，可能造成较大结果误差，本文借鉴杨思莹、李政（2019）的做法，将国内普遍认可的发展水平较高的直辖市、省会城市和副省级城市作为突出城市，其他城市作为一般城市，如此重新进行等级分类后再次进行估计，结果如表 4（3）列、（4）列所示。可以看到，海外人才回流对突出城市创新的影响并不显著，而对一般城市创新的系数在 1% 的水平上显著为正且系数值较大，说明海外人才回流显著促进了一般城市创新水平提升。该结果出现的可能原因是，突出城市的创新能力往往引领国家前沿，并且凭借其雄厚的经济实力和强大的就业市场已经吸引并仍在不断吸引着大量国内外高水平人才，人才储备已十分充足；再者，突出城市往往作为交流中心与国际接轨，海归人才相比本土人才特有的国际性特质在这类城市中的贡献并不突出。因此，除却少部分学历足够高在技术上获得成就的海归人才，总体上海外人才的回流对突出城市创新的促进效果可能并不明显。而一般城市的人才储备相对缺乏，发展水平和国际性都相对落后，存在着很大的创新潜力，因此若海外人才回流于这类城市，其产生的知识技术溢出效应能够有效挖掘所在城市创新潜力，显著提升城市创新水平。

表 4　　　　　　　　　　　城市发展水平差异的异质性检验结果

变量	中心城市	非中心城市	突出城市	一般城市
	(1)	(2)	(3)	(4)
lnre	0.574 ***	0.520 ***	0.0741	0.622 ***
	(0.0971)	(0.125)	(0.148)	(0.134)
ind	0.931	0.229	0.258	0.229
	(0.606)	(0.168)	(0.320)	(0.175)
fac	0.0236	0.0239	0.0209	0.0207
	(0.0468)	(0.0410)	(0.0608)	(0.0454)
fin	−0.391	0.0579	−0.595	0.0416
	(0.433)	(0.104)	(0.420)	(0.114)
lngiov	0.116	0.204 **	0.333 **	0.177 **
	(0.125)	(0.0811)	(0.150)	(0.0864)
lnnet	0.0360	0.0721 *	0.0744 *	0.0459
	(0.0235)	(0.0393)	(0.0429)	(0.0400)
_cons	−0.221	−1.442 ***	−0.381	−1.506 ***
	(0.698)	(0.497)	(1.076)	(0.520)
city	Y	Y	Y	Y
year	Y	Y	Y	Y
N	108	2959	420	2647
R^2	0.982	0.813	0.937	0.806

注：*** 、** 和 * 分别代表在 1%、5% 和 10% 水平上显著，括号中为稳健标准误。

（3）基于区域差异的分类检验。

由近年中国区域创新能力评价报告及各地专利授权量排名可知，中国创新存在较大的空间差异，东部地区整体创新能力最强，西部地区相比之下整体创新能力最弱。本文将城市样本按照其所属区域地理位置划分为东部、中部和西部城市三类，并进行分样本异质性检验，估计海外人才回流对城市创新基于不同地理区位的效应。表 5 为估计结果，可以看出海外人才回流于东部和中部地区对城市创新具有显著的促进效应，而对于西部地区的作用效果并不明显。究其原因，中国西部地区与东中部地区明显的差异在于西部地区普遍地势条件不佳，人口稀少导致出国留学生数量本就过少。此外，落后的经济和教育水平加上并不完善的市场环境导致就业机遇低迷，这些都是抑制留学生人才回流的重要因素。除却重庆和西安等受国家政策支持发展较好的西部中心城市和省会城市，恶劣的引才环境使得通过海归引力权数测算出的绝大多数西部城市历年回流海归数量极少，部分城市甚至海归年回流量刚刚过百。海归在西部地区城市并未形成一定规模，人力资本增加和带来的技术溢出效应微弱，其对创新的促进作用无法得到明显的体现。因此海外人才回流对于西部地区难以发挥出显著的创新驱动作用。

表 5 区域差异的异质性检验结果

变量	东部地区		中部地区		西部地区	
	（1）	（2）	（3）	（4）	（5）	（6）
lnre	0.764 *** (0.173)	0.493 ** (0.192)	0.964 *** (0.220)	0.692 *** (0.174)	0.205 (0.202)	0.228 (0.194)
ind		0.0197 (0.319)		0.407 * (0.244)		−0.117 (0.331)
fac		0.0312 (0.0672)		0.121 (0.0863)		−0.00980 (0.0684)
fin		0.140 (0.180)		−0.0760 (0.0984)		−0.0643 (0.284)
lngiov		0.206 * (0.108)		0.324 ** (0.145)		0.0390 (0.173)
lnnet		0.0123 (0.0383)		0.206 ** (0.0918)		0.0852 (0.0546)
_cons	−0.0517 (0.406)	−0.970 (0.657)	−0.904 * (0.470)	−3.039 *** (0.832)	0.735 * (0.429)	0.397 (1.140)
city	Y	Y	Y	Y	Y	Y
year	Y	Y	Y	Y	Y	Y
N	1212	1212	1152	1152	703	703
R^2	0.849	0.853	0.795	0.813	0.798	0.799

注：***、** 和 * 分别代表在 1%、5% 和 10% 水平上显著，括号中为稳健标准误。

（二）稳健性检验

1. 内生性处理

模型出现内生性问题的原因主要有两种，一种是模型存在遗漏变量，另一种则是解释与被解释变量之间存在双向因果关系。本文使用的面板数据在一定程度上可以解决遗漏变量导致的内生性问题，然而本文的模型却具有存在双向因果关系的可能，即中国城市创新水平提升有可能反向驱动海外人才的回流。为了处理双向因果带来的内生性问题，本文采用城市工业氮氧化物排放量作为工具变量，并参考魏浩、陈开军（2015）的做法，将解释变量的滞后一期也作为工具变量同时纳入方程。城市工业氮氧化物排放量作为衡量城市空气污染程度的重要指标之一，会对城市海外人才回流数量产生影响，但其与城市创新能力不存在明显关联，因而满足工具变量的选择条件。

本文使用 2SLS 工具变量法进行估计，估计结果如表 6（1）列所示。工具变量的有效性检验结果显示其均通过了识别不足检验、弱识别检验以及过度识别检验，说明本文选取的工具变量满足外生性条件并且与内生变量具有较强相关性，因此工具变量是有效的。使用工具变量法处理了内生性问题后，海外人才回流变量的系数依旧显著为正，证明了本文研究结论的稳健性。

表 6　　　　　　　　　　　稳健性检验结果（1）

变量	（1）	（2）	（3）	（4）
lnre	0.727 *** （0.0975）	0.736 *** （0.0965）	0.689 *** （0.0710）	0.443 *** （0.0659）
ind	0.131 * （0.0679）	0.128 * （0.0678）		0.182 ** （0.0716）
fac	−0.0136 （0.0223）	−0.0164 （0.0219）		0.00327 （0.0209）
fin	0.173 *** （0.0643）	0.173 *** （0.0643）		0.165 ** （0.0676）
lngiov	0.227 *** （0.0380）	0.227 *** （0.0380）		0.276 *** （0.0357）
lnnet	0.0910 ** （0.0365）	0.0922 ** （0.0364）		0.110 *** （0.0357）
_cons	−0.433 （0.330）	−0.472 （0.325）	1.159 *** （0.199）	−0.456 ** （0.227）
city	Y	Y	Y	Y
year	Y	Y	Y	Y
pro	N	N	Y	Y
N	2816	2816	3072	3072
R^2	0.969	0.969	0.965	0.968
Kleibergen – Paap rk LM	295.150	295.150		
Kleibergen – Paap rk Wald F	148.656	148.656		
Hansen	0.5031	0.5031		

注：*** 、** 和 * 分别代表在 1%、5% 和 10% 水平上显著，括号中为稳健标准误。

2. 更换计量模型

在处理内生性问题时本文使用的是 2SLS 工具变量法。考虑到当扰动项存在异方差或序列自相关问题的情况下 GMM 估计较 2SLS 更为有效，本文使用两阶段 GMM 估计模型对其稳健性进行进一步检验。估计结果如表 6（2）列所示，与（1）列 2SLS 回归结果相比，各变量系数符号及显著性近乎一致，证明了检验结果的稳健性。

3. 加入地区固定效应

进一步地，参考张萃（2019）的做法，在控制了城市和时间固定效应的基础上，本文在基准模型中又加入了省份虚拟变量以控制地区固定效应。表6（3）列、（4）列为未添加和加入控制变量后的估计结果，在进一步控制了地区固定效应后，海外人才回流变量系数与基准回归相比并无明显变化，各控制变量结果符合预期，研究结论仍然稳健。

4. 替换城市创新度量指标

考虑到衡量城市创新能力的指标选取的不同可能会对估计结果产生影响，本文使用城市专利申请数作为衡量城市创新能力的替代指标。表 7 为替换被解释变量城市创新指标的稳健性检验结果。由（1）列、（2）列结果可知，使用专利申请数作为替代指标后，核心解释变量系数依然显著为正，且系数值相较于使用专利授权数的基准回归而言更高。进一步地，（3）列和（4）列分别为对发明专利和非发明专利申请数的估计结果，可以看出海外人才回流对发明专利申请的促进作用显著性强于非发明专利，且系数值更大，结论与基准分类回归相似，研究结论依然是稳健的。

表 7　　　　　　　　　　　稳健性检验结果（2）

变量	(1)	(2)	(3)	(4)
lnre	0.680 *** (0.148)	0.373 *** (0.128)	0.429 *** (0.160)	0.275 ** (0.125)
ind		0.521 ** (0.212)	0.527 * (0.305)	0.550 *** (0.208)
fac		0.0606 * (0.0322)	0.0866 ** (0.0419)	0.0478 (0.0330)
fin		0.152 (0.355)	0.105 (0.584)	0.478 (0.368)
lngiov		0.259 *** (0.0708)	0.193 ** (0.0942)	0.187 ** (0.0723)
lnnet		0.0530 (0.0382)	0.0571 * (0.0345)	0.0702 * (0.0422)

续表

变量	（1）	（2）	（3）	（4）
_cons	1. 180 *** （0. 328）	− 0. 322 （0. 416）	− 0. 665 （0. 555）	0. 214 （0. 446）
city	Y	Y	Y	Y
year	Y	Y	Y	Y
N	3072	3072	3072	3072
R^2	0. 840	0. 854	0. 825	0. 811

注：***、**和*分别代表在1%、5%和10%水平上显著，括号中为稳健标准误。

（三）机制检验

根据理论分析，海外人才回流能够通过促进城市企业融资以及吸引外商资本集聚提升城市创新水平。据此，本文将城市融资水平和外商直接投资作为中介变量，并使用与基准回归相同的解释变量和被解释变量，建立中介效应模型对假设2和假设3进行机制检验。本文使用逐步回归法构建如下中介效应模型：

$$\ln pg_{it} = \beta_0 + \beta_1 \ln re_{it} + \beta_2 Control_{it} + \lambda_t + \mu_i + \varepsilon_{it} \qquad (1)$$

$$Z_{it} = \beta_0 + \beta_1 \ln re_{it} + \beta_2 Control_{it} + \lambda_t + \mu_i + \varepsilon_{it} \qquad (2)$$

$$\ln pg_{it} = \beta_0 + \beta_1 \ln re_{it} + \alpha_1 Z_{it} + \beta_2 Control_{it} + \lambda_t + \mu_i + \varepsilon_{it} \qquad (3)$$

其中，Z_{it}表示中介变量，包括城市融资水平（lnloan）和城市外商直接投资（lnfdi）水平，分别使用各城市贷款余额的对数和外商直接投资合同项目个数的对数予以衡量，数据来自《中国城市统计年鉴》，个别缺失值和异常值通过计算相邻年份平均值进行填补处理。中介效应检验结果如表8所示。（1）~（3）列分别为对式（1）至式（3）的城市企业融资机制的检验结果，可以看出，海外人才回流显著提升了所在城市企业的融资水平，核心解释变量的系数在1%的水平上显著为正。对比（1）列和（3）列，在引入贷款余额变量后，海外人才回流对城市创新影响依然在1%水平上显著为正，再次验证了海外人才回流对城市创新具有显著的促进作用。（3）列贷款余额对城市创新系数在1%水平上显著为正，说明城市企业融资增加能够对城市创新产生显著正向影响。由结果可知假设2成立，即海外人才回流能够通过增加企业融资推动城市创新。

表8（1）列、（4）列和（5）列为外商直接投资的机制检验。结果表明，海外人才回流对外商直接投资具有较为显著的促进作用，说明海外人才回流的增加能够提升当地城市外商直接投资水平。（5）列外商直接投资对城市创新系数在5%水平上显著为正，说明外商直接投资的增加通过技术溢出效应显著推动了城市创新，验证了外商直接投资的影响渠道，即假设3成

立。综合上述结果可以得出结论，即海外人才回流可通过刺激企业融资和引进外资的路径发挥资本集聚和技术溢出效应促进城市创新。

表 8 机制检验结果

变量	基准回归	企业融资机制		外商投资机制	
	（1）	（2）	（3）	（4）	（5）
	lnpg	lnloan	lnpg	lnfdi	lnpg
lnre	0.443 *** (0.113)	0.182 *** (0.0392)	0.377 *** (0.113)	0.749 *** (0.175)	0.418 *** (0.112)
lnloan			0.343 *** (0.0957)		
lnfdi					0.0325 ** (0.0148)
ind	0.182 * (0.105)	0.0719 * (0.0426)	0.151 (0.104)	0.287 (0.181)	0.173 * (0.105)
fac	0.00327 (0.0354)	0.0268 ** (0.0133)	−0.00555 (0.0345)	−0.0688 (0.0743)	0.00551 (0.0358)
fin	0.165 ** (0.0704)	0.123 *** (0.0349)	0.122 * (0.0706)	0.195 (0.160)	0.159 ** (0.0723)
lngiov	0.276 *** (0.0645)	0.0805 *** (0.0270)	0.249 *** (0.0626)	0.0666 (0.0956)	0.273 *** (0.0643)
lnnet	0.110 *** (0.0405)	0.0592 *** (0.0153)	0.0910 ** (0.0373)	0.0167 (0.0488)	0.110 *** (0.0404)
_cons	−0.622 (0.382)	5.563 *** (0.177)	−2.528 *** (0.656)	−0.841 (0.622)	−0.595 (0.384)
city	Y	Y	Y	Y	Y
year	Y	Y	Y	Y	Y
N	3072	3072	3072	3072	3072
R^2	0.855	0.942	0.859	0.071	0.856

注：***、**和*分别代表在1%、5%和10%水平上显著，括号中为稳健标准误。

七、结论及政策建议

本文以海归这类回流高级人力资本为研究视角，就国际新形势下海外人才回流新特征进行了描述分析。在围绕海外人才回流对城市创新水平的影响进行了理论分析之后，进一步构建海归综合引力权数，匹配了 2008～2019

年城市层面专利授权量等数据，运用计量模型就海外人才回流对城市创新的影响程度进行了一系列实证检验。本文的研究结论如下：一是海外人才回流对所在城市创新水平的提升具有显著的促进作用，这一结论在替换了创新衡量指标并且进行了内生性处理后依然稳健；二是海外人才回流可通过增加企业融资和吸引外商投资机制间接促进城市创新；三是在具有促进作用的基础上，海外人才回流对城市内高技术含量的专利创新的促进作用较普通创新更为明显，说明海外人才回流的创新效应更多体现在促进城市创新质量的提升；四是海外人才回流于不同发展水平的城市产生的影响存在差异，对一般城市创新水平的促进作用较中心城市更为显著；五是海外人才回流于东部和中部地区对城市创新具有显著的促进效应，而对于西部地区的作用效果并不明显。

当前世界进入新发展阶段，技术创新不仅是驱动中国高质量发展的第一动力，更是代表国际战略地位的有力象征。本文通过理论分析和实证检验证明了海归人才对城市高质量创新的促进作用。据此，围绕着当前形势下如何持续并促进人才"进出"环流态势进而提升城市创新水平，本文提出如下政策建议：

1. 优化留学政策，促进人才培养

（1）加大留学支持和资助力度。如适当扩大公派留学人员规模、提高留学基金委资助出国留学基金份额、扩大资助专业领域等。当前中国海外留学人员回流比已近九成，大力支持出国留学是培养高质量海归人才推动创新发展的前提。

（2）促进留学方式多样化。2020 年新冠肺炎疫情的全球蔓延使得出国留学受到来往出入境方面的限制，基于此应改变出国留学的单一模式，加大中外合作办学项目和机构创办支持力度，促进"在地留学"模式的发展；实现国内外多校区联合教学，加强跨境网络教学设施的优化，实现多样化的留学方式。

（3）促进留学目的国分散化。美国目前仍是中国学生海外留学的主要意向国家。然而当前中美两国交流形势严峻，且美国疫情问题依旧严重。考虑到中国留学生赴美学习交流出现受限和歧视风险，有必要推动留学目的国分散化，与更多国家进行教育交流，开展合作办学项目，引导出国留学向新兴经济体、环境友好的"一带一路"沿线国家等多方向分散。

2. 推动人才回流，促进城市创新

（1）基于城市发展水平的差异制定相应的积极政策。由异质性检验知，海外人才回流对于发展水平较弱的一般城市的创新促进作用更为明显，而一般城市的人才储备显然不及突出城市。因此对于一般城市而言，应将重点集中于对留学人才的吸引方面，优化教育文化环境，提升就业待遇，降低税收比例，实行海归创业补贴等政策吸引留学生回流创业，推动城市创新；对于经济实力和人才吸引力更强的突出城市，海归人才的创新驱动影响较弱，因此应注重于加强对海归技术溢出效应的引导，推动留学人员创业园的创办和发展，强化城市人才集聚，加大科技研发投入，提升创新效率。

（2）充分利用中外教育交流合作关系网络。在当前以教育对外开放支持全面开放新格局的背景下，开展中外合作办学项目的城市逐渐增多，应充分发挥中外合作办学的国际交流网络优势，积极引进学习国外优秀人才创新政策。同时支持举办开展国际学生联谊会，丰富中国留学生国际关系网络，强化知识溢出，驱动城市创新。

（3）重视并加强西部地区人才引进。缺乏理想的引才环境和管理机制使得西部地区海归规模过小，创新驱动效应并不明显。因此应加强西部地区基础设施建设，优化市场环境和管理制度；推进"三支一扶"等优惠政策，提升人才生活工作待遇保障；加强西部地区国际技术合作，创新人才引进模式。

（4）优化融资方式，强化 FDI 技术溢出效应。由机制分析知海外人才回流有利于企业加大融资和吸引外资。应适当放宽融资限制，优化融资方式；充分利用外资，优化城市制度环境，推动本土企业与高水平外资企业高水平合作，完善本土企业技术创新体系，强化高新技术吸收能力，提升城市创新水平。

参 考 文 献

［1］鲍威、田明周、陈得春：《新形势下海外高端人才的归国意愿及其影响因素》，载《高等教育研究》2021 年第 2 期。

［2］卞元超、吴利华、白俊红：《高铁开通是否促进了区域创新》，载《金融研究》2019 年第 6 期。

［3］范如国、蔡海霞：《FDI 技术溢出与中国企业创新产出》，载《管理科学》2012 年第 4 期。

［4］方慧、王梦婷、秦涛：《承接服务业国际转移与中国服务业人力资本提升研究》，载《世界经济研究》2010 年第 8 期。

［5］方慧、赵胜立：《中欧班列提高了出口企业生产率吗——基于"双循环"相互促进的机制研究》，载《国际贸易问题》2022 年第 3 期。

［6］方慧、赵胜立、吕静瑶：《生产性服务业集聚提高了城市 FDI 效率吗？》，载《数量经济技术经济研究》2021 年第 7 期。

［7］付平、张莘：《海外人才回流的城市创新效应研究》，载《现代经济探讨》2021 年第 2 期。

［8］高翔：《城市规模、人力资本与中国城市创新能力》，载《社会科学》2015 年第 3 期。

［9］何敏、于天祚：《情感因素对海外优秀青年人才回流的影响研究》，载《大学教育科学》2018 年第 4 期。

[10] 胡璇：《城市规模对企业创新的影响》，载《税务与经济》2022 年第 1 期。

[11] 蓝庆新、黄婧涵、李飞：《海外高科技人才回流对中国区域经济发展的影响研究——基于门槛效应的实证分析》，载《科技管理研究》2019 年第 10 期。

[12] 李佳、闵悦、王晓：《中欧班列开通对城市创新的影响研究：兼论政策困境下中欧班列的创新效应》，载《世界经济研究》2020 年第 11 期。

[13] 李梅：《中国留美学术人才回国意向及其影响因素分析》，载《复旦教育论坛》2017 年第 2 期。

[14] 李平、许家云：《国际智力回流的技术扩散效应研究——基于中国地区差异及门槛回归的实证分析》，载《经济学（季刊）》2011 年第 3 期。

[15] 李平、张玉：《国际智力回流对中国产业结构升级影响的实证研究》，载《科学学与科学技术管理》2012 年第 12 期。

[16] 林琳、孟舒：《中国智力回流动因的实证检验》，载《统计与决策》2009 年第 17 期。

[17] 柳卸林、张文逸、葛爽、杨培培：《数字化是否有利于缩小城市间发展差距？——基于 283 个城市的实证研究》，载《科学学与科学技术管理》2021 年第 6 期。

[18] 罗思平、于永达：《技术转移、"海归"与企业技术创新——基于中国光伏产业的实证研究》，载《管理世界》2012 年第 11 期。

[19] 仇怡、聂萼辉：《留学生回流的技术外溢效应——基于中国省际面板数据的实证研究》，载《国际贸易问题》2015 年第 2 期。

[20] 佟家栋、张俊美：《高层次人力资本投入与出口企业创新产出：横向创新与纵向创新》，载《国际贸易问题》2021 年第 12 期。

[21] 宛群超、袁凌：《创新要素流动与高技术产业创新能力》，载《科研管理》2021 年第 12 期。

[22] 魏浩、陈开军：《国际人才流入对中国出口贸易影响的实证分析》，载《中国人口科学》2015 年第 4 期。

[23] 吴建军、黄丹：《中国留学生回流的技术进步空间扩散效应研究》，载《求索》2017 年第 9 期。

[24] 许家云、李淑云、李平：《制度质量、制度距离与中国智力回流动机》，载《科学学研究》2013 年第 3 期。

[25] 杨河清、陈怡安：《中国海外智力回流影响动因的实证研究——基于动态面板模型的经验分析》，载《经济经纬》2013 年第 3 期。

[26] 杨思莹、李政：《高铁开通与城市创新》，载《财经科学》2019 年第 1 期。

[27] 袁子馨、尹诚明、肖光恩：《人力资本、工资地区异质性与中国城市利用外商直接投资》，载《现代经济探讨》2019 年第 5 期。

[28] 曾婧婧、周丹萍：《政府创新投入和城市规模等级对城市创新能力的影响》，载《城市问题》2019 年第 5 期。

[29] 张萃：《外来人力资本、文化多样性与中国城市创新》，载《世界经济》2019 年第 11 期。

[30] 张宽、黄凌云：《贸易开放、人力资本与自主创新能力》，载《财贸经济》2019 年第 12 期。

[31] 张信东、吴静：《海归高管能促进企业技术创新吗》，载《科学学与科学技术管理》

2016 年第 1 期。

[32] 朱敏、许家云：《海外人才回流与 FDI 技术溢出——地区差异及影响因素的实证分析》，载《科学学研究》2013 年第 11 期。

[33] Baldwin, R., Braconier, H., and Forslid, R., 2005: Multinationals, endogenous growth and technological spillovers: Theory and evidence, *Review of international economics*, Vol. 13, No. 5.

[34] Borjas, G. J. and Bratsberg, B., 1996: Who leaves? The outmigration of the foreign – Born, *Review of Economics and Statistics*, Vol. 78, No. 1.

[35] Caragliu, A., Bo, C. F. D., Kourtit, K., and Nijkamp, P., 2016: The winner takes it all: forward-looking cities and urban innovation, *The Annals of Regional Science*, Vol. 56, No. 3.

[36] Dustmann, C., F, Adlon. I., and Weiss, Y., 2011: Return migration, human capital accumulation and the brain drain, *Journal of Development Economics*, Vol. 95.

[37] Jungsoo, P., 2003: International student flows and R&D spillovers, *Economics Letters*, Vol. 82, No. 3.

[38] Le, T., 2008: Brain drain or brain circulation: evidence from OECD's international migration and R&D spillovers, *Scottish Journal of Political Economy*, Vol. 55, No. 5.

[39] Mayr, K. and Peri, G.: Return Migration as a Channel of Brain Gain, *Social Science Electronic Publishing*.

[40] Romer, P. M., 1990: Endogenous Technological Change, *Journal of Political Economy*, Vol. 98.

[41] Saxenian, A. L., Circulation, B., and Dynamics, C., 2005: Chinese chipmaking and the silicon Valley – Hsinchu – Shanghai triangle.

[42] Saxenian, A. and Jinn, H., 2001: The silicon Valley – Hsinchu connection: Technical communities and industrial upgrading, *Industrial and Corporate Change*, Vol. 10, No. 4.

[43] Gao, T., 2005: Labor quality and the location of foreign direct investment: Evidence from China, *China Economic Review*, Vol. 16, No. 3.

Research on the Impact of Overseas Talent Return on Urban Innovation in China

—Analysis Based on 256 Prefecture Level Cities in China

Hui Fang   Xiaoyu Zhou

Abstract: In order to explore the economic effect of the return of overseas talents, from the perspective of the transnational flow of talents, on the basis of theoretical analysis, this paper constructs the comprehensive gravity weight of overseas returnees, and empirically studies the impact of the return of overseas talents represented by returned students on the innovation level of Chinese cities from the urban level by using the panel data of 256 prefecture level cities in China from 2008 to 2019. The results show that the return of overseas talents can significantly promote the improvement of the innovation ability of the city. This conclusion is still true after endogenous treatment and the replacement of variable indicators. Further examination shows that the innovation effect of overseas talent return is reflected in the optimization of innovation quality, which plays a stronger role in promoting urban high-tech innovation; Overseas talent return has different promotion effects on innovation in cities with different development levels, especially in non central cities with relatively low development levels; There is regional heterogeneity in the role of overseas talent return in promoting urban innovation. The mechanism test shows that the return of overseas talents can improve the level of urban innovation by promoting enterprise financing and attracting foreign direct investment. Based on the above research conclusions and combined with the current actual background, this paper puts forward targeted policy suggestions.

Keywords: Overseas Talent Return　Human Capital　Urban Innovation

JEL Classification: R11　R23

第 21 卷第 3 辑　　　　　　　　产业经济评论　　　　　　　　Vol. 21　No. 3
2022 年 9 月　　　　　Review of Industrial Economics　　　　September 2022

技术授权能否缩小技术水平的差距？

宋　晖　王　俊[*]

摘　要：随着对外开放步伐加快，以及资本积累及技术进步，中国逐步在多个领域开展了与发达国家的合作。一些国内厂商遭遇了外国高技术厂商的歧视性技术授权。本文使用 Gabszewicz and Thisse（1979）的垂直差异化模型分析第三方高技术厂商的歧视性技术授权行为。本文首先研究技术不可拆分且不允许差别定价的情形。研究发现高低技术厂商质量差异足够大时，第三方授权方会选择只授权高技术厂商；而第三方授权方几乎永远不可能只授权低技术厂商。因此低技术厂商永远不可能通过技术授权缩小与高技术厂商的差距。当技术可拆分时且允许差别定价时，第三方授权方将所有技术都授权给两厂商。高技术厂商面临的授权费更高。模拟结果发现只授权低技术厂商使得消费者剩余最大化。

关键词：垂直差异化　技术授权　特许权收费

一、引　　言

在逆全球化的思潮之下，美国特朗普政府退出多边主义进程，以加强"国家安全"名义，实施了贸易与投资保护主义。自 2018 年 6 月 15 日开始，美国政府依据 301 调查单方认定结果宣布对原产于中国的 1102 种，总额约 500 亿美元商品加征 25% 关税，作为反击，我国政府在 2018 年 6 月 16 日，决定对原产于美国的 659 种、总额约 500 亿美元的商品加征同等力度的关税，意味着两国贸易摩擦步入了激化阶段。此后，两国间经过了三轮谈判，2020 年 1 月 15 日，中美两国签署《中美经济贸易协议》，贸易摩擦暂时缓解。中美两国在知识产权保护、技术转让、粮食和农产品、金融服务、宏观政策、汇率等多个方面达成共识，美国承诺分阶段取消对华商品征收关税。

---

[*] 本文受广东外语外贸大学校级科研项目"基于异质性消费者与厂商的社交电商盈利机制研究"（299 – X5220001）、"社交电商信息传播与盈利机制研究"（299 – GK19CQ92）和广东省农作物种质资源保存与利用重点实验室（2020B121201008）资助。
宋晖：广东外语外贸大学经济贸易学院；地址：广州市番禺区小谷围广州大学城广东外语外贸大学（南校区），邮编510006；13903019217；E-mail：songh9@ sina. com。
王俊：广东外语外贸大学经济贸易学院；地址：广州市番禺区小谷围广州大学城广东外语外贸大学（南校区），邮编510006；13560081275；E-mail：wangjun200213@163. com。

这份协议对于稳定中美之间经贸关系、提振全球经济增长信心起到了重要作用。自新冠肺炎疫情暴发以来,两国关系愈加紧张。2020 年 5 月 15 日,美国商务部修改出口管理条例,要求即便不是美国的半导体公司,如果采用了被列为美国商务管制清单(CCL)的设备与技术,在为华为生产芯片之前,也需获得美国政府许可。

事实上,多年以来,中国通过技术引进、消化吸收等路径迅速缩小与发达国家之间的技术差距。但是,美方却将中国技术引进视为对其的威胁。西方国家为主的 33 个国家早在 1996 年签署的《瓦森纳协定》将中国列入技术转让的被禁运国家之列。2017 年 8 月,美国就开始依据 301 条款,对中国的技术转移、知识产权保护以及创新等相关法律、政策及惯例进行调查,并指责中国不是侵犯知识产权而是所谓的"强制性技术转让"。美国政府对要进行收购拥有先进技术的美国企业的中国厂商提出限制和国家安全审查。2018年 3 月美国贸易代表办公室发布的调查报告,对中国技术转让以及与此相关的知识产权横加指责,提出了"中国使用合资、股比限制和其他外商投资限制来强制或迫使美国厂商转让技术。中国还使用行政审批程序要求或迫使美国对华厂商进行技术转让""中国对美国厂商的投资实施了实质性的限制与干预""中国政府有计划地推动美国技术对华转让"等。

可以说,中美贸易战并非一场市场竞争而是战略竞争,其核心是技术转让。而达成的第一阶段经贸协议,技术转让以及知识产权保护是协定的核心内容。协定详细规定了针对商业秘密、药品知识产权保护、打击电商平台的盗版和侵权、打击假冒和盗版行为等。在技术转让条款中,设置了"一般义务""市场准入""行政和许可要求和过程""正当程序和透明度""科技合作"等条款。

技术授权已经慢慢成为厂商和国家层面竞争的附加手段。IBM 决定采购Intel 的中央处理器之初,由于担心 Intel 对市场的垄断,要求后者将 8086 处理器技术授权给竞争者 AMD。2016 年初 AMD 将其 Zen 架构处理器授权给天津海光。后者在 2019 年进入美国商务部的实体名单。如今,设计电脑中央处理器芯片需要 Intel 或者 AMD 的授权;开发手机芯片需要 ARM 或者苹果的授权;两者授权还需要政府的许可。西方经济学经典理论指出,技术具有商品属性,技术转让等交易行为均属正常的市场交易行为。当前,高技术厂商之间分工越来越明确,生产一件完整的产品需要多个厂商合作的情况越来越常见。为了能使用其他厂商的技术革新(innovation),厂商往往需要缴纳特许权收费(royalties)。华为每季度向高通支付 1.5 亿美元的技术授权费。技术授权方根据市场法则选择合适的授权方。然而,美国却不能接受中国合理的技术转让,反映出美国维护其技术优势地位,遏制住中国发展的企图。比如,特朗普将华为列入实体名单,迫使谷歌、高通、镁光甚至英国的ARM 公司停止向华为授权技术。

被授权厂商的技术水平各不相同，体现在产品的质量和生产成本均不相同。首先，授权方对每个厂商的出售许可证的意愿不尽相同。授权能使产品质量提高。索尼的高端 CMOS 传感器 IMX600、IMX700 只提供给华为手机使用，然而其他厂商的旗舰手机只能使用 IMX586 和 IMX686。是使强者更强还是帮扶弱者使之能与强者竞争的问题值得学者们研究。从价授权费是一些厂商采用的价格歧视手段：高通基带芯片的授权费是手机批发售价的 5%。其次，不同水平的厂商对许可证的购买意愿也不相同。例如，只有华为的 P 系列和 M 系列手机装备了徕卡镜头。对于由若干项技术组成的整体专利，授权厂商也可以将技术分拆成几部分出售给不同厂商。一个更深刻的问题是，授权方会将更多的技术授权给高技术厂商还是低技术厂商。可拆分技术授权为授权方提供了更加可行的方案。授权方可以将不同内容、版本的技术出售给个别厂商。授权方甚至以这样一种形式控制着市场的竞争程度。

本文从第三方授权厂商的角度来分析厂商的选择问题。第三方授权方只出售技术和中间产品，不销售最终产品。市场包含两个生产最终产品的厂商。高（低）科技厂商生产高（低）质量产品，同时生产成本也更高（低）。授权方在厂商选择问题上需要考虑授权行为对市场价格的影响，以及产品价格向授权费用价格的传导程度。考虑授权方的几种不同策略：第一，选择同时授权两个厂商；第二，选择只授权一个厂商；第三，授权方可以选择将技术拆分成两部分，分别授权给不同的厂商。本文发现：和以价换量的逻辑类似，当高质量产品的质量远大于低质量产品时，只授权高技术厂商对授权厂商更有利。当两件产品质量差别不大时，同时授权两个厂商更加有利。相对于前两种方案，由于高技术厂商的基础消费群体更大，当低技术厂商的产品获得授权后仍然比不上未获得授权的高质量产品时，授权厂商不会只授权低技术厂商。该结论的直觉是授权厂商的利润来自被授权厂商的收入，而后者的收入取决于产品的垂直差异化程度。由于在 Gabszewicz and Thisse 的经典框架中，追求利润最大化的厂商自主选择的是垂直差异最大化。因此，当产品差异的决定权把握在授权厂商手上时，缩小差异也不可能是授权厂商的最优选择。反观美国政府对中国高技术厂商的种种限制。当中国产品质量较低时，限制对中国厂商的授权行为其实有利于国际竞争者。只有当中国产品质量足够高时，授权中国厂商才是更明智的选择。本文从理论的角度证明了为何高技术厂商能获得更多的授权，而低技术厂商常常处于被孤立的状态。本文为了探索技术授权方如何进行技术被授权方的选择，是倾向于选择高技术厂商还是低技术厂商，从而为中美两国技术转让之争提供了理论基础。

结论的含义很明显，低技术厂商在与高技术厂商竞争中不仅具有先天劣势，而且厂商间的合作只会加剧劣势的发展。从而结果是高技术厂商的市场占有率越来越大。低技术厂商的生存空间越来越小。市场集中度越来越高，使市场价格进一步偏离边际成本, 损害了消费者的利益。根据这点结论, 本文认为企业应该努力提高自身技术水平而非寄希望于通过技术授权来超过国际竞争者。打铁必须自身硬。在国际竞争中, 本文认为国产品牌应当加强研发力度提高, 提高产品质量以避免在技术授权上被国际厂商卡脖子。

二、文献综述

国内外学者们对技术授权研究最早可以追溯到 Katz and Shapiro (1985)。学者们早就注意到技术转让的不同形式也许会导致很不一样的市场结果。Wang (1998) 认为当革新非激烈革新时, 特许权收费从授权方的角度来看优于固定收费; 当革新为激烈革新时, 授权方拒绝将技术许可给任何厂商。Sen (2005) 使用古诺模型证明了当市场里的厂商数目足够多的时候, 某个 k-激烈 (k-drastic) 革新的特许权收费较固定收费或者拍卖形式能对授权者产生更高的利润。石岩、刘思峰 (2009) 研究了授权方对线性城市上的两个厂商的技术授权。文中发现, 如果授权方正好是厂商之一且专利是激烈的, 则授权厂商的最优策略是不授权。如果授权方是第三方厂商, 则固定收费模式与特许权收费方式下第三方厂商收益相同。叶光亮、何亚丽 (2018) 发现环境污染治理中, 特许权收费模式会导致购买降低污染治理成本的技术的被授权厂商倾向于减少治污比例以降低授权费, 不利于治污技术的推广。王君美 (2012) 发现第三方授权方的授权决定取决于技术转让的合同形式: 按固定收费时, 如何授权取决于创新程度的高低; 按特许权收费时, 授权方会选择授权两个厂商; 在双重收费下, 授权方只向 Stackelberg 追随者转让技术。

作为技术提高的另一种途径, 高技术厂商兼并低技术厂商也吸引了很多学者的注意。田晓丽 (2016) 比较了纵向兼并与技术许可对厂商和消费者的影响。她发现当技术的创新程度较高时, 第三方授权方倾向于先兼并 Stackelberg 跟随厂商再向先行厂商出售技术许可; 反之第三方授权方更倾向于向双方出售技术许可。李长英、姜羽 (2006) 和李长英、宋娟 (2006) 研究了技术转让与厂商兼并之间的关系。前者发现监管当局对兼并的态度和厂商对兼并的意愿取决于技术转让的收费模式。后者发现高技术厂商更倾向于以特许权收费方式将技术转让给低技术厂商。谢申祥、王孝松 (2012) 研究了外国高技术厂商通过兼并或技术许可影响本国技术水平的多种情况。研究发现当两部收费方式可供选择时, 本国应当禁止外国厂商兼并行为。当授权只能采取特许权收费或固定收费时, 本国可依据具体情况考察批准跨国兼并。

跨国背景的技术授权往往还牵涉到两国的利益得失。谢申祥等 (2013) 发现当国内外技术差距较大而进口关税较低时, 外国厂商不会采取固定收费方式的技术授权; 反之如果进口关税较高, 外国厂商也许会采用特许权收费方式。綦勇、侯泽敏 (2016) 发现跨国背景下特许权收费和双重收费方式使用范围比固定收费模式更广，在后者中，技术授权只会发生于关税水平较高或者技术创新程度较高时。侯泽敏等（2017）研究了跨国环境下的技术授权机制，发现固定收费模式与特许权收费方式都在一定条件下损害了进口国的社会福利。

近年来高技术厂商歧视性授权越来越多地引起了学者们的关注。徐璐、叶光亮（2018）发现外国厂商歧视性授权可能会导致更多的利润流出本国，本国福利因此下降。唐要家、尹温杰（2015）研究了华为诉讼 IDC 案和高通案，发现歧视性高授权费严重地阻碍了市场竞争并降低了社会剩余，因此反垄断法应该禁止违反 FRAND 原则的高授权费。

从价特许权收费是一种备受争议的歧视性授权。Fan et al.（2018）研究了市场中现存厂商对潜在厂商技术授权的情景下，从量特许权收费和从价特许权收费优劣性。他们发现当现存厂商生产效率更高时，从量特许权收费产生的利润更高；当潜在厂商的生产效率更高时，从价特许权收费产生的利润更高。Niu（2013）分析了股权许可和从量许可在厂商利润和社会福利等方面的等价性。Heywood et al.（2014）研究了不完全信息下现存厂商对潜在厂商的授权行为。他们发现当潜在厂商的未来生产成本未知时，现存厂商会采用单一的从价特许权收费或者两个不同的从量特许权收费（分别对应着高技术厂商和低技术厂商）。

三、模　型　构　建

本文考虑使用经典的垂直差异化模型，Gabszewicz and Thisse（1979）分析两个厂商之间的竞争：用 S_1 表示产品 1 的外生质量参数，用 S_2 $(S_2 < S_1)$ 表示产品 2 的外生质量参数。于是模型中产品 1 为高质量产品，产品 2 为低质量产品。用 p_1 和 p_2 表示两种产品的价格。在不影响本文结论的前提下，我们假设两厂商的固定成本为零。令 c_1 和 c_2 分别为产品 1 和产品 2 的边际生产成本，有 $c_1 > c_2$。一般有 $p_1 - p_2 \geq c_1 - c_2$，否则没有厂商愿意生产高质量的产品。假设市场里具有一个单位的消费者（可以理解为一千或者一万）。具有单位需求的消费者对单位质量的支付意愿可以用 θ 表示。假设 θ 是随机变量，服从 0 到 1 的均匀分布（$\theta \sim U[0, 1]$）。考虑到 $\theta < 1$，两种产品的质量差异必须满足 $S_1 - S_2 \geq p_1 - p_2$。否则即使对单位质量支付意愿最高的消费者也不愿意购买高质量产品。对厂商而言必须有 $S_1 - S_2 \geq c_1 - c_2$，否则高技术厂商无法向单位质量支付意愿最高的消费者以更低的成本提供产品质量。上述论证可以总结为：

假设：对质量参数 S_1，S_2 和成本参数 c_1，c_2，存在如下的关系：$S_1 - S_2 \geq c_1 - c_2$ 以及 $S_1 \geq S_2 \geq c_1 \geq c_2$。

由于现实中消费者可以在网站上自由比较商品。我们可以假设消费者能完美地观察到所有价格和产品质量信息。当具有类型 θ 的消费者购买产品 1 时，她的效用函数可以表示为：

$$U_1 = S_1 \theta - p_1$$

由效用函数的形式以及 $S_1 > S_2$ 可知，所有消费者都认为产品 1 的质量优于产品 2。消费者之间的差异在于对单位质量的支付意愿。消费者在产品 1 和产品 2 之间选择效用更高的产品。假设存在某个消费者类型 $\hat{\theta}$ 使得产品 1 和产品 2 给他带来的效用相同，即有 $S_1 \hat{\theta} - p_1 = S_2 \hat{\theta} - p_2$。可以解出这位临界消费者的类型。

$$\hat{\theta} = \frac{p_1 - p_2}{S_1 - S_2}$$

两种产品给消费者的效用差别 $(S_1 \theta - p_1) - (S_2 \theta - p_2)$ 是 θ 的增函数。具有 $\theta > \hat{\theta}$ 的消费者会选择产品 1。由于消费者的效用不可为负，具有 $\hat{\theta} > \theta > p_2 / S_2$ 的消费者选择产品 2。具有更低 $\hat{\theta}$ 的消费者选择径直离开市场不购买任何产品。此时厂商 1 面对的需求函数为：

$$D_1(p_1, p_2) = 1 - \frac{p_1 - p_2}{S_1 - S_2}$$

厂商 1 面对的需求是 p_1 的增函数，p_2 的减函数。同理，厂商 2 面对的需求函数为：

$$D_2(p_1, p_2) = \frac{p_1 - p_2}{S_1 - S_2} - \frac{p_2}{S_2}$$

厂商 2 面对的需求是 p_2 的增函数，p_1 的减函数。假设存在一种可提升产品质量的第三方技术可向市场中的厂商授权。假设技术专利的拥有者为许可方 L。令 $\bar{x}$ 为第三方技术对产品质量的提升程度。而 $\bar{x}$ 直接添加到消费者的效用中。假设授权方 L 考虑分别以价格 f_1 和 f_2 向两个厂商出售的技术含量为 x_1 和 x_2。f_1 和 f_2 为单位授权价格。厂商每出售一单位的商品，需要向授权厂商支付相应的授权费。这时产品 1 和产品 2 的质量分别变为 $S_1 + x_1$ 和 $S_2 + x_2$。关于产品 1 和产品 2 的市场份额可以如图 1 所示。

图 1　消费者的支付意愿与两厂商的市场份额示意

四、均衡分析

本文将分析现实中的四种情况。第一种情况为最常见的情况。授权方 L 以相同的价格向两个厂商出售许可证，技术许可的内容相同；第二种情况适用于高技术厂商想把低技术对手排挤在技术框架外。这时，授权方 L 与高技术厂商签订了专属协议，只授权给高技术厂商；第三种情况适用于授权方 L 与低技术厂商联手对抗高技术厂商。授权方 L 只出售给低技术厂商；第四种情况下将主要讨论可拆分的技术许可，允许授权方以不同的价格向两个厂商出售（不同版本）的许可证。在任何一种情况中的第一阶段，授权方 L 选择授权对象。在第二阶段，厂商选择价格。在第三阶段，消费者选择产品。

1. 向所有厂商同时出售 $x_1 = x_2 = \bar{x}$

本文采用倒推法。假设授权方 L 向市场里两个厂商提供同样的技术授权。此时若某消费者（具有类型 θ）选择产品 1，则她的效用函数为：$U_1 = (S_1 + \bar{x})\theta - p_1$。若她选择产品 2，则这个消费者的效用函数为 $U_2 = (S_2 + \bar{x})\theta - p_2$。对两种产品无差异的消费者具有类型 $\hat{\theta}$。此时厂商 1 面对的需求函数仍为 $\widetilde{D}_1(p_1, p_2) = D_1(p_1, p_2)$。厂商 2 面对的需求函数为：

$$\widetilde{D}_2(p_1, p_2) = \left(\frac{p_1 - p_2}{S_1 - S_2}\right) - \left(\frac{p_2}{S_2 + \bar{x}}\right)$$

假设厂商对技术授权价格采用统一的从量形式，假设授权单位价格为 f。厂商 1 的利润函数可以表示为：

$$\widetilde{\Pi}_1 = \left(1 - \frac{p_1 - p_2}{S_1 - S_2}\right)(p_1 - c_1 - f)$$

厂商 2 的利润函数可以表示为：

$$\widetilde{\Pi}_2 = \left(\frac{p_1 - p_2}{S_1 - S_2} - \frac{p_2}{S_2 + \bar{x}}\right)(p_2 - c_2 - f)$$

分别将 $\widetilde{\Pi}_1$ 和 $\widetilde{\Pi}_2$ 对 p_1 和 p_2 求导，获得以下一阶条件：

$$\frac{c_1 + f - 2p_1 + p_2 + S_1 - S_2}{S_1 - S_2} = 0,$$

$$\frac{(c_2 + f)(S_1 + \bar{x}) - 2p_2 S_1 + p_1 S_2 + \bar{x}p_1 - 2xp_2}{(S_1 - S_2)(S_2 + \bar{x})} = 0$$

以上两方程联立获得最优 p_1 和 p_2：

$$p_1^* = \frac{(S_1 + \bar{x})(3f + 2c_1 + c_2 + 2S_1 - 2S_2)}{4S_1 - S_2 + 3\bar{x}}$$

和

$$p_2^* = -\frac{-c_1\bar{x} - c_1 S_2 - 2c_2 S_1 - 2\bar{x}c_2 - 2fS_1 - fS_2 - 3f\bar{x} - S_1 S_2 + S_2^2 - \bar{x}(S_1 - S_2)}{4S_1 - S_2 + 3\bar{x}}$$

授权方此时的总利润为 f 的函数，

$$\widetilde{\Pi}_L = f\left(1 - \frac{p_2}{S_2 + \bar{x}}\right)$$

$$= \frac{f\{(S_2 + \bar{x})[c_1 - 3(S_1 + \bar{x})] + 2c_2(S_1 + \bar{x}) + f(2S_1 + S_2 + 3\bar{x})\}}{(S_2 + \bar{x})(S_2 - 4S_1 - 3\bar{x})}$$

将授权方的总利润 $\widetilde{\Pi}_L$ 对 f 求导获得一阶条件，从而可以解出最优的授权单位价格：

$$f^* = \frac{3S_1S_2 + 3\bar{x}S_1 + 3\bar{x}S_2 + 3\bar{x}^2 - c_1S_2 - \bar{x}c_1 - 2c_2S_1 - 2c_2\bar{x}}{2(2S_1 + S_2 + 3\bar{x})}$$

为了简便起见，我们可以将 c_2 标准化为零。此时授权方的均衡利润为：

$$\widetilde{\Pi}_L^* = \frac{(S_2 + \bar{x})[c_1 - 3(S_1 + \bar{x})]^2}{4(4S_1 - S_2 + 3\bar{x})(2S_1 + S_2 + 3\bar{x})}$$

2. 仅向高技术厂商出售 $x_1 = \bar{x}$

授权商可能认为实力厂商愿意花更高的价格购买授权。当仅向高技术厂商授权许可时，高技术产品的质量变为 $S_1 + \bar{x}$，而低质量的产品质量保持为 S_2。此时高技术厂商面对的需求函数为：

$$\widetilde{D}_1(p_1, p_2) = 1 - \frac{p_1 - p_2}{S_1 - S_2 + \bar{x}}$$

此时低技术厂商面对的需求函数为：

$$\widetilde{D}_2(p_1, p_2) = \left(\frac{p_1 - p_2}{S_1 - S_2 + \bar{x}}\right) - \left(\frac{p_2}{S_2}\right)$$

厂商 1、厂商 2 和授权厂商的利润函数分别为：

$$\widetilde{\Pi}_1 = \left(1 - \frac{p_1 - p_2}{S_1 - S_2 + \bar{x}}\right)(p_1 - c_1 - f), \quad \widetilde{\Pi}_2 = \left(\frac{p_1 - p_2}{S_1 - S_2 + \bar{x}} - \frac{p_2}{S_2}\right)(p_2 - c_2)$$

$$\widetilde{\Pi}_L = f\left(1 - \frac{p_1 - p_2}{S_1 - S_2 + \bar{x}}\right)$$

通过利润函数的一阶条件可以解出 p_1，p_2。代入 p_1，p_2 可以获得 $\widetilde{\Pi}_L$ 的具体形式（f 的函数）。通过对 $\widetilde{\Pi}_L$ 的一阶条件可以得到均衡价格和对授权方最优的授权价格。将 c_2 标准化为零后，它们分别是：

$$p_1^* = \frac{(S_1 + \bar{x})[c_1(2S_1 - S_2 + 2\bar{x}) + 2(3S_1^2 - 4S_1S_2 + 6\bar{x}S_1 + S_2^2 - 4\bar{x}S_2 + 3\bar{x}^2)]}{(2S_1 - S_2 + 2\bar{x})(4S_1 - S_2 + 4\bar{x})}$$

$$p_2^* = \frac{S_2[c_1(2S_1 - S_2 + 2\bar{x}) + 2(3S_1^2 - 4S_1S_2 + 6S_1\bar{x} + S_2^2 - 4\bar{x}S_2 + 3\bar{x}^2)]}{2(S_2 - 4S_1 - 4\bar{x})(S_2 - 2S_1 - 2\bar{x})}$$

授权方的均衡利润为：

$$\widetilde{\Pi}_L^* = \frac{[c_1(S_2 - 2S_1 - 2\bar{x}) + 2(S_1 + \bar{x})(S_1 - S_2 + \bar{x})]^2}{4(S_1 - S_2 + \bar{x})(2S_1 - S_2 + 2\bar{x})(4S_1 - S_2 + 4\bar{x})}$$

关于只出售给高技术厂商还是出售给所有厂商，本文得出了如下结论：

命题 1：当 S_1 足够大或者 $\bar{x}$ 足够大时，授权方 L 只授权给高技术厂商。

证明：见本文附录。

这样的结果并不令我们诧异。有的时候，授权方无法分辨高技术厂商和低技术厂商或者法律禁止以不同的价格出售许可证，以至于以相同的价格授权给两个厂商。低技术厂商的支付意愿较低，授权给两个厂商的利润反而比不上只出售给高技术厂商带来的利润。与经典文献不同的是，此处对单个厂商的授权行为对另一个厂商产生了一定的外部性，使得单个厂商对授权的支付意愿取决于对其他厂商的授权情况。值得一提的是，对厂商 1 的授权减少了厂商 2 的利润，从而增加了厂商 2 对技术授权的支付意愿。由于技术授权的价格必须相等，厂商 1 对厂商 2 产生的外部性将无法被授权方 L 完整地攫取。从现实角度上说，命题 1 说明了当生产高质量产品的厂商技术优势达到一定程度时，低技术厂商有被授权方抛离的可能。为了验证这一结果，本文也尝试授权方仅向低技术厂商出售授权的情况。

3. 仅向低技术厂商出售 $x_2 = \bar{x}$

当仅向低技术厂商授权许可时，高质量产品的质量维持为 S_1，而低质量的产品质量保持为 $S_2 + \bar{x}$。此时高技术厂商面对的需求函数为：

$$\widetilde{D}_1(p_1,\ p_2) = 1 - \frac{p_1 - p_2}{S_1 - S_2 - \bar{x}}$$

此时低技术厂商面对的需求函数为：

$$\widetilde{D}_2(p_1,\ p_2) = \left(\frac{p_1 - p_2}{S_1 - S_2 - \bar{x}}\right) - \left(\frac{p_2}{S_2 + \bar{x}}\right)$$

厂商 1 和厂商 2 的利润函数分别为：

$$\widetilde{\Pi}_1 = \left(1 - \frac{p_1 - p_2}{S_1 - S_2 - \bar{x}}\right)(p_1 - c_1), \quad \widetilde{\Pi}_2 = \left(\frac{p_1 - p_2}{S_1 - S_2 - \bar{x}} - \frac{p_2}{S_2 + \bar{x}}\right)(p_2 - c_2 - f)$$

$$\widetilde{\Pi}_L = f\left(\frac{p_1 - p_2}{S_1 - S_2 - \bar{x}} - \frac{p_2}{S_2 + \bar{x}}\right)$$

在陆续内生化 p_1，p_2 和 f 之后，可以得到均衡价格和对授权方最优的授权价格。将 c_2 标准化为零后，它们分别是：

$$p_1^* = \frac{S_1(S_1 - S_2 + c_1 - \bar{x})[8S_1 - 3(S_2 + \bar{x})]}{2(S_2 - 4S_1 + \bar{x})(S_2 - 2S_1 + \bar{x})}$$

$$p_2^* = \frac{(S_2 + \bar{x})(3S_1 - S_2 - \bar{x})(S_1 - S_2 + c_1 - \bar{x})}{(S_2 - 4S_1 + \bar{x})(S_2 - 2S_1 + \bar{x})}$$

授权方的均衡利润为：

$$\widetilde{\Pi}_L^* = \frac{S_1(S_2 + \bar{x})(S_1 - S_2 + c_1 - \bar{x})^2}{4(S_1 - S_2 - \bar{x})(S_2 - 4S_1 + \bar{x})(S_2 - 2S_1 + \bar{x})}$$

考虑当 S_1、S_2 差异足够大的时候，授权方 L 的选择。当满足 $S_2 < S_1 - \bar{x}$ 时，即使只有低技术厂商获得了授权技术，它的产品质量仍然无法超过高技术厂商。本文发现当 S_1、S_2 满足这样的性质时，下述命题成立。

命题 2： 当存在 $S_2 < S_1 - \bar{x}$ 时，授权方 L 不会将技术只授权给低技术厂商。

证明：见本文附录。

值得注意的是，上述命题只需要 $S_1 > S_2 + \bar{x} > 0$。本命题可以做以下两点解释：高质量商品的初始目标群体是对单位质量支付意愿较高的消费者。这些消费者对专利（附加质量为 $\bar{x}$）的支付意愿高于起先购买低质量商品的，对单位质量支付意愿较低的消费者。第一，Gabszewicz and Thisse（1979）的垂直差异化模型的特点在于，两个产品的质量越接近，厂商面临的需求价格弹性就越大。这点可以从临界点函数 $\left(\hat{\theta} = \dfrac{p_1 - p_2}{S_1 - S_2}\right)$ 中看出来。随着 $S_1 - S_2$ 的缩小，$\hat{\theta}$ 对价格差 $p_1 - p_2$ 的敏感程度持续变大。如果授权使得两个厂商产品质量差距减少，会导致更加激烈的价格竞争，降低了均衡的授权费。第二，从图 2 可以看出，只授权厂商 2 将缩小 T1 和 T2 两个临界点的距离。由于厂商 2 的产品质量并未因为授权而超过厂商 1，T1 和 T2 之间的距离正是厂商 2 面临的市场份额，也正是授权方 L 的收入来源。这也正是假设 $S_2 < S_1 - \bar{x}$ 的关键作用。

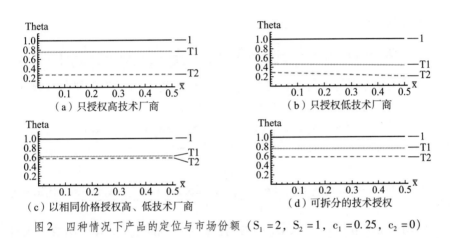

图 2　四种情况下产品的定位与市场份额（$S_1 = 2$，$S_2 = 1$，$c_1 = 0.25$，$c_2 = 0$）

　　命题的现实意义在于，除非单项革新的幅度足够大（满足 $\bar{x} > S_1 - S_2$），低技术厂商几乎永远无法单独获得授权，也无法在产品质量上超越高质量厂商。如果 S_1，S_2 反映了厂商的技术水平，命题 2 恰好说明了技术上的差距是无法通过技术授权来缩小的。更广义地，如果革新由很多小革新组成，而每项小革新由多个企业各自持有，低技术企业也将无法通过多个企业的单独授权完成对高质量产品的技术超越。结论在当技术授权是可拆分的情况下依然成立。

4. 分别向两个厂商出售可拆分授权 x_1、x_2

　　授权厂商可以分别向两个厂商出售可拆分的许可证。令 L_1 和 L_2 分别为向厂商 1 和厂商 2 出售的许可证。假设获得许可证后，厂商 1 和厂商 2 提供的商品质量分别变为 $S_1 + x_1$ 和 $S_2 + x_2$。这时对两种商品无差异的消费者的类型可以表示为：$\hat{\theta} = \dfrac{p_1 - p_2}{S_1 - S_2 + x_1 - x_2}$。高技术厂商面对的需求函数为：

$$\widetilde{D}_1(p_1, p_2) = 1 - \frac{p_1 - p_2}{S_1 - S_2 + x_1 - x_2}$$

此时低技术厂商面对的需求函数为：

$$\widetilde{D}_2(p_1,\ p_2) = \left(\frac{p_1 - p_2}{S_1 - S_2 + x_1 - x_2}\right) - \left(\frac{p_2}{S_2 + x_2}\right)$$

用 f_1、f_2 表示授权方对厂商 1 和厂商 2 的收费。可以求出厂商 1、厂商 2 的利润函数。厂商 1 的利润函数为：

$$\widetilde{\Pi}_1 = \left(1 - \frac{p_1 - p_2}{S_1 - S_2 + x_1 - x_2}\right)(p_1 - c_1 - f_1)$$

厂商 2 的利润函数可以表示为：

$$\widetilde{\Pi}_2 = \left(\frac{p_1 - p_2}{S_1 - S_2 + x_1 - x_2}\right) - \left(\frac{p_2}{S_2 + x_2}\right)(p_2 - c_2 - f_2)$$

授权方的利润函数可以表示为：

$$\widetilde{\Pi}_L = f_1\left(1 - \frac{p_1 - p_2}{S_1 - S_2 + x_1 - x_2}\right) + f_2\left(\frac{p_1 - p_2}{S_1 - S_2 + x_1 - x_2} - \frac{p_2}{S_2 + x_2}\right)$$

为了避免方程过于复杂，先令 $c_2 = 0$。从厂商 1 和厂商 2 利润函数的一阶条件可以获得在给定 f_1，f_2 的前提下的均衡价格：

$$p_1 = \frac{(S_1 + x_1)(2c_1 + 2f_1 + f_2 + 2S_1 - 2S_2 + 2x_1 - 2x_2)}{4S_1 - S_2 + 4x_1 - x_2}$$

和

$$p_2 = \frac{(c_1 + f_1)S_2 + (2f_2 + S_2)x_1 + (c_1 + f_1 + S_1 - 2S_2)x_2 + 2f_2 S_1 + x_1 x_2 - x_2^2 + S_1 S_2 - S_2^2}{4S_1 - S_2 + 4x_1 - x_2}$$

将均衡价格 p_1、p_2 代入 $\widetilde{\Pi}_L$ 中得到授权方的利润是 f_1、f_2 的函数。从 $\widetilde{\Pi}_L$ 的一阶条件 $[\partial\widetilde{\Pi}_L(f_1,\ f_2)/\partial f_1 = 0$ 以及 $\partial\widetilde{\Pi}_L(f_1,\ f_2)/\partial f_2 = 0]$ 可获得：

$$f_1 = \frac{c_1(2S_1 - S_2 + 2x_1 - x_2) - 2(S_1 + x_1)(f_2 + S_1 - S_2 + x_1 - x_2)}{2(S_2 - 2S_1 - 2x_1 + x_2)}$$

和

$$f_2 = \frac{(S_2 + x_2)(S_1 - S_2 + x_1 - x_2 + c_1 + 2f_1)}{2(2S_1 - S_2 + 2x_1 - x_2)}$$

联立上述两个方程可获得对授权方最有利的授权费用：$f_1^* = \frac{1}{2}(S_1 + x_1 - c_1)$ 和 $f_2^* = \frac{1}{2}(S_2 + x_2)$。显然随着生产成本 c_1 的上升，厂商 1 面临的授权费将降低。将 f_1^*，f_2^* 代入 p_1，p_2 和 $\widetilde{\Pi}_L$ 中可获得均衡价格和均衡利润：

$$p_1^* = \frac{(S_1 + x_1)[6S_1 - 3(S_2 - 2x_1 + x_2) + 2c_1]}{8S_1 - 2(S_2 - 4x_1 + x_2)}$$

$$p_2^* = \frac{(S_2 + x_2)(5S_1 - 2S_2 + 5x_1 - 2x_2 + c_1)}{8S_1 - 2(S_2 - 4x_1 + x_2)}$$

令 $\delta = S_1 - S_2 + x_1 - x_2$。均衡利润可以表示为：

$$\widetilde{\Pi}_L(x_1,\ x_2) = \frac{\delta(S_1 + x_1)(2S_1 + S_2 + 2x_1 + x_2) - 4\delta c_1(S_1 + x_1) + c_1^2(\delta + S_1 + x_1)}{4\delta(4S_1 - S_2 + 4x_1 - x_2)}$$

在 $c_2 \neq 0$ 的例子中，相应的最优价格为 $f_1^* = (S_1 + x_1 - c_1)/2$，$f_2^* = (S_2 + x_2 - c_2)/2$。

命题 3：在 $c_2 = 0$ 的例子中，对可拆分技术许可，授权方 L 的最优策略是将相同技术含量的许可证出售给两个厂商（$x_1 = x_2 = \bar{x}$）。许可证费用分别为 $f_1^* = (S_1 + \bar{x} - c_1)/2$，$f_2^* = (S_2 + \bar{x})/2$。高质量厂商支付更高的授权价格。

证明：见本文附录。

相比于前面两节，本节的拓展实际暗含了两个约束的放松。首先，本节允许授权方将技术许可拆分。其次，技术的可拆分性暗示着对单一价格的限制也将放松。这个命题是放松限制的结果，也是外部性内生化的结果。授权可以提高消费者剩余。当两厂商的技术授权价格必须一致时，在某些情况中，授权厂商 L 无法攫取低技术厂商产品质量提升给消费者的正外部性。因此它选择只授权一个厂商。当它可以攫取这部分外部性时，就会授权给两个厂商。值得一提的是，在此过程中，两个厂商的技术差距并没有因为技术授权而缩小。在最后的均衡中，两个厂商获得了等量的技术授权，暗示着只需要放松对单一授权价格的限制即可获得相同的结果。根据假设 $S_1 - c_1 \geqslant S_2 - c_2$，高技术厂商将面临比低技术厂商更高的授权费。

五、市 场 份 额

图 2 显示了四种情况下均衡中消费者的决策和厂商的市场份额。其中具有类型 $\theta > T1$ 的消费者选择厂商 1；具有 $T2 > \theta > T1$ 的消费者选择厂商 2；具有类型 $\theta < T2$ 的消费者不选择任何厂商。1 线与 T1 线的距离表示了厂商 1 的市场份额；灰实线与灰虚线的距离表示厂商 2 的市场份额。1 线与 T2 线之间距离为市场总份额。

图 2 显示当只授权高技术厂商时，高技术厂商定位比较高，而低技术厂商的定位比较低。当只授权低技术厂商时，两个厂商的差距缩小。当只允许授权方以相同的价格授权两厂商时，两厂商的定位比较接近，低技术厂商的市场份额受到挤压。当允许以不同的价格和内容授权两厂商时，两厂商的定位向高端错位发展。随着授权的内容增加，厂商的定位会发生变化。相对于只授权高技术厂商时，厂商在其他情况下的定位逐渐靠近。根据 Gabszewicz and Thisse（1979）垂直差异化模型的性质，相对于只授权高技术厂商，其他情况下厂商之间的竞争更加激烈，侧面印证了命题 1 的结论。上图显示即使被授权，低技术厂商的生存空间也可能十分有限，需要提高技术水平来扩张市场。

六、福 利 分 析

第三方技术授权加深了中小厂商在市场竞争中的劣势。高技术厂商获得的技术授权较多，可以利用原有的优势获得更多的技术授权。中小厂商在不断扩大的技术差距中慢慢被淘汰。用 $\hat{\theta}_1$ 表示购买产品 1 和产品 2 的消费者类型的临界点。用 $\hat{\theta}_2$ 表示购买产品 2 和不购买任何产品的消费者类型的临界点。用 $\tilde{S}_1$，$\tilde{S}_2$ 分别表示技术授权后的产品 1、产品 2 的质量系数。消费者剩余可以表示为：

$$CS = \int_{\hat{\theta}_1}^{1} (\tilde{S}_1 \theta - p_1) d\theta + \int_{\hat{\theta}_2}^{\hat{\theta}_1} (\tilde{S}_2 \theta - p_2) d\theta$$

当消费者不购买任何产品时，她的剩余为零。图 3 描述了三种方案下，内生化产品价格和许可证价格后，固定了 S_1 后在不同的 S_2 下消费者剩余。

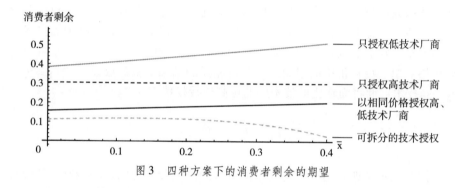

图 3　四种方案下的消费者剩余的期望

图 3 显示，只授权低技术厂商时消费者的剩余最高，同时授权两个厂商时消费者剩余最低。图 3 显示，只授权厂商 2 时两厂商的市场份额之和最大，购买产品的消费者比例最高。而以相同价格授权两厂商时，购买商品的消费者总人数比较少，获得零剩余的消费者比例最多，因此消费者剩余较低。在可拆分技术授权下，不购买商品的消费者比例达到最大，因此消费者剩余最小。根据图 3 显示的结果，授权方 L 的选择往往不是对消费者最有利的选择。

七、结　　论

本文使用 Gabszewicz and Thisse（1979）垂直差异化模型证明了当市场中存在一个授权方和两个厂商（高技术厂商和低技术厂商）时，除非革新能使低技术厂商在技术水平上超越高技术厂商，否则授权方不可能单独为低技术厂商授权。当高技术厂商的技术优势足够明显时，授权方可能单独为高技术厂商授权。本文的结论说明低技术厂商只能通过第三方技术授权超越高技术厂商，而无法通过类似的授权缩小与高技术厂商的差距。如果第三方技术有多个组成部分，则低技术厂商超越高技术厂商的难度更大。结论说明我国的民族企业应该努力提高自身技术水平，而不应该依赖第三方的技术授权来超越外国的竞争对手。

附　录

命题 1 证明：我们比较出售给两个厂商和只出售给高技术厂商。将 c_2 标准化为零后，利润差可定义为：

$$\Delta\Pi = \frac{[c_1(S_2 - 2S_1 - 2\bar{x}) + 2(S_1 + \bar{x})(S_1 - S_2 + \bar{x})]^2}{(4S_1 - 4S_2 + 4\bar{x})(2S_1 - S_2 + 2\bar{x})(4S_1 - S_2 + 4\bar{x})}$$
$$- \frac{(S_2 + \bar{x})[c_1 - 3(S_1 + \bar{x})]^2}{4(4S_1 - S_2 + 3\bar{x})(2S_1 + S_2 + 3\bar{x})}$$

由于 $4S_1 - 4S_2 + 4\bar{x} < 4S_1 - S_2 + 3\bar{x}$，令 $\lambda_1 = 1/(4S_1 - S_2 + 3\bar{x})$，上述不等式可以简化为：

$$\Delta\Pi > \lambda_1 \left(\frac{[c_1(S_2 - 2S_1 - 2\bar{x}) + 2(S_1 + \bar{x})(S_1 - S_2 + \bar{x})]^2}{(2S_1 - S_2 + 2\bar{x})(4S_1 - S_2 + 4\bar{x})} - \frac{(S_2 + \bar{x})[c_1 - 3(S_1 + \bar{x})]^2}{4(2S_1 + S_2 + 3\bar{x})} \right)$$

由于 $4S_1 - S_2 + 4\bar{x} < 4S_1 + 2S_2 + 6\bar{x}$，令 $\lambda_2 = 1/(4S_1 + 2S_2 + 6\bar{x})$，可以进一步简化为：

$$\Delta\Pi > \lambda_1\lambda_2 \left(\frac{[c_1(S_2 - 2S_1 - 2\bar{x}) + 2(S_1 + \bar{x})(S_1 - S_2 + \bar{x})]^2}{(2S_1 - S_2 + 2\bar{x})} - \frac{(S_2 + \bar{x})[c_1 - 3(S_1 + \bar{x})]^2}{2} \right)$$

证明 $\Delta\Pi > 0$ 可以简化为证明下式的值大于零。

$2[2(S_1 + \bar{x})(S_1 - S_2 + \bar{x}) + c_1(S_2 - 2S_1 - 2\bar{x})]^2 - (2S_1 - S_2 + 2\bar{x})(S_2 + \bar{x})$ $[c_1 - 3(S_1 + \bar{x})]^2 > 0$ 可以发现，当 S_1 足够大时，上述不等式成立。证毕。

命题 2 证明：定义 $\Delta\Pi$ 为只出售高技术厂商时利润与只出售给低技术厂商时利润的差。则有：

$$\Delta\Pi = \frac{[c_1 - 3(S_1 + \bar{x})]^2}{4(4S_1 - S_2 + 3\bar{x})(2S_1 + S_2 + 3\bar{x})}$$
$$- \frac{S_1(c_1 + S_1 - S_2 - \bar{x})^2}{(4S_1 - 4S_2 - 4\bar{x})(4S_1 - S_2 - \bar{x})(2S_1 - S_2 - \bar{x})}$$

考虑定义下列方程：

$$\Phi(S_1, S_2, c_1) = [c_1 - 3(S_1 + \bar{x})]^2(4S_1 - 4S_2 - 4\bar{x})(4S_1 - S_2 - \bar{x})$$
$$(2S_1 - S_2 - \bar{x}) - 4S_1(4S_1 - S_2 + 3\bar{x})(2S_1 + S_2 + 3\bar{x})$$
$$(S_1 - S_2 + c_1 - \bar{x})^2$$

为了证明 $\Delta\Pi > 0$，我们只需证明函数 $\Phi(S_1, S_2, c_1) > 0$ 即可。函数 $\Phi(S_1, S_2, c_1)$ 有如下性质：$\partial^{(4)}\Phi(S_1, S_2, c_1)/\partial S_2^{(4)} = 96S_1 > 0$，以及

$$\partial^{(3)}\Phi(S_1, S_2, c_1)/\partial S_2^{(3)} = -24(13S_1^2 + c_1^2 + 16\bar{x}S_1 + 9\bar{x}^2 - 4c_1S_1$$
$$- 4S_1S_2 - 6\bar{x}c_1) < 0$$

可以推断 $\partial^{(2)}\Phi(S_1, S_2, c_1)/\partial S_2^{(2)}$ 随着 S_2 增加而减少。考虑当 $S_2 =$

$S_1 - \bar{x}$ 时，$\partial^{(2)}\Phi(S_1,\ S_2,\ c_1)/\partial S_2^{(2)}$ 的值为：

$$8S_1[5c_1^2 + 27S_1^2 + 54xS_1 + 28x^2 - 4c_1(6S_1 + 5x)] > 0$$

由于 $S_2 \leqslant S_1 - \bar{x}$，可以推断 $\partial^{(2)}\Phi(S_1,\ S_2,\ c_1)/\partial S_2^{(2)}$ 的值在 $S_2 \in (0,\ S_1 - \bar{x}]$ 区间内一直为正。由此可以推断 $\partial\Phi(S_1,\ S_2,\ c_1)/\partial S_2$ 在 $S_2 \in (0,\ S_1 - \bar{x}]$ 区间内一直增长。考虑当 $S_2 = S_1 - \bar{x}$ 时，$\partial\Phi(S_1,\ S_2,\ c_1)/\partial S_2$ 的值为：

$$-4S_1[27S_1(S_1 + \bar{x})^2 + c_1^2(3S_1 + 2\bar{x}) - 2c_1(18S_1^2 + 27\bar{x}S_1 + 8\bar{x}^2)] < 0$$

上述式子的值一般为负值，由此可以推断 $\partial\Phi(S_1,\ S_2,\ c_1)/\partial S_2$ 在 $S_2 \in (0,\ S_1 - \bar{x}]$ 区间内一直为负。我们于是知道 $\Phi(S_1,\ S_2,\ c_1)$ 是 S_2 的减函数。为了证明 $\Phi(S_1,\ S_2,\ c_1) > 0$，我们只需证明当 $S_2 = S_1 - \bar{x}$ 时成立就行。令 $\Gamma(S_1,\ \bar{x},\ c_1) = \Phi(S_1,\ S_1 - \bar{x},\ c_1)$，可以证明以下的结论：

$$\Phi(S_1,\ S_1 - \bar{x},\ c_1) = 8S_1[5c_1^2 + 27S_1^2 + 54\bar{x}S_1 + 28\bar{x}^2 - 4c_1(6S_1 + 5\bar{x})] > 0$$

以上完整地证明了命题 2。

命题 3 证明： 先考虑授权方 L 提高 x_1 的动机。令 $x_2 = \bar{x}$。本文研究当同时有 $x_1 = \bar{x}$ 时，考虑授权方 L 提高 x_1 后对它自身利润的影响：

$$\left.\frac{\partial\widetilde{\Pi}_L(x_1,\ x_2)}{\partial x_1}\right|_{x_1 = x_2 = \bar{x}} = \frac{4c_1(S_1 - S_2)^2(S_2 + \bar{x}) + \lambda(S_1 - S_2)^2 - \eta c_1^2}{4(S_1 - S_2)^2(4S_1 - S_2 + 3\bar{x})^2}$$

$$\lambda = [8S_1^2 - S_2^2 - 4S_1(S_2 - 3\bar{x}) - 6\bar{x}S_2 + 3\bar{x}^2]\eta$$

$$= [8S_1^2 + 3S_2^2 - 8S_1(S_2 - \bar{x}) - 2\bar{x}S_2 + 3\bar{x}^2]$$

分母的值总是大于零。考虑分子的值。令：

$$\Psi(\bar{x}) = 4c_1(S_1 - S_2)^2(S_2 + \bar{x}) + \lambda(S_1 - S_2)^2 - \eta c_1^2$$

$$\frac{\partial\Psi(\bar{x})}{\partial\bar{x}} = -2(c_1 + S_1 - S_2)[c_1(4S_1 - S_2 + 3\bar{x}) - 3(S_1 - S_2)(2S_1 - S_2 + \bar{x})]$$

令 $\Gamma(\bar{x}) = c_1(4S_1 - S_2 + 3\bar{x}) - 3(S_1 - S_2)(2S_1 - S_2 + \bar{x})$。$\frac{\partial\Gamma(\bar{x})}{\partial\bar{x}} = 3c_1 - 3(S_1 - S_2) < 0$。于是本文只需要检查 $\Gamma(0)$ 的符号。有：

$$\Gamma(0) = -3(S_1 - S_2)(2S_1 - S_2) + c_1(4S_1 - S_2) < -3(S_1 - S_2)$$
$$(2S_1 - S_2) + (S_1 - S_2)(4S_1 - S_2) = -2(S_1 - S_2)^2 < 0$$

于是本文可以推断对 $\bar{x} > 0$，都有 $\Gamma(\bar{x}) < 0$，继而有 $\frac{\partial\Psi(\bar{x})}{\partial\bar{x}} > 0$。于是我们只需要检查 $\Psi(0)$ 的符号。将 0 代入函数 $\Psi(\bar{x})$ 中：

$$\Psi(0) = 4c_1(S_1 - S_2)^2 S_2 + (S_1 - S_2)^2(8S_1^2 - 4S_1 S_2 - S_2^2)$$
$$- c_1^2(8S_1^2 - 8S_1 S_2 + 3S_2^2)$$

因为 $\frac{\partial^2\Psi(0)}{\partial c_1^2} = -2(8S_1^2 - 8S_1 S_2 + 3S_2^2) < 0$。$\Psi(0)$ 是 c_1 的凹函数。所以我们只需检验 $c_1 = 0$ 和 $c_1 = S_1 - S_2$ 时 $\Psi(0)$ 的值。当 $c_1 = 0$ 时：

$$\Psi(0) = (S_1 - S_2)^2(8S_1^2 - 4S_1 S_2 - S_2^2) > 0$$

当 $c_1 = S_1 - S_2$ 时:

$$\Psi(0) = 8(S_1 - S_2)^3 S_2 > 0$$

这时本文可以推断出, 对于 $c_1 \in [0, S_1 - S_2]$, 都有 $\Psi(0) > 0$。由 $\Psi(0) > 0$, $\Psi'(\bar{x}) > 0$ 可以轻松推断对 $\bar{x} > 0$, 都有 $\Psi(\bar{x}) > 0$。由于 $4(S_1 - S_2)^2(4S_1 - S_2 + 3\bar{x})^2$, 我们可以继而推出, 对 $\bar{x} > 0$, 都有:

$$\left. \frac{\partial \widetilde{\Pi}_L(x_1, x_2)}{\partial x_1} \right|_{x_1 = x_2 = \bar{x}} > 0$$

再考虑授权方 L 提高 x_2 的动机。令 $x_1 = \bar{x}$。研究当同时有 $x_2 = \bar{x}$ 时, 考虑授权方 L 提高 x_2 后对它自身利润的影响:

$$\left. \frac{\partial \widetilde{\Pi}_L(x_1, x_2)}{\partial x_2} \right|_{x_1 = x_2 = \bar{x}} = \frac{-4c_1(S_2 + \bar{x})(S_1 - S_2)^2 + 6(S_1 - S_2)^2(S_2 + \bar{x})^2 + \eta_1 c_1^2}{4(S_1 - S_2)^2(4S_1 - S_2 + 3\bar{x})^2}$$

$$\eta_1 = (6S_1^2 - 4S_1 S_2 + 8S_1 \bar{x} - 2S_2 \bar{x} + 3\bar{x}^2 + S_2^2)$$

令 $\psi(\bar{x}, S_1, S_2) = -4c_1(S_2 + \bar{x})(S_1 - S_2)^2 + 6(S_1 - S_2)^2(S_2 + \bar{x})^2 + \eta_1 c_1^2$。对 S_2 求导可得:

$$\frac{\partial \psi(\bar{x}, S_1, S_2)}{\partial S_2} = 8c_1(S_1 - S_2)(S_1 + \bar{x}) - 12(S_1 - S_2)(S_1 + \bar{x})^2$$

$$- 2c_1^2(2S_1 - S_2 + \bar{x}) < 0$$

因此本文只需要检查 $S_2 = S_1$ 时 $\psi(\bar{x}, S_1, S_2)$ 的符号即可。如果符号为正即完成证明。

$$\psi(\bar{x}, S_1, S_2 = S_1) = 3c_1^2(S_1 + \bar{x})^2 > 0$$

因此考虑到内生化的授权费用和市场价格以后, 授权厂商 L 会一直提高 x_1, x_2 直到两者都达到最大值为止 ($x_1 = x_2 = \bar{x}$)。以上完整地证明了命题 3。

参 考 文 献

[1] 侯泽敏、綦勇、王春博、向涛:《跨国技术授权选择及社会福利分析》, 载《东北大学学报 (自然科学版)》2017 年第 9 期。

[2] 李长英、姜羽:《Stackelberg 竞争条件下的企业兼并与技术转让》, 载《世界经济文汇》2006 年第 2 期。

[3] 李长英、宋娟:《古诺竞争条件下异质品企业之间的兼并与技术转让》, 载《世界经济》2006 年第 7 期。

[4] 綦勇、侯泽敏:《进口国关税、异质性与外国企业技术授权》, 载《科研管理》2016 年第 5 期。

[5] 綦勇、侯泽敏、陆蕾、向涛:《进口国关税、技术授权与社会福利》, 载《产业经济评论 (山东大学)》2016 年第 1 期。

[6] 石岩、刘思峰:《歧视价格市场的专利授权策略研究》, 载《科技进步与对策》2009 年第 19 期。

[7] 唐晓云:《跨国技术联盟的反竞争性与竞争政策》, 载《世界经济研究》2003 年第

1 期。

［8］唐要家、尹温杰：《标准必要专利歧视性许可的反竞争效应与反垄断政策》，载《中国工业经济》2015 年第 5 期。

［9］田晓丽：《纵向兼并劣于技术许可吗？ Is vertical merger inferior to patent licensing?》，载《管理科学学报》2016 年第 8 期。

［10］谢申祥、王孝松：《异质产品竞争条件下的跨国并购与技术授权》，载《科学学研究》2012 年第 4 期。

［11］谢申祥、张辉、王孝松：《外国企业的技术授权策略与社会福利》，载《世界经济》2013 年第 10 期。

［12］徐璐、叶光亮：《竞争政策与跨国最优技术授权策略》，载《经济研究》2018 年第 7 期。

［13］王君美：《非生产性企业技术授权的对象选择问题》，载《科研管理》2012 年第 10 期。

［14］叶光亮、何亚丽：《环境污染治理中的最优专利授权：固定费用还是特许权收费？》，载《经济学（季刊）》2018 年第 2 期。

［15］Fan, C., Jun B. H., and Wolfstetter E. G., 2018：Per unit vs. ad valorem royalty licensing, *Economics Letters*, Vol. 170, No. 18.

［16］Heywood J., Li J., and Ye G., 2014：Per unit vs. ad valorem royalties under asymmetric information, *International Journal of Industrial Organization*, Vol. 37, No. 1.

［17］Gabszewicz J. J. and Thisse J－F., 1979：Price competition, quality and income disparities, *Journal of Economic Theory*, Vol. 20, No. 3.

［18］Niu S., 2013：The equivalence of profit-sharing licensing and per-unit royalty licensing, *Economic Modelling*, Vol. 32, No. 2.

［19］Sen D., 2005：Fee versus royalty reconsidered, *Games & Economic Behavior*, Vol. 53, No. 1.

［20］Shapiro C. and Katz M., 1985：On the Licensing of Innovations, *The RAND Journal of Economics*, Vol. 16, No. 4.

Can Licensing Reduce Technological Gap between Firms?

Hui Song　*Jun Wang*

Abstract：Following the speed-up of reform and opening-up, capital accumulation and technological progress, China is now cooperating with many developed countries in many areas. Some domestic firms have encountered discriminatory technological licensing from foreign high-tech firms. This paper uses the vertical-differentiation model from Gabszewicz and Thisse (1979) to analyze the discriminatory technological licensing of a third-party high-tech licensor. We first study the case where technology is not separatable and price discrimination is not allowed. Results show that when the gap in product quality is sufficiently large, the third-party licensor chooses to accredit only the high-tech firm. The low-tech firm can almost never be accredited alone. Therefore, the low-tech firm can almost never reduce the distance from the high-tech firm by third-party technological licensing. When the technology is separable and price discrimination is allowed, the high-tech licensor accredits full technology to both firms with a higher charge to the high-tech firm. Simulations show that accrediting the low-tech firm alone leads to highest consumer surplus.

Keywords：Vertical Differentiation　Technology Licensing　Royalties

JEL Classification：D43　L13

第 21 卷第 3 辑　　　　　　　　产业经济评论　　　　　　　Vol. 21　No. 3
2022 年 9 月　　　　　Review of Industrial Economics　　　September 2022

人力资本结构高级化对服务业结构升级的影响

——基于政府和市场的双轮驱动

逯　进　乔昕凯　张晓峒[*]

摘　要： 基于 2008～2018 年中国省域面板数据，引入带有伴随变量的有限混合模型，在对服务业结构升级模式进行客观分类的基础上，讨论了人力资本结构高级化影响服务业结构升级的异质性特征。主要结论为：（1）中国人力资本结构高级化明显推动了服务业结构升级，而这种推动作用主要是通过收入需求效应、劳动效率提升效应以及技术创新效应等机制实现的。（2）人力资本结构高级化对服务业结构升级的异质性影响有两种客观模式，模式一中人力资本结构高级化对服务业结构升级的作用不显著，而模式二中人力资本结构高级化对服务业结构升级产生显著正向促进作用。（3）考虑政府和市场的作用后可以发现，政府规模的扩大和市场化水平的提高均不会显著影响人力资本结构高级化对服务业结构升级的促进作用。（4）考察期内有 8 个省份由模式一转为模式二，而政府和市场的协同作用是模式转换的决定性因素。

关键词： 服务业结构升级　人力资本结构　政府规模　市场化

一、引　　言

2019 年，中国服务业产值占国内生产总值（GDP）比重上升至 53.9%，且连续 5 年超过 50%，意味着中国已经进入以服务业为主导的新发展阶段。然而，中国服务业发展仍存在劳动密集型服务业占比高、高新技术服务业发展不足、现代服务业不发达、服务业结构升级进程缓慢滞后等问题，从而导致服务业生产效率远低于制造业（湛军、王照杰，2017）。如若仅聚焦于服务业占比的提高而忽视服务业结构升级，那么伴随着服务业扩张的同时可能出现所谓的"成本病"，进而拉低全社会的劳动生产率（Baumol，1967），并

---

* 本文受山东省高等学校"青创科技计划"项目"中国人口体系的形成与变动机制及其与经济发展关系的演化"（2019RWE024）；国家社会科学基金项目"人口结构转变对我国经济发展影响的时空演化机制研究"（18BJL117）资助。

逯进：青岛大学经济学院；地址：青岛市崂山区科大支路 62 号，邮编 266071；E-mail：lujin218@163.com。

乔昕凯（通讯作者）：青岛大学经济学院；地址：青岛市崂山区科大支路 62 号，邮编 266071；E-mail：philqiao123@163.com。

张晓峒：南开大学经济学院；地址：天津市南开区卫津路 94 号，邮编 300071；E-mail：zxtsd123@163.com。

可能进一步导致中国长期徘徊于中等收入阶段而无法实现持续超越。从先发国家的经验看,生产性服务业尤其是现代服务业的发展是经济增长的重要引擎。传统服务业占比不断下降、现代服务业腾飞所引致的服务业结构升级是发达经济体跨越中等收入陷阱的重要表现(黄莹、靳涛,2021)。为此,党中央在关于"十四五"规划建议中明确指出,要加快发展现代服务业,推动生产性服务业向专业化和价值链高端延伸,破解后工业化时期服务业结构升级缓慢这一难题。

自大规模工业化过程结束至经济服务化形成之前,日韩等国家提前 15 ~ 20 年积累了高层次人力资本,并借此助推了服务业结构升级;而拉美等国家由于高级人力资本匮乏,并未能实现服务业结构升级,并且产业结构服务化使得人力资本脱离制造业而大规模集聚于生活性服务业,加剧了国家经济震荡(袁富华等,2016)。这意味着提升人力资本结构是推进一国服务业结构升级的重要途径。当前,在以初级人力资本向高级人力资本演进为主要特征的人力资本结构高级化过程中,中国正全力从以"人口红利"向以"人力资本红利"为支撑的新发展模式转变。尽管如此,与发达国家相比,中国人力资本的质量与结构仍存有巨大调整优化空间(刘智勇等,2018)。因此,持续以人力资本结构高级化推动服务业结构升级,是进一步深化改革的必然要求,也是中国经济长期稳定增长的重要基础。

从既有研究看,有关服务业发展及其结构升级的文献较为丰富。首先,从影响服务业发展的主要因素看,现有研究主要从城市化进程(顾乃华,2011)、投资结构(成定平,2015)、外商直接投资(张平,2016)、人口结构(吴飞飞,2018)、人口空间分布(钟粤俊等,2021)等层面解析了影响服务业发展的原因及机制。其次,从生产性服务业的作用看,因其所引致的服务业结构升级能够带动生产效率提升,对经济发展十分重要(Peneder,2003;李平等,2017),故有关于此的研究快速兴起。有学者认为,生产效率的提高(Evangelista et al.,2013)、互联网和交通基础设施的发展(蒋荷新,2017;卢福财、徐远彬,2018)、人工智能(王文,2020)、人口老龄化(宋晓莹,2021)等均会显著促进服务业结构升级。不过,另有学者发现,加工贸易(裴瑱、毕玉江,2012)、全球化发展(袁志刚、饶璨,2014)、外商直接投资(陈洁等,2019)、区域一体化(王磊、李金磊,2021)等因素对服务业结构升级会产生负面效应。

除上述研究之外,另有研究讨论了我国服务业结构升级的区域异质性特征。马风华、李江帆(2016)发现,东部地区服务业结构越来越向知识—技术密集型行业转变,其服务业高级化程度明显高于中西部地区。金春雨、孙滨齐(2014)注意到我国不同区域服务业的结构效应和空间效应存在的巨大差异。唐保庆等(2018)发现知识产权保护实际强度与"最适强度"偏离度对中国服务业增长区域失衡的机制与影响。

尤其值得关注的是，部分研究认为制度环境对服务业结构升级的影响较为显著。社会诚信、体制机制和政策规制的约束（程大中，2008）、政府规模非理性扩张（江波、李江帆，2013）、地方政府经济增长目标约束带来的资源错配（余泳泽、潘妍，2019）、土地财政（张国建等，2021）等因素，均会导致服务业结构升级滞后。近年来，随着中国市场化改革不断向深推进，服务业已基本形成不断趋于完善的市场主体、市场机制和市场体系，从而使得制度性因素对服务业结构升级的约束得到有效缓解（张志明，2014），政府和市场的关系亦逐步趋于协调。

从政府与市场的关系看，二者作为经济社会结构演化的核心保障，一直以来是经济学关注的核心话题，原因很简单：政府与市场的关系，很大程度上决定了资源配置的结构与效率。虽然一直以来经济自由主义推崇无政府干预的市场万能思想，但仅靠市场难以解决经济体系的外部性、市场垄断、经济失衡等问题；同时反过来看，仅靠政府干预引导经济发展又容易带来公共品供给不足与低效、寻租与腐败，行政效率低下等问题。因此，协调政府与市场的关系、有效划分政府与市场的边界、寻求市场与政府作用的均衡点、充分激发政府与市场的双向动能，一直以来都是诸多经济体追求的经济社会发展目标。以市场化改革为核心、有中国特色的社会主义市场经济体系也在不断追求上述目标中摸索前行。党的十九届五中全会明确提出推动"有效市场"和"有为政府"更好结合，这为正确处理好政府和市场关系、完善社会主义市场经济体制进一步指明了方向。因此，在经济运行的实践过程中，全面推动形成具有中国特色的"有为政府"与"有效市场"的双向协同、双轮驱动的制度体系，将为以人力资本结构高级化推动服务业结构升级提供制度保障。

与已有文献相比，本文的创新之处在于：第一，该研究不仅有助于更好地解析中国服务业低效之谜，还可为我国以推进人力资本结构高级化而突破服务业发展瓶颈提供新的经验证据和政策启示。第二，基于中国深化改革的现实背景，从政府和市场双重视角审视人力资本结构高级化对服务业结构升级的影响，可以更好地观察和理解中国制度演进和机制创新的价值。第三，从经济学研究对象的分类方式看，既有研究大多具有主观分类的特征，往往假定所有分类的影响模式是固定的，故难以识别个体间影响模式的客观差异。为此，本文尝试引入一种客观分类方法对此做出拓展，并尝试从政府和市场双重视角对客观分类下人力资本结构高级化对服务业结构升级的差异化影响做出解析。

二、理论探讨与研究假设

（一）人力资本结构高级化对服务业结构升级的影响机理

1. 要素结构变化效应

理论上，劳动密集型服务业向资本密集型、再向知识和技术密集型服务业逐步演进的服务业结构优化过程，大多会伴随着人力资本结构的演进。以高级人力资本逐渐替代低级人力资本为特征的人力资本禀赋结构变化满足了现代服务业的人力资本需求，改变了服务业的要素供给结构，进而实现服务业结构升级（刘智勇等，2018）。具体来说，上述影响主要源于两个方面：一是高层次人力资本具有边际报酬递增之特征（阳立高，2018），其可以不断替代其他低端生产要素，高质量地推动服务业结构升级。二是高级人力资本会根据报酬结构在不同行业之间进行流动（Murphy et al.，1991），其会倾向于向薪资待遇更高、发展前景更广阔的现代服务业集聚，进而表现为高劳动生产效率的现代服务业不断发展和服务业结构升级。

2. 收入需求效应

随着人力资本结构不断升级，劳动者的预期收入水平会不断提高且认知模式和消费观念也会发生改变（何兴强、史卫，2014；肖作平等，2011），这既会推动全社会服务业消费规模的扩大，也会增加大众对知识和技术含量更高的产品及服务的需求。而生产者则会通过提供专业化服务，并采取新的组织结构以适应这种高品质需求的改变，从而诱使知识和技术密集的现代服务业比重不断上升（刘志彪，2006）。进一步，这种服务需求的变动还会通过市场信号传递给高素质劳动者，进而吸引更多的高素质劳动者向市场需求水平更高的现代服务行业集中，最终形成了人力资本结构高级化和服务业结构升级的良性循环。可见，人力资本结构高级化带来的消费者需求的改变是生产性服务业尤其是现代服务业规模日益扩大进而促进服务业结构升级的最基本原因。

3. 劳动效率提升效应

首先，相较于初级人力资本，高级人力资本不仅具有更强的资源配置能力和新知识的消化吸收能力（Acemoglu，2003），还更容易在生产和服务的过程中积累生产经验和知识，通过发挥"干中学"效应而提高单位劳动生产效率（Arrow，1962）。其次，高级人力资本易产生强正外部性（Lucas，1988），其可以将知识和技能溢出给低级人力资本，有利于加快知识、技术等生产要素的流动与扩散，从而有效提高地区总体劳动生产效率。此外，高级人力资本具备向下兼容性（陈晓光，2005），其不仅能够从事技能知识密集型的现代服务业，也能从事劳动资源密集型的传统服务业。人力资本结构高级化进程通过缓解产品生产过程对劳动力数量的依赖进而实现了服务业边际生产率和劳动效率的提升。因此，人力资本结构高级化为服务业劳动生产效率的提升奠定了坚实基础。进一步，随着服务业劳动效率的不断提高，越来越多的高级人力资本将被配置到服务业。而现代服务业具有更高的劳动效率和资源配置效率，将吸引更多的高级人力资本流入，使得现代服务业规模持续扩大，继而推动了服务业结构升级。

4. 技术创新效应

首先，按照适宜技术理论，先进技术和尖端技术的运用必须与高质量人力资本匹配才能有效发挥作用（Acemoglu，2002）。也就是说，伴随着初级技术、原始技术逐渐向先进技术、尖端技术不断演进，需要人力资本结构不断与之相匹配。高质量人力资本在人力资本总量中的比重不断增加，为各类先进技术的吸收、模仿和二次创新提供了支撑，并弥补了知识和技能水平较低的劳动者难以适应知识密集型、技术密集型的现代服务业发展的缺陷。其次，服务业内部由于技术基础、知识吸收能力以及技术升级潜力存在差异，人力资本结构高级化带来的技术创新必然引起服务业内部结构发生变动。与传统服务业相比，以知识和技术密集为主要特征、依托现代信息技术发展起来的现代服务业有更广阔的技术升级空间，更容易受到创新的影响，其主要靠技术创新来驱动（夏杰长、戴建军，2009），因此人力资本结构高级化带来的技术创新必然为现代服务业的发展提供条件。

综上所述，本文提出如下假设：

假设 1：人力资本结构高级化这一要素禀赋结构变化对服务业结构升级产生促进作用，且服务业结构升级滞后的重要原因归结于人力资本结构高级化程度偏低。

假设 2：收入需求效应、劳动效率提升效应、技术创新效应等是人力资本结构高级化推动服务业结构升级的重要作用机制。

（二）政府规模和市场化水平的作用

1. 政府规模

从一般经验看，政府规模不合理扩张会渗透到经济运行的各个方面，并对高级人力资本积累产生挤出效应，从而对现代服务业产生侵蚀效应，抑制服务业结构升级。究其原因，从我国以 GDP 考核为主的"晋升锦标赛"模式看，政府规模的扩张会促使政府有意识地增强对各类资源的控制力，并越可能将资源配置于高收益的劳动资源密集型产业或相应的生产环节，这种短期经济行为将诱发劳动—资源密集型产业过度膨胀，降低现代服务业人力资本投资回报率和人力资本回报预期（江波等，2013），进而直接挤出以知识密集和技能密集为特征的现代服务业的高质量人力资本，造成无效率的人力资本配置扭曲，使得劳动资源长期锁定在劳动—资源密集型产业，影响到生产服务"技能优势效应"和"技能深化效应"的发挥（Francisco and Kaboski，2012）。进一步，其还会间接挤占高级人力资本积累空间，让劳动者失去获得新技术和新知识的动力和机会，最终侵蚀现代服务业赖以发展的高级人力资本发展根基（Gylfason，2001）。反过来，劳动资源密集型产业固有的高"政治租"属性为政府规模非理性膨胀和寻租提供了动机和条件（Persson and Tabellini，2002），进而阻碍现代服务业的发展，形成政府非理性膨胀与服务业结构滞后的恶性循环。值得一提的是，劳动资源密集型服务业所带来的额外的预算收入还会让政府部门产生"过度自信"，盲目减少公共教育投入，忽视制定和推进人力资本积累政策，梗阻了人力资本高级化发展渠道，使得人力资本积累加速折旧和退化（Gylfason，2001），从而不利于服务业结构升级。

2. 市场化水平

首先，市场化水平不断提高有利于培育发达的劳动市场，其不仅具有高效率的信号传递功能，还有引导资源有效配置的激励功能（刘志彪等，2021）。具体来看，一方面，发达的劳动市场可以为高级人力资本提供相对合理的劳动报酬，提高全社会人力资本投资回报预期，进而激励普通劳动者不断学习知识技能，提高个体人力资本水平，不断促进整体人力资本结构向上攀升，最终为服务业结构升级提供强力支撑；另一方面，发达的劳动市场还会加速高级人力资本在行业、企业之间自由流动，引导高级人力资本转移到资源配置效率更高的现代服务业（戴魁早等，2020），进而满足了现代服务业发展的高级人力资本投入需求。其次，市场化水平较高，意味着服务业市场竞争亦较激烈。竞争会倒逼服务业企业增加人力资本投资以保持和获得竞争优势。在这一机制的促动下，现代服务业的市场需求将持续上升，促使服务业从根本上脱离原来的平衡状态，不断向更高层次发展。此外，市场化水平提高可以有效缓解地区间市场分割程度，强化地区之间的联动性，降低高级人力资本的流动成本和流动限制，提高高级人力资本配置效率，这会促进服务业内部专业知识技术的积累（高觉民、李晓慧，2011），最终激发服务业结构升级。

3. 政府和市场的协同共进

首先，在政府主导下，人力资本结构高级化推动服务业结构升级可能伴随着高级人力资本配置扭曲、积累弱化等问题，但这些问题可以通过深化经济体制改革、依靠市场机制和价格体系来修正，从而有效激发政府和市场的优势互补、协同共进，为人力资本结构高级化促进服务业结构升级增添"两翼"与"双轮"。有关于此的基本逻辑在于，随着中国市场化改革不断深入，市场强化了对政府行为中非理性因素的硬性约束，促使政府形成更具合理化的"有为边界"，这会引导高级人力资本等生产要素更多地按照市场的效率原则而不是行政逻辑进行配置，使得政府低效干预的负面影响被限制在有限的范围内，进而提升了政府调控的质量和效率（李瑶等，2022）。按此逻辑，政府通过公共支出结构的调整优化不断使更多资源作用于完善公共服务体系，提升教育服务、医疗保健、文化体育等非生产部门对培育人力资本质量的有效劳动供给，促进公共服务业均等化并改善收入分配制度以从根本上强化人力资本积累，由此带动了人力资本结构升级，并扩大了高层次人力资本的收入创造与分配能力（袁富华等，2016）。同时，在日益开放的大背景下政府不断完善吸引国外高级人力资本流入的激励机制，推动人力资本结构高级化进程，进而释放高级人力资本的巨大动能，加速服务业结构升级与调整。自此，在市场和政府协同共进下，高层次人力资本的效能得到充分释放，为服务业结构升级提供支撑。

基于以上分析，本文提出如下假设：

假设 3：政府规模的扩大会弱化人力资本结构高级化对服务业结构升级的促进作用。

假设 4：市场化水平的提高会强化人力资本结构高级化对服务业结构升级的促进作用。

假设 5：政府和市场的有效协同，成为人力资本结构高级化推动服务业结构升级的持续动力。

三、经验模型设定、变量与数据说明

（一）传统模型

本文借鉴相关研究（余泳泽、潘妍，2019），构建如下实证模型：

$$Upser_{it} = \alpha_0 + \alpha_1 Hcap_{it} + \alpha_2 X_{it} + \varepsilon_{it} \tag{1}$$

式（1）中，$Upser_{it}$表示服务业结构升级，$Hcap_{it}$表示人力资本结构高级化，i 代表省份，t 代表时间，X 为控制变量，其中包括服务业就业人数、工业企业规模、城市化率、老龄化率、固定资产投资和外商直接投资（戴魁早等，2020；吴晓莹等，2021），α_0为常数项，ε_{it}为随机扰动项，α_1、α_2分别为各类变量的系数。

（二）中介效应模型

为探究人力资本结构高级化对服务业结构升级的影响机制，进一步验证二者之间因果关系的具体特征，本文引入中介效应进行相关分析。人力资本高级化可能通过收入需求效应、劳动效率提升效应以及技术创新效应影响服务业结构升级。为了识别这一系列作用机制是否存在，借鉴中介效应检验方法（Hayes，2009），在验证了假设 1 的基础上，构建如下递归模型对假设 2 进行验证：

$$\text{Upser}_{it} = \alpha_0 + \alpha_1 \text{Hcap}_{it} + \alpha_2 X_{it} + \varepsilon_{it} \tag{2}$$

$$M_{it} = \beta_0 + \beta_1 \text{Hcap}_{it} + \beta_3 X_{it} + \varepsilon_{it} \tag{3}$$

$$\text{Upser}_{it} = \lambda_0 + \lambda_1 \text{Hcap}_{it} + \lambda_2 M_{it} + \lambda_3 X_{it} + \varepsilon_{it} \tag{4}$$

其中，M_{it} 为中介变量，X_{it} 为控制变量，其他变量与基准回归一致。按照中介效应的检验步骤：首先，对式（2）进行回归，根据前述基准回归结果，α_1 显著为正。其次，对式（3）和式（4）进行回归。如若人力资本结构高级化影响服务业结构升级的过程中存在收入需求效应、劳动效率提升效应和技术创新效应等中介机制，则 $\beta_1 \lambda_1$ 应为正。如若 β_1 和 λ_1 的值至少有一个不显著，则需要通过 Sobel 检验以确定中介效应的显著性。

（三）有限混合模型

本文引入以联合正态分布决定的有限混合模型。与传统回归模型相比，引入这一模型主要是基于如下考虑：第一，这一模型可以很好地从客观上就人力资本结构高级化对服务业结构升级所产生的影响进行辨别，并据此对影响的异质性进行客观分类。第二，这一模型可以引入政府、市场及二者的交互项，从而对不同分类下人力资本高级化对服务业结构升级的影响做出客观解释。

以两组别有限混合模型为例，其基本形式为：

$$\text{Group1：} \text{Upser}_{it} = \mu_0 + x_{it}\mu_1 + M_{it} + \eta_1 \quad \eta_1 \sim N(0, \sigma_1^2) \tag{5}$$

$$\text{Group2：} \text{Upser}_{it} = \rho_0 + x_{it}\rho_1 + M_{it} + \eta_2 \quad \eta_2 \sim N(0, \sigma_2^2) \tag{6}$$

其中，Upser_{it} 代表被解释变量，x_{it} 代表解释变量矩阵，μ_1 与 ρ_1 为待估系数矩阵，M_{it} 为控制变量，η_1 和分别代表标准差为 σ_1 和 σ_2 的独立同分布的零均值正态分布。为了刻画解释变量 x_{it} 在不同组别中所承担的差异化作用，μ_1 和 ρ_1 在两种模式中应是显著不相等的，否则，式（5）、式（6）将变化为式（1）。

在式（2）、式（3）中，被解释变量 Upser_{it} 与解释变量 x_{it} 之间的拟合优度决定不同省级经济体隶属于某种模式的概率。除此之外，为考察不同模式背后的决定因素，可以引入伴随变量 z_{it}，用于解释人力资本结构高级化对服务业结构升级的影响在不同模式间存在差异的原因。因此，本文建立带有伴随变量的有限混合模型。即：

$$f(\text{Upser}_{it} \mid x_{it}, z_{it}) = \sum_{h=1}^{H} G_h(z_{it}, \kappa_h) f_h(\text{Upser}_{it} \mid x_{it}; \omega_h, \gamma_h) \tag{7}$$

式（4）中，H 代表模式数量；Upser_{it} 为被解释变量；x_{it} 为解释变量组成的解释变量矩阵；ω_h 表示解释变量矩阵 x_{it} 在模式 h 的待估计系数矩阵；γ_h 表示模式 h 的残差项标准差；z_{it} 为伴随变量矩阵；κ_h 表示其在模式 h 时的系数；G_h 表示省级经济体隶属于模式 h 的概率。不同省级经济体隶属于模式 a 的概率可以用多元 logit 模型来刻画：

$$G_a(z_{it}, \kappa_h) = \frac{\exp(\kappa_a + z_{it}\kappa_a)}{\sum\limits_{h=1}^{H} \exp(\kappa_h + z_{it}\kappa_h)} \tag{8}$$

随后，可采用极大似然法对有限混合模型中各系数进行估计，极大似然函数可表示为：

$$\log L = \sum_{m=1}^{M} \log\left[\sum_{h=1}^{H} G_h(z_{it}, \kappa_h)\prod_{t=1}^{T=1} f_h(Upser_{it} \mid x_{it}; \omega_h, \gamma_h)\right] \tag{9}$$

运用 EM 算法对式（6）进行估计，可获得有限混合模型各部分的参数值。基于获得的参数值，通过使用经验贝叶斯准则，省份 i 属于特定模式 a 的后验概率为：

$$\hat{G}_a = \frac{G_a(z_{it}, \hat{\kappa}_a) f_a(Upser_{it} \mid x_{it}; \hat{\omega}_a, \hat{\gamma}_a)}{\sum\limits_{h=1}^{H} G_h(z_{it}, \hat{\kappa}_h) f_h(Upser_{it} \mid x_{it}; \hat{\omega}_h, \hat{\gamma}_h)} \tag{10}$$

根据式（7）对所有样本个体进行模式分组，此时，所有经济体被纳入模式 k 的整体概率和整体分类误差分别为：

$$P_K = \frac{\sum\limits_{m=1}^{M} \hat{G}(a \mid z_{it}, Upser_{it})}{M} \tag{11}$$

然而，上述内生分类方法仍然可能存在误判偏差，整体分类的误判偏差为：

$$R = 1 - \frac{\sum\limits_{m=1}^{M} \max\hat{G}(a \mid z_{it}, Upser_{it})}{M} \tag{12}$$

需要说明的是，在对有限混合模型进行估计前，首先需要确定最优模式 F，但模式 F 是无法事先预料的。因此，本文借鉴 Liu et al.（2017）的做法，选取赤池信息准则 AIC 和 AIC3、贝叶斯信息准则 BIC、修正的赤池信息准则 CAIC 对最优模式数目进行确定[①]。

（四）变量与数据说明

1. 被解释变量

服务业结构升级（Upser）。生产要素从以劳动资源密集为特征的传统服务业向以知识—技术密集为特征的现代服务业流动，将引起现代服务业规模持续扩大，实现服务业结构升级（江小涓、李辉，2004）。故本文考虑从现代服务业发展水平这一维度对服务业结构升级进行测度（余泳泽、潘妍，

---

① 具体地，AIC = -2LL + 2J；BIC = -2LL + Jlnn；AIC3 = -2LL + 3J；CAIC = -2LL + Jln(n + 1)。其中，LL 为对数极大似然值；J 和 n 分别代表待估计参数的个数和观测值数目。

2019）。在指标选择上，本文将选择现代服务业①就业人数占总体服务业就业人数的比重进行刻画（宋晓莹等，2021）。

2. 解释变量

人力资本结构高级化（Hcap）。借鉴刘智勇等（2018）的相关做法，本文利用向量夹角方法测度中国省级层面人力资本结构高级化。限于篇幅，具体做法不再赘述。从"教育"这一人力资本积累的重要途径看，随着初级（低教育程度）人力资本比重逐渐下降，高级（高教育程度）人力资本比重逐渐上升，人力资本结构将持续攀升。

3. 中介变量

服务业生产效率（Eff）。以服务业实际增加值占就业人数之比的自然对数表示（毛艳华、李敬子，2015）。技术创新（Tec），以发明专利申请量来表示（Cloodt，2006）。收入需求（Pergdp），以人均 GDP 来表示（武晓霞，2014）。

4. 控制变量

考虑到影响服务业结构升级的因素众多，除了上述因素外，本文引入如下控制变量：城镇化率的对数值（Lnurb），以各省份城镇人数占总人数比重的对数值来表示。外商直接投资（FDI），以外商直接投资占 GDP 比重来表示。老龄化率（Aging），以 65 岁以上人口占总人口的比重来表示。固定资产投资（Inv），以固定资产投资占 GDP 比重来衡量。服务业就业人数（Serpop），以服务业就业人数来衡量。工业企业规模（Ind）：以工业增加值占 GDP 比重来衡量。

5. 伴随变量

在引入伴随变量之前，首先需要明确伴随变量与控制变量的区别。控制变量在很大程度上准确限定了自变量对因变量影响的范围，其有效支撑了模型因果关系的准确性；而伴随变量的作用不但重点参与了对样本的客观分组，而且更重要的是，其有效解释了各组别之间因果关系差异的深层逻辑。

本文以政府规模（Fis）作为政府的代理标量，其以地方政府财政收入占 GDP 比重来表示。市场化指数（Mar）来源于《中国分省份市场化指数报告（2018）》（王小鲁等，2019）。需要说明的是，该指数截至 2016 年，故 2017 年、2018 年数据借鉴相关研究（俞红海等，2010）求得。

6. 数据来源与描述性统计

本文使用的数据均来源于 2008～2018 年《中国统计年鉴》《中国人口和就业统计年鉴》《中国科技统计年鉴》《中国教育统计年鉴》以及各省份统计年鉴。表 1 报告了各变量定义及描述性统计结果。

---

① 根据国家统计局划分标准（2019）以及魏嘉辉、顾乃华（2020）的研究，现代服务业包括"金融业，科学研究和技术服务业，信息传输、软件和技术服务业，租赁和商业服务业"。

表 1　　　　　　　　　　　　　　描述性统计

变量类型	变量	观察个数	均值	标准差	最小值	最大值
被解释变量	服务业结构升级（Upser）	330	0.329	0.079	0.217	0.618
解释变量	人力资本结构高级化（Hcap）	330	17.513	0.539	16.289	19.936
伴随变量	市场化（Mar）	330	6.275	1.809	2.810	9.860
	政府规模（Fis）	330	0.113	0.032	0.057	0.245
	政府和市场的交叉项（MF）	330	0.726	0.371	0.228	2.321
中介变量	服务业生产效率（Eff）	330	11.228	0.731	7.778	12.431
	技术创新（Tec）	330	10.241	1.526	6.066	13.585
	收入需求（Pergdp）	330	10.555	0.517	9.180	11.939
控制变量	工业企业规模（Ind）	330	0.360	0.083	0.117	0.573
	固定资产投资（Inv）	330	0.746	0.238	0.222	1.480
	城镇化率的对数值（Lnurb）	330	3.986	0.227	3.371	4.500
	外商直接投资（FDI）	330	0.022	0.017	0.001	0.082
	服务业就业人数（Serpop）	330	6.639	0.752	4.515	7.864
	老龄化（Aging）	330	0.098	0.019	0.066	0.141

四、实 证 分 析

（一）基准回归

基准回归结果如表 2 所示，（1）至（6）列分别为逐步加入服务业就业人数、工业企业规模、城市化率、老龄化率、固定资产投资和外商直接投资等影响服务业结构升级的重要变量后的回归结果。可以发现，在引入上述影响服务业结构升级的控制变量后，人力资本高级化的系数始终为正，且在1% 的置信水平上显著。这既证明了人力资本高级化对服务业结构升级具有重要的促进作用，同时又表明估计结果是稳健的。即验证假设 1。

表 2　　　　　　　　　　　　　　基准回归结果

变量	模型（1）	模型（2）	模型（3）	模型（4）	模型（5）	模型（6）
Hcap	0.022 *** （3.080）	0.022 *** （3.220）	0.021 *** （3.090）	0.021 *** （3.120）	0.021 *** （3.100）	0.024 *** （3.490）
Serpop	0.010 *** （12.020）	0.065 *** （6.480）	0.056 *** （5.240）	0.056 *** （5.230）	0.054 *** （5.090）	0.045 *** （4.050）

续表

变量	模型（1）	模型（2）	模型（3）	模型（4）	模型（5）	模型（6）
Ind		−0.176 *** （−5.540）	−0.151 *** （−4.520）	−0.137 *** （−3.73）	−0.130 *** （−3.53）	−0.140 *** （2.500）
Lnurb			0.034 ** （2.270）	0.031 ** （2.040）	0.030 （1.930）	0.007 （−3.820）
Aging				0.098 （0.900）	0.125 （1.140）	0.176 （1.600）
FDI					−0.264 ** （−2.060）	−0.238 * （−1.86）
Inv						0.021 ** （2.500）
_cons1	−0.719 *** （−6.860）	−0.427 *** （−3.790）	−0.497 *** （−4.280）	−0.503 （−4.320）	−0.480 *** （−4.120）	−0.396 *** （−3.300）
R²	0.501	0.547	0.555	0.556	0.562	0.572
F	149.230 ***	119.660 ***	92.300 ***	73.950 ***	63.000 ***	55.850 ***
N	330	330	330	330	330	330

注：*、**、*** 分别表示在 10%、5% 和 1% 的显著性水平上显著，（1）列括号内数值为 t 值，（2）列至（4）列括号内为 z 值。

（二）稳健性检验

1. 替换被解释变量

由于现代服务业的核心内容为生产性服务业（段文斌等，2016），所以我们将现代服务业替换为生产性服务业来衡量服务业结构升级，并以现代服务业就业人数占总体服务业就业人数的比重作为衡量指标来表示（宋晓莹等，2021）。替换变量后的回归结果与基准回归结果基本一致，表明基准回归的设定及结果是稳健的。

2. 内生性检验

考虑到服务业结构升级和人力资本高级化之间可能存在双向因果关系，本文首先将人力资本高级化的一阶和二阶滞后项作为工具变量引入模型，其次对工具变量进行过度识别检验。表 3（4）列结果显示，人力资本结构的回归系数符号及显著性均未发生变化，且 Sargan 检验 P 值大于 0.1，表明不存在工具变量过度识别问题，由此证明基准回归结果是稳健的。另外，为证明所选取的工具变量中无弱工具变量，本文对弱工具变量不敏感性进行了检验。表 3（3）列结果显示，LIML 结果和 2SLS 结果基本一致，表明不存在弱工具变量问题，进而证明了工具变量的有效性。

表 3   稳健性检验结果

变量	估计方法			
	替换被解释变量	2SLS	LIML	GMM
	（1）	（2）	（3）	（4）
Hcap	0.017 *** (3.00)	0.029 *** (2.490)	0.029 *** (2.490)	0.029 *** (2.530)
_cons	− 0.152 *** （− 1.500）	− 0.526 *** （− 2.940）	− 0.526 *** （− 2.940）	− 0.527 *** （− 2.860）
控制变量	YES	YES	YES	YES
Sargan – P value	—	0.733	0.733	—
Hansen – P value	—	—	—	0.740
R^2	0.459	0.468	0.468	0.468
N	330	270	270	270

注：*** 表示在 1% 的显著性水平上显著，括号内数值为 t 值。

由于 2SLS 和 LIML 均遵守个体扰动项满足同方差假定，因此，本文进一步采用存在异方差时更有效率的广义矩估计（GMM）进行检验。表 3（4）列结果显示，即使存在异方差，人力资本和技术进步的回归系数符号及显著性仍均未发生变化，且 Hansen 检验 P 值大于 0.1 表明所选取的工具变量为有效的工具变量，由此进一步证明基准回归结果是可靠的。

（三）中介效应

1. 收入需求效应分析

表 4 报告了人力资本结构高级化对服务业结构升级影响的中介效应回归结果。模型（1）中人力资本高级化的系数在 1% 的水平上显著为正（值为 0.452），说明人力资本结构高级化显著促进了收入需求水平的提高。从模型（2）可以看出，收入需求对服务业结构的估计系数在 5% 的水平上显著为正（值为 0.021），说明收入需求是促进服务业结构优化升级的关键因素。另外，人力资本结构高级化的系数（0.015）在 5% 的水平上显著为正，且小于基准回归系数（0.024），这表明收入需求在人力资本高级化促进服务业结构升级过程中起到了部分中介的作用，这进一步验证了假设 2。上述结论表明，人力资本结构高级化通过收入需求效应这一中介机制促进服务业结构升级。

表4 人力资本结构高级化的作用机制检验

变量	模型（1）	模型（2）	模型（3）	模型（4）	模型（5）	模型（6）
	收入需求效应 Nee		效率提升效应 Eff		技术创新效应 Pat	
Nee		0.021 ** (2.220)				
Eff				0.016 * (1.810)		
Pat						0.006 * (1.810)
Hcap	0.452 *** (10.480)	0.015 *** (1.880)	0.540 *** (12.160)	0.016 * (1.816)	0.824 *** (7.100)	0.019 *** (2.600)
_cons1	−4.040 *** (−5.710)	−0.298 ** (−2.510)	1.703 ** (2.34)	−0.409 *** (−3.59)	−16.559 *** (−8.700)	−0.278 *** (−2.190)
控制变量	YES	YES	YES	YES	YES	YES
R^2	0.912	0.579	0.894	0.576	0.853	0.576
F	438.970	50.100	354.220	49.610	243.300	49.620
N	330	330	330	330	330	330

注：*、**、*** 分别表示在10%、5%和1%的显著性水平上显著，括号内数值为 t 值。

2. 效率提升效应分析

表4模型（3）中人力资本高级化的系数估计值在1%的水平上显著为正（值为0.540），表明人力资本高级化有利于提高服务业劳动效率。从模型（4）中同时加入人力资本高级化与服务业劳动效率后得到了回归系数（0.016），与基准回归得到的系数估计值（0.024）相比，有所下降，这验证了劳动效率提升是人力资本结构升级的关键因素，即验证了假设2。上述结论表明，在高素质劳动者丰富的地方，劳动效率一般比较高，现代服务业比重也相应较高。

3. 技术创新效应分析

从表4模型（5）中可以看出，人力资本高级化的回归系数在1%的水平上显著为正（值为0.824），表明人力资本结构高级化促进了技术创新。模型（6）中同时加入人力资本结构高级化与技术创新后得到了回归系数（0.019），与基准回归的系数估计值（0.024）相比，有所下降，这印证了技术创新确实是人力资本高级化促进服务业结构升级的一个重要渠道，即验证了假设2。上述结论表明，人力资本结构不断向上攀升通过促进技术创新水平的提高这一途径和机制来推动服务业结构升级。

（四）区域异质性讨论

在考察人力资本结构高级化对服务业结构升级的异质性影响时，传统的分类方法是按地理位置将全样本分为东部、中部和西部三大区域或按收入水平将全样本分为高收入组、中收入组和低收入组，之后进行回归分析。然而，按照地理位置或收入水平进行子样本划分均属于先验信息，划分过程中存在主观判断因素，回归结果很可能存在人为的主观偏差。为此，引入有限混合模型解决这一问题。

1. 最优模式判别

有限混合模型可以有效避免模式划分的主观性，并按照客观标准将人力资本结构高级化对服务业结构升级的影响内生聚类为几种模式并判断出可能存在的模式转换，从而对不同地区的异质性进行讨论。本文利用 AIC、AIC3、BIC 及 CAIC 这 4 种判别准则来判断最优模式数目，如表 5 所示。根据最小信息准则，寻找 AIC、AIC3、BIC 及 CAIC 数值最小的。显然，4 种检验方法均表明服务业结构升级的异质性模式主要分为 2 种。引入伴随变量后信息准则的判定数值明显变小，这说明模型的整体拟合程度有所提高，解释变量的回归系数更精确。需要说明的是，本文将引入伴随变量的模式记为模式 A 和模式 B。

表 5　　　　　　　　　　　隶属模式的最优数目判别

类别数	观测值	似然值对数	自由度	AIC	BIC	AIC3	CAIC	检验结果
类型一：无伴随变量								
1	330	424.4	3	−842.9	−831.6	−839.9	−837.5	不符合
2	330	562.6	19	−1087.2	−1015.0	−1068.2	−1014.2	符合
3	330	483.9	11	−943.9	−902.1	−934.9	−904.1	不符合
4	330	491.1	15	−952.1	−895.2	−937.1	−895.1	不符合
类型二：有伴随变量								
1	330	424.5	3	−843.0	−831.6	−840.0	−843.2	不符合
2	330	597.1	22	−1150.2	−1066.6	−1128.5	−1188.4	符合
3	330	527.6	17	−1021.3	−956.7	−1004.2	−1049.5	不符合
4	330	572.9	24	−1097.8	−1006.6	−1073.8	−1140.0	不符合

2. 回归结果分析

采用最大期望算法（EM）对有限混合模型的似然函数进行估计，表 5 展示了两种情况下 2 类别有限混合模型的极大似然估计结果。

　　为了考察伴随变量的作用，将政府规模、市场化水平及二者交互项纳入有限混合模型中，回归结果见表6左侧。可以发现，加入伴随变量后，相较于基准模式A，模式B中人力资本结构升级对服务业结构升级的促进作用明显增强。同时，模式A和模式B的隶属概率分别为40.74%和59.26%，这说明考虑三类伴随变量的影响后，人力资本结构高级化对服务业结构升级的影响特征更多地契合模式B。此外，政府规模和市场化水平的系数均不显著，而二者的交互项则显著为正。这意味着政府规模的扩张和市场化水平的提高不能解释样本隶属于模式B的概率，且不能显著增强人力资本结构高级化对服务业结构升级的促进作用，即否定了假设3和假设4；政府和市场的协同作用则会增加样本隶属于模式B的概率，且会强化人力资本结构高级化对服务业结构升级的促进作用，即验证了假设5。

表6　　　　　　　　　　　　　　　　有限混合模型回归结果

变量	伴随变量 政府规模、市场化水平及二者交互项		伴随变量（滞后1期）： 政府规模、市场化水平及二者交互项	
	模式 A	模式 B	模式 C	模式 D
Hcap	−0.010 (−1.170)	0.053 *** (4.290)	−0.017 (−1.630)	0.068 *** (5.430)
_cons1	0.102 (0.790)	−0.631 *** (3.320)	0.342 ** (2.300)	−0.847 *** (−4.000)
fis	基准组	−62.442 (−1.10)	基准组	−58.529 (−0.840)
Mar	基准组	−1.757 (−1.650)	基准组	−1.852 (−1.380)
FM	基准组	19.517 ** (2.05)	基准组	21.833 * (1.860)
控制变量	YES	YES	YES	YES
隶属概率	40.740%	59.260%	35.600%	64.400%

注：* 、** 、*** 分别表示在10%、5%和1%的显著性水平上显著，括号内的数值为z值。

3. 内生性检验

　　更进一步，本文将伴随变量的滞后一期纳入回归模型，从而避免伴随变量和被解释变量之间可能存在的双向因果关系。通过比较模式B和模式D中伴随变量、解释变量的回归系数以及隶属概率，可以发现，模式D和模式B的特征基本一致。具体回归结果见表6右侧。

五、模式转换

基于有限混合模型，上文利用经验贝叶斯准则对中国省级经济体服务业结构升级模式的隶属概率进行测算。整体来看，当加入伴随变量时，考察期内 30 个省份中有 22 个省份未发生模式转换，其中吉林、黑龙江、内蒙古、云南、四川、贵州、甘肃、广西、青海、宁夏、新疆在样本期内一直处于模式 A，北京、天津、上海、河北、山东、江苏、浙江、福建、广东、辽宁、河南在样本期内一直处于模式 B。进一步发现，除了一直处于模式 B 的省份之外，海南、山西、湖北、重庆、陕西、湖南、安徽和江西在样本期内转为模式 B。2008 年、2018 年各省份人力资本结构高级化对服务业结构升级影响的模式转换，如表 7 所示。

表 7　　　　2008 年、2018 年各省份人力资本结构高级化
对服务业结构升级影响的模式转换

序号	2008 年				2018 年			
	省份	模式 A	模式 B	隶属模式	省份	模式 A	模式 B	隶属模式
1	北京	0	1	B	北京	0	1	B
2	天津	0	1	B	天津	0	1	B
3	上海	0	1	B	上海	0	1	B
4	河北	0.1	0.9	B	河北	0	1	B
5	山东	0	1	B	山东	0	1	B
6	江苏	0	1	B	江苏	0	1	B
7	浙江	0	1	B	浙江	0	1	B
8	福建	0	1	B	福建	0	1	B
9	广东	0	1	B	广东	0	1	B
10	海南	1	0	A	海南	0	1	B
11	辽宁	0	1	B	辽宁	0	1	B
12	吉林	0.82	0.18	A	吉林	1	0	A
13	黑龙江	1	0	A	黑龙江	0.54	0.46	A
14	河南	0.12	0.88	B	河南	0	1	B
15	山西	0.93	0.07	A	山西	0.04	0.96	B
16	湖南	0.22	0.78	A	湖南	0	1	B
17	湖北	0.84	0.16	A	湖北	0	1	B
18	安徽	0.88	0.12	A	安徽	0	1	B

序号	2008 年				2018 年			
	省份	模式 A	模式 B	隶属模式	省份	模式 A	模式 B	隶属模式
19	江西	0.75	0.25	A	江西	0	1	B
20	四川	0.82	0.18	A	四川	0.78	0.22	A
21	重庆	0.57	0.43	A	重庆	0	1	B
22	贵州	0.71	0.29	A	贵州	0.81	0.19	A
23	云南	0.60	0.40	A	云南	0.84	0.16	A
24	广西	0.92	0.08	A	广西	0.90	0.10	A
25	陕西	0.53	0.47	A	陕西	0	1	B
26	甘肃	0.82	0.18	A	甘肃	0.98	0.02	A
27	青海	1	0	A	青海	1	0	A
28	宁夏	0.97	0.03	A	宁夏	0.95	0.05	A
29	新疆	0.18	0.82	A	新疆	1	0	A
30	内蒙古	0.53	0.47	A	内蒙古	0.79	0.21	A

注：模式是否发生转换的判断标准取决于式（8）所示的后验概率是否大于 0.5，若概率为 0～0.5 则意味着未发生模式转换，概率为 0.5～1 则意味着发生了模式转换。

在已知上述结论的基础上，另一个值得思考的问题是，模式转换背后的动因可能是什么？为理解这一问题，这里引入双侧 T 检验法对此展开讨论。具体地，将 22 个未发生模式转换的省份从样本中剔除，仅考虑 2008 年隶属于模式 A，2018 年隶属于模式 B 的省份，比较模式转换前后政府规模、市场化水平及二者交互项的变化，结果见表 8。可以发现政府规模和市场化水平的交互项发生了显著变化且差分值为正，而政府规模和市场化水平的差分值均不显著。这意味政府和市场的协同作用是促使省级经济体由服务业结构升级模式 A 转向模式 B 的重要原因，即在人力资本结构高级化促进服务业结构升级的过程中，政府和市场为其增添了"两翼"和"双轮"，发挥着协同促进、优势互补的作用。

表 8　　　　　　　　　　模式转换的决定因素

模式	政府规模	市场化水平	政府和市场交互项
A	0.09	5.39	0.76
B	0.11	6.65	0.51

续表

模式	政府规模	市场化水平	政府和市场交互项
差分	0.02	1.26	0.25 **
T 检验	0.11	0.17	0.02

注：** 表示在 5% 的显著性水平上显著。第二行和第三行中的数值分别代表政府规模、市场化水平及二者交互性在两条模式下的均值，第三行代表均值的差分，最后一行为 T 检验中差分的 p 值。

更为重要的是，如表 6 所示，相较于模式 B，模式 A 所代表的人力资本结构高级化对服务业结构升级的促进作用更为有效，而模式转换结果也表明，中国绝大多数省级经济体在样本期内最终处于模式 B。这进一步证明了人力资本结构高级化对服务业结构升级的影响正朝着更加合理化的方向演进。

六、结论与建议

本文采用 2008~2018 年中国省级面板数据，基于有限混合模型讨论了人力资本结构高级化对服务业结构升级的影响，并考察了政府规模、市场化水平及二者交互项作为伴随变量时，人力资本结构高级化促进服务业结构升级的模式特征及模式转换。主要结论为：第一，人力资本结构高级化对服务业结构升级有显著的促进作用，且存在明显的区域异质性。第二，基于有限混合模型，伴随变量政府规模、市场化水平及二者的交互项可以将人力资本结构高级化对服务业结构升级的影响划分为两条异质性模式，模式一为人力资本结构高级化不能显著促进服务业结构升级，模式二为人力资本结构高级化能显著促进服务业结构升级。此外，隶属概率表明中国目前绝大多数省份隶属于模式二。第三，市场和政府的协同作用可以强化人力资本结构高级化对服务业结构升级的促进效应，而政府规模的扩大和市场化水平的提高则不显著。第四，样本期内有 8 个省份由模式一转为模式二，市场和政府的协同作用是促进这些省份模式发生转换的关键原因。

本文的研究结论对进一步优化人力资本结构高级化对服务业结构升级的作用效果具有重要的政策启示。考虑到人力资本结构高级化对服务业结构升级的影响存在明显差异，故可以因地制宜地对这一影响做出回应。第一，样本期内一直处于模式 A 的省份，如贵州、甘肃、青海等省份，不应过多关注人力资本结构的攀升，而应将目光聚焦于社会主义市场经济体制改革，以此解决政府错位、越位、缺位等问题，最大限度发挥市场"发动机"作用。当然，市场不是万能的，要更好地发挥政府的"催化剂"作用，努力实现干预型政府向服务型政府的转变。具体而言，政府应加大公共服务供给力度、打破服务业垄断、引导社会活力竞相迸发，在遵循市场规律的前提下为服务业结构升级营造一个轻松、公平、完善的交易环境和制度环境。总的来说，完善市场化水平提高和政府干预行为相融合的调节模式，实现政府和市场的优势互补、协同共进，有助于服务业结构升级模式发生转换，进而有效发挥人力资本结构高级化对服务业结构升级的促进作用。第二，样本期内处于模式 B 的省份，如北京、上海、天津等，则通过不断推进教育体制改革、加大人力资本投资、提供机会均等的教育体系、提升学习资源供给精准效率、培育创新人才体系等方式培育高级人力资本，推动人力资本结构向上攀升，以为服务业结构升级提供支撑带动作用；另外，还要注重海外人才的力量，建立完善的海外人才引进机制，通过外部智力推动以人力资本结构高级化为支撑的服务业结构升级。

参 考 文 献

[1] 成定平：《投资结构调控与加快服务业发展研究》，载《经济学家》2015 年第 2 期。

[2] 陈洁、王耀中、姚辉斌：《地区工资差异、FDI 与服务业结构高级化——基于中国省域面板数据的分析》，载《湖南大学学报（社会科学版）》2019 年第 4 期。

[3] 程大中：《中国生产性服务业的水平、结构及影响——基于投入—产出法的国际比较研究》，载《经济研究》2008 年第 1 期。

[4] 陈晓光：《人力资本向下兼容性及其对跨国收入水平核算的意义》，载《经济研究》2005 年第 4 期。

[5] 戴魁早、李晓莉、骆莙函：《人力资本结构高级化、要素市场发展与服务业结构升级》，载《财贸经济》2020 年第 10 期。

[6] 段文斌、刘大勇、皮亚彬：《现代服务业聚集的形成机制：空间视角下的理论与经验分析》，载《世界经济》2016 年第 3 期。

[7] 高觉民、李晓慧：《生产性服务业与制造业的互动机理：理论与实证》，载《中国工业经济》2011 年第 6 期。

[8] 顾乃华：《城市化与服务业发展：基于省市制度互动视角的研究》，载《世界经济》2011 年第 1 期。

[9] 黄莹、靳涛：《"中等收入陷阱"与服务业结构升级——一项国际比较视角的研究》，载《经济管理》2021 年第 5 期。

[10] 何兴强、史卫：《健康风险与城镇居民家庭消费》，载《经济研究》2014 年第 5 期。

[11] 金春雨、孙滨齐：《我国服务业结构效应与空间效应的区位变迁——来自我国八大经济区服务业的经验证据》，载《求是学刊》2014 年第 2 期。

[12] 江波、李江帆：《政府规模、劳动—资源密集型产业与生产服务业发展滞后：机理与实证研究》，载《中国工业经济》2013 年第 1 期。

[13] 江小涓、李辉：《服务业与中国经济：相关性和加快增长的潜力》，载《经济研究》2004 年第 1 期。

[14] 蒋荷新：《交通基础设施对生产性服务业发展的溢出效应——基于省际的空间计量模型分析》，载《中南财经政法大学学报》2017 年第 3 期。

［15］ 刘智勇、李海峥、胡永远、李陈华：《人力资本结构高级化与经济增长——兼论东中西部地区差距的形成和缩小》，载《经济研究》2018 年第 3 期。

［16］ 李平、付一夫、张艳芳：《生产性服务业能成为中国经济高质量增长新动能吗》，载《中国工业经济》2017 年第 12 期。

［17］ 卢福财、徐远彬：《互联网对生产性服务业发展的影响——基于交易成本的视角》，载《当代财经》2018 年第 12 期。

［18］ 刘志彪：《论现代生产者服务业发展的基本规律》，载《中国经济问题》2006 年第 1 期。

［19］ 刘志彪、孔令池：《从分割走向整合：推进国内统一大市场建设的阻力与对策》，载《中国工业经济》2021 年第 8 期。

［20］ 李瑶、李磊、刘俊霞：《有为政府、有效市场与高质量发展——基于调节效应和门槛效应的经验研究》，载《山西财经大学学报》2022 年第 2 期。

［21］ 马凤华、李江帆：《我国服务业结构调整四个维度的测度》，载《经济管理》2016 年第 2 期。

［22］ 毛艳华、李敬子：《中国服务业出口的本地市场效应研究》，载《经济研究》2015 年第 8 期。

［23］ 裴瑱、毕玉江：《加工贸易、生产性服务业与中国服务业结构升级——基于长三角地区的实证研究》，载《经济经纬》2012 年第 6 期。

［24］ 宋晓莹、罗淳、赵春燕：《人口老龄化对服务业优化升级的影响——基于结构与效率的双重视角》，载《中国人口科学》2021 年第 2 期。

［25］ 唐保庆、邱斌、孙少勤：《中国服务业增长的区域失衡研究——知识产权保护实际强度与最适强度偏离度的视角》，载《经济研究》2018 年第 8 期。

［26］ 吴飞飞、唐保庆：《人口老龄化对中国服务业发展的影响研究》，载《中国人口科学》2018 年第 2 期。

［27］ 王文、牛泽东、孙早：《工业机器人冲击下的服务业：结构升级还是低端锁定》，载《统计研究》2020 年第 7 期。

［28］ 王磊、李金磊：《区域一体化、地方政府行为与服务业结构升级——基于长三角城市经济协调会的准自然实验》，载《华东经济管理》2021 年第 7 期。

［29］ 武晓霞：《省际产业结构升级的异质性及影响因素——基于 1998 年 ~2010 年 28 个省区的空间面板计量分析》，载《经济经纬》2014 年第 1 期。

［30］ 王小鲁、樊纲、胡李鹏：《中国分省份市场化指数报告（2018）》，社会科学文献出版社 2019 年版。

［31］ 魏嘉辉、顾乃华：《老龄化与中国服务业就业结构》，载《经济经纬》2021 年第 1 期。

［32］ 夏杰长、戴建军《依靠科技进步推动北京现代服务业发展》，载《中国特色社会主义》2009 年第 3 期。

［33］ 肖作平、廖理、张欣哲：《生命周期、人力资本与家庭房产投资消费的关系——来自全国调查数据的经验证据》，载《中国工业经济》2011 年第 11 期。

［34］ 袁富华、张平、刘霞辉、楠玉：《增长跨越：经济结构服务化、知识过程和效率模式重塑》，载《经济研究》2016 年第 10 期。

［35］ 袁志刚、饶璨：《全球化与中国生产服务业发展——基于全球投入产出模型的研

究》，载《管理世界》2014 年第 3 期。

[36] 阳立高、龚世豪、王铂、晃自胜：《人力资本、技术进步与制造业升级》，载《中国软科学》2018 年第 1 期。

[37] 俞红海、徐龙炳、陈百助：《终极控股股东控制权与自由现金流过度投资》，载《经济研究》2010 年第 8 期。

[38] 余泳泽、潘妍：《中国经济高速增长与服务业结构升级滞后并存之谜——基于地方经济增长目标约束视角的解释》，载《经济研究》2019 年第 3 期。

[39] 湛军、王照杰：《供给侧结构性改革背景下高端服务业创新能力与绩效——基于整合视角的实证研究》，载《经济管理》2017 年第 6 期。

[40] 张平：《FDI 抑制了中国服务业发展吗?》，载《经济评论》2016 年第 5 期。

[41] 钟粤俊、陆铭、奚锡灿：《集聚与服务业发展——基于人口空间分布的视角》，载《管理世界》2020 年第 11 期。

[42] 张国建、孙治宇、艾永芳：《土地财政、要素错配与服务业结构升级滞后》，载《山西财经大学学报》2021 年第 8 期。

[43] 张志明：《对外开放促进了中国服务业市场化改革吗?》，载《世界经济研究》2014 年第 10 期。

[44] Acemoglu, D., 2002: Directed Technical Change, *Review of Economic Studies*, Vol. 69, No. 4.

[45] Acemoglu, D., 2003: Patterns of Skill Premia, *Review of Economic Studies*, Vol. 70, No. 2.

[46] Arrow, K. J., 1962: The Economic Implications of Learning By Doing, *Review of Economic Studies*, Vol. 29, No. 3.

[47] Baumol, W. J., 1967: Macroeconomics of Unbalanced Growth: the Anatomy of The Urban Crisis, *American Economic Review*, Vol. 57, No. 6.

[48] Cloodt, M., Hagedoorn, J., and Kranenburg, H. V., 2006: Mergers and Acquisitions: Their Effect on The Innovative Performance of Companies in High - Tech Industries, *Research Policy*, Vol. 35, No. 5.

[49] Evangelista, R., Lucchese, M., and Meliciani, V., 2013: Business Services, Innovation and Sectoral Growth, *Structural Change and Economic Dynamics*, Vol. 25, No. 6.

[50] Francisco, J. B. and Kaboski, J. P., 2012: The Rise of The Service Economy, *American Economic Review*, Vol. 102, No. 6.

[51] Gylfason, T., 2001: Natural Resources, Education, and Economic Development, *European Economic Review*, Vol. 45, No. 1.

[52] Hayes, A. F., 2009: Beyond Baron and Kenny: Statistical Mediation Analysis in The New Millennium, *Communication Monographs*, Vol. 76, No. 4.

[53] Lucas, R. E., 1988: On the Mechanics of Economic Development, *Journal of Monetary Economics*, Vol. 22, No. 1.

[54] Liu, G., Lee, C. C., and Liu Y., 2020: Growth Path Heterogeneity Across Provincial Economies in China: The Role of Geography Versus Institutions, *Empirical Economics*, Vol. 59, No. 2.

[55] Murphy, K. M., Shleifer, A., and Vishny, R. W., 1991: The Allocation of Talent:

Implications for Growth, *The Quarterly Journal of Economics*, Vol. 106, No. 2.

[56] Persson, T. and Tabellini, G., 2002: *Political Economics: Explaining Economic Policy*, MIT Press Books.

The Impact of the Upgrading of Human Capital Structure on the Upgrading of Service Industry Structure

—A Two Wheel Drive Based on Government and Market

Jin Lu   Xinkai Qiao   Xiaotong Zhang

Abstract: Based on the provincial panel data of China from 2008 to 2018, the finite mixture model with accompanying variables is introduced. Based on the objective classification of the structural upgrading mode of service industry, the heterogeneity characteristics of the impact of the upgrading of human capital structure on the structural upgrading of service industry are discussed. The main conclusions are as follows: (1) the upgrading of China's human capital structure has significantly promoted the upgrading of service industry structure, which is mainly realized through mechanisms such as income demand effect, labor efficiency improvement effect and technological innovation effect. (2) There are two objective models for the heterogeneous impact of the upgrading of service industry structure by the upgrading of human capital structure. In model 1, the upgrading of human capital structure has no significant effect on the upgrading of service industry structure, while in model 2, the upgrading of human capital structure has a significant positive effect on the upgrading of service industry structure. (3) Considering the role of government and market, we can find that the excessive expansion of government scale will significantly inhibit the promotion of the upgrading of human capital structure on the upgrading of service industry structure, but the improvement of market-oriented level has no significant effect. (4) During the investigation period, 8 provinces have undergone mode transformation, and the synergy between the government and the market is the decisive factor of mode transformation.

Keywords: Service Industry Structure Upgrading   Human Capital Structure   Government Scale   Marketization

JEL Classification: O15   L88

第 21 卷第 3 辑　　　　　　　产业经济评论　　　　　　Vol. 21　No. 3
2022 年 9 月　　　　Review of Industrial Economics　　　September 2022

英国输配电业务 RIIO 规制模式研究：
基本框架、运行绩效与持续优化

李宏舟　　朱丽君[*]

摘　要： 产出导向型 RIIO 规制模式的核心是根据利益相关者的意见设定电网企业输配电业务的产出类型和相应的激励约束机制，以此对电网企业的行为和收入进行监管。英国在实施 RIIO‒1 规制期间出现了电网企业产出绩效明显高于监管机构设定的标准、实际支出普遍低于准许支出、电网企业股东收益率偏高等问题。为此英国监管机构提出了在 RIIO‒2 规制期间完善总成本支出激励机制、调整产出激励机制、调整风险应对机制等具体措施。本文同时认为我国现行输配电成本监审和准许收入设定中缺乏有效破解信息不对称的机制设计、缺乏基于绩效导向的激励约束机制，因此结合激励性规制理论和英国的监管实践，提出了通过模拟市场竞争优化定价机制和以系统观念协同推进输配电监管制度改革的建议。

关键词： RIIO　产出导向型规制框架　准许成本　合理收益

一、引　　言

2008 年，英国能源行业规制机构——燃气和电力市场办公室（Office of Gas and Electricity Markets，OFGEM）启动了 RPI‒X@20 项目，意在全面评估能源行业中自然垄断环节的监管问题，重点回答两个问题，即：第一，运行了将近 20 年（1990~2008 年）的 RPI‒X 规制框架是否与已经变化了的英国经济社会环境相匹配？第二，如需改进，新一代的规制框架应该如何设定？经过专家团队两年多的研究，OFGEM 最终决定以 RIIO 规制框架替代 RPI‒X 规制框架，采用新的规制框架的主要原因包括：一是通过实施规制提高输配电行业效率的目的已经达到。当初导入 RPI‒X 规制的主要目的是通过相对绩效比较分析激励电网企业提高效率，降低输配电价。经过

---

[*]　本文是李宏舟主持的国家自然科学基金面上项目"效率变革视阈下输配电成本的溯源识别、实证测度与监管进路"（72173016）和东北财经大学科研平台研究能力提升专项"日本电力市场体系研究：内在逻辑、运行模式与发展路径"（DUFE‒KYPT2022005）的阶段性成果。

李宏舟：东北财经大学产业组织与企业组织研究中心；地址：辽宁省大连市沙河口区尖山街 217 号，邮编 116025；E‒mail：hli@dufe.edu.cn。

朱丽君：东北财经大学经济与社会发展研究院；地址：辽宁省大连市沙河口区尖山街 217 号，邮编 116025；E‒mail：382257787@qq.com。

近 20 年的实施，评估团队认为提效的目的已经达到，主要体现在电网企业的效率不断提高和各个企业之间输配电成本趋同两个方面，因此 OFGEM 认为通过 RPI – X 规制继续提高效率的空间已经很少。二是效率因子 X 的指标功能已经发生变化。在 RPI – X 规制下，X 被称为效率因子，其取值越小表示效率提升程度越小，输配电价也就相应越高。OFGEM 认为在接下来的数十年中，因为电网设备的智能化改造以及伴随环境规制带来的可再生能源发电入网需要，英国输配电领域将迎来前所未有的巨额投资，大约每年 40 亿英镑，而且将一直持续到 2050 年前后。电网领域的固定投资必然带来输配电价的提升和一个负的 X 取值。这种情况下，X 的取值大小已经不再是效率驱动，而是投资驱动，X 作为效率指标的功能已经不复存在，因此继续使用 RPI – X 规制模型容易引起误解。三是 RPI – X 规制无法与重视过程管理的监管要求相匹配。RPI – X 规制更重视结果，但是巨额的环境关联设备投资和可再生能源发电入网带来了新的问题，即投资的成本效率分析和可再生分布式电源的公平接入。针对这两个问题，过程管理比单纯对结果进行规制更符合消费者利益，特别是对于前者，OFGEM 认为自己的作用应该从决策者转为仲裁者，也就是说环境关联的投资应该在何时何地实施应该由电网企业、电力用户以及利益相关者决定后，由 OFGEM 负责确保这一投资以最有效率的方式实施，而现有的 RPI – X 规制及其配套体系不能很好地完成这项任务。四是 RPI – X 规制框架及其配套措施过于复杂。当初设计 RPI – X 规制的主要目的是提高电网企业的效率，后来又增加了服务质量激励机制和防止电网企业博弈行为的各种配套措施，不断添加的"补丁"增加了 RPI – X 框架的复杂程度，增加了规制机构和被规制者双方的合规成本，因此需要一套全新的、在设计之初就已经综合考虑了各种情况的规制体系。

    OFGEM 提出的 RIIO（Revenue = Incentive + Innovation + Outputs）框架是一种产出导向型激励性规制框架，是对 RPI – X 规制框架的优化和提升，主要特点包括：第一，RIIO 框架关注产出，关注电网企业在规制期内为电力用户的短期和长期利益而提供的服务，鼓励电网企业以创新方式为用户提供高效率、高质量服务；第二，新的框架将规制周期从 5 年延长至 8 年，精简了价格规制审查程序，减轻了 OFGEM 和电网企业双方的负担；第三，在制定电网企业发展规划和影响 OFGEM 最终价格等决策方面，RIIO 框架赋予了利益相关者更重要的作用。2013 年，OFGEM 首次将 RIIO 框架应用于英国的输电监管实践中（RIIO – T1：2013 年 4 月 1 日至 2021 年 3 月 31 日），2015 年拓展至配电部门（RIIO – ED1：2015 年 4 月 1 日至 2023 年 3 月 31 日）。为了全面评估 RIIO – 1 框架的运行效果和进一步完善 RIIO – 2 框架①，2017 年，

---

① OFGEM 目前正在设计第二轮 RIIO 监管框架（RIIO – 2），RIIO – GD2 和 RIIO – T2 已于 2021 年 4 月 1 日开始实施，RIIO – ED2 将于 2023 年 4 月 1 日开始实施。

OFGEM 委托英国剑桥经济政策协会（Cambridge Economic Policy Associates，CEPA）对 RIIO - 1 的实际运行效果进行了评估，2018 年 3 月，OFGEM 对外公布了 CEPA 的评估报告。另一方面，英国国家审计署（National Accounting Office，NAO）也于 2020 年公布了一份题为 "*Electricity Networks*" 的审计报告，该报告对 OFGEM 及其主导的 RIIO 框架进行了独立评估。两份报告的评估结果具有高度的一致性，都认为目前运行的 RIIO - 1 框架总体可行，但是因为技术问题未能充分保护消费者权益，电力用户支付了过高的输配电成本，电网企业及其股东获得了与其承担的风险程度不匹配的高额利润。

　　2017 年，英国政府曾经委托牛津大学教授 Helm 团队系统研究如何在确保实现气候变化目标的同时，降低电力系统的长期成本。Helm 团队的研究报告 "*Cost of Energy：Independent Review*" 中也涉及了英国输配电监管模式的问题。该报告提出了用国家层面的系统调度部门（National System Operator，NSO）和区域层面的系统调度部门（Regional System Operator，RSO）取代 RIIO 框架的观点并建议：第一，取消输配电、发电和售电之间的分业监管模式，将输配电运营业务从国家电网公司和配电公司（Distribution Network Operator，DNO）转移给 NSO 和 RSO，国家电网公司和配电公司只负责设备维修，不再负责调度与运营（所有与运营的职能分离）；第二，在 RIIO - 1 规制期间（2013 ~ 2021 年）结束或者经过较短的过渡期之后，废除 RIIO 框架，通过市场竞争决定输配电网的铺设与维修公司，从而为降低成本带来更大的空间；第三，削弱 OFGEM 的作用，废除定期价格审查制度，由 NSO 和 RSO 承担 OFGEM 的部分监管职能。随着 NSO 和 RSO 的逐步完善，最终将 OFGEM 与其他规制机构（如城市供水、铁路航空运输和通信业等）合并为单一综合规制机构。

　　建议取消 OFGEM 的主张也许过于激进，英国政府并没有采纳。但是通过 CEPA（2018）和 NAO（2020）的研究报告可知，RIIO - 1 规制框架作为全新的规制模式，在首次运行中确实出现了一些问题。因此本文的主要研究目的是根据上述两份报告，总结 RIIO - 1 规制框架在运行中出现的问题及其产生的原因、提炼 RIIO - 2 规制框架的改进建议、思考对优化我国输配电监管模式的启示。本文的第二部分简述 RIIO 基本框架；第三部分提炼 RIIO - 1 框架的中期评估结果；第四部分讨论 RIIO - 2 框架的改进方向；第五部分和第六部分则是结合我国输配电规制的改革实践，提出相关的启示建议。

二、RIIO 基本框架

（一）框架概述

　　产出导向型 RIIO 基本框架如图 1 所示，其核心是 OFGEM 根据利益相关者的意见设定电网企业的产出和相应的激励机制，以此对电网企业的行为和收入（也就是电力用户的输配电支出）进行监管。为了实现电力用户的支出最小化，RIIO 框架包含"价格规制"和"并行机制"两个模块，其中"价格规制"模块主要是基于规制资产价值（regulatory asset value）等设定电网企业未来 8 年的年度准许收入上限，包括事前根据业务计划书（business plan，也就是前文提到的发展规制书）等资料确定基础收入（base revenue），事中和事后根据绩效情况对基础收入进行期间和事后调整；"并行机制"模块包括准市场机制（即对分布式电源的入网工程等非垄断性业务实施市场机制）和创新激励机制。

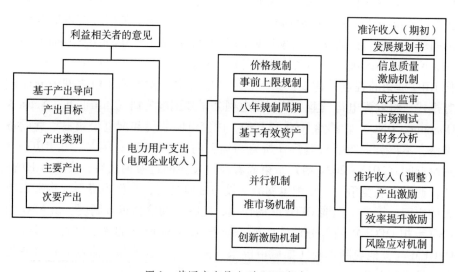

图 1　英国产出导向型 RIIO 框架

资料来源：笔者整理。

RIIO 框架下电网企业的准许收入（allowed revenue）取决于三个方面，即：电网企业的准许收入 = 基础收入 + 基于企业绩效的收入调整 + 基于风险应对机制的收入调整，具体情况如图 2 所示。其中，基础收入是用来补偿电网企业提供输配电等服务所需的预期有效成本（包括维修支出、薪酬支出、资本支出和税赋等法定支出）；基于企业绩效的收入调整是指各种基于实际绩效的激励机制带来的收入增减部分；最后一项包括电网企业无法控制的外部因素带来的成本变化（如通货膨胀）和法定成本变化（如债务成本的年度调整和养老金的调整）等引发的收入调整。

在产出导向型 RIIO 框架下，OFGEM 设定准许收入的过程可以分为四个阶段（见图 3）：第一阶段是设定产出和价格规制办法。这一阶段 OFGEM 会对产出类别、主要产出和次要产出进行设定，制定出指导电网企业业务活动的产出导向框架，电网企业在此时则需要制订出规制期内的业务计划书。第二阶段是 OFGEM 对电网企业提供的业务计划书进行审查，并根据可信度以及合理性等，将业务计划书分为快速跟进（fast-track）和详细审查（slow-track）两类，被认定为快速跟进类的电网企业直接进入第四阶段，其余企业则需要对计划书进行修改后再提交。第三阶段是 OFGEM 对需要详细审查（slow-track）的电网企业重新提交的计划书进行精查。第四阶段是设定准许收入。

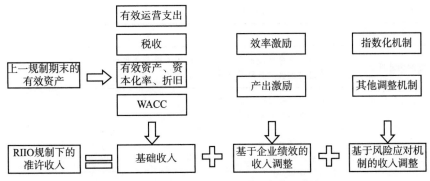

图 2　产出导向型 RIIO 框架下的收入构成

资料来源：笔者整理。

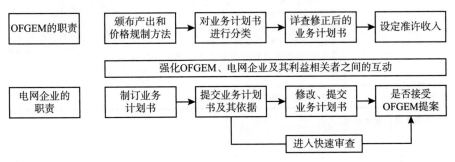

图 3　产出导向型 RIIO 框架下的收入设定

资料来源：OFGEM（2010）。

在产出导向型框架下，分类审查的方式可以大大减轻 OFGEM 和电网企业双方的负担。此外，在制定准许收入的整个过程中，OFGEM 都会与电网企业以及各利益相关者进行充分沟通，以确保 OFGEM 的最终决策是建立在与各方充分商讨的基础之上（输配电部门的利益相关者将在下文进行介绍）。

（二）设定产出

1. 产出类别

OFGEM 将产出导向型 RIIO 框架的规制目标提炼为两个：第一，宏观方面，使电网企业在确保英国能源安全方面充分发挥作用；第二，微观方面，确保电网企业为现在和将来的电力用户提供高效率和高质量的服务。由于电网企业提供的产出是实现这两个目标的核心，因此在 RIIO 框架中，电网企业准许收入的设定和激励措施都与其产出直接或间接挂钩。为了达到 RIIO 框架的规制目标，OFGEM 设定了 6 个类别的产出，分别是：消费者满意度、安全性、可靠性和可用性、并网服务状况、环境影响和社会责任，详情如表 1 所示。

表 1   产出导向型 RIIO 框架下的产出类别

产出类别	配电	输电
消费者满意度	①能够充分反映用户用电体验的客户满意度指标 ②通过定性调查获得上述指标的数值	
安全性	①符合法律规定的最低要求 ②符合公众利益的其他安全措施	
可靠性和可用性	①用户停电次数 ②用户停电时长或中断供电电量	①中断供电电量 ②约束措施
并网服务状况	①发电企业的并网所需时间 ②电力用户的并网所需时间	
环境影响	①碳排放数量 ②新型低碳发电比例 ③其他温室气体排放量 ④视觉影响程度（visual impacts） ⑤在消费者提高能源效率中的作用（role in consumer energy efficiency）	①碳排放数量 ②新型低碳发电比例 ③其他温室气体排放量 ④视觉影响程度（visual impacts）
社会责任	对弱势客户的帮扶计划	

资料来源：笔者整理。

2. 设定原则

在 RIIO 框架下，OFGEM 对每类产出都设定了主要产出（primary outputs）和次要产出（secondary deliverables）两项内容，以使 OFGEM、电网企业以及利益相关者能够清楚地了解电网企业在每个领域要提供的主要服务内容。设定主要产出的原则包括：（1）重要性，即主要产出对确保英国能源安全具有重要作用；（2）可控性，即电网企业对主要产出有绝对或充分的控制权，并可以根据可控程度对主要产出采取激励措施；（3）可测量性，即主要产出可以采用定性或定量的方法进行测量；（4）可比性，即不同电网企业之间的主要产出绩效水平在标准化调整之后可以进行比较；（5）可用性，即主要产出在设定准许收入时可以作为产出激励下的奖惩依据；（6）竞争兼容性，即主要产出有利于促进上游（发电）和下游（售电）市场的竞争；（7）符合法律规定。此外，为了激励电网企业更好地提供这些服务，OFGEM 还为每个主要产出制定了相应的激励措施，并明确产出交付与电网企业收入之间的相互联系。

电网企业为了在提供主要产出的同时实现远期目标，需要从长期视角对电网规划和资产管理等实施经营决策。在 RIIO 框架下，这种行为被定义为次要产出。电网企业是否需要使用次要产出主要受三个因素的影响，即：管理电网风险的需求、持续交付主要产出的需求以及技术创新的需求。具体而言，第一，管理电网风险的需求是指在 RIIO 框架下，电网企业需要对某些特定区域内的电网进行维修，以降低规制期以及未来电网运营和交付主要产出的风险。管理电网风险有助于确保电网企业可以持续提供主要产出，为了获得 OFGEM 的认可并获得相应的基础收入，电网企业需要列出所需的支出并与电网风险衡量标准联系起来。第二，持续交付主要产出的需求是指有利于电网企业在未来规制期间交付主要产出的项目。比如电网企业认为在当前规制期内投资一个项目对交付主要产出的好处小于该项目在此期间的成本时，即使长期来看该项目收益符合消费者的利益，电网企业也会认为在当前规制期内执行该项目不符合其财务利益。因此，在项目规模巨大且电网企业不确定是否进行投资的情况下，使用次要产出可以帮助企业做出合理抉择。第三，技术创新的项目需求是指对于跨期的创新活动支出，OFGEM 会把创新活动与次要产出联系起来。例如，OFGEM 希望电网企业将研发支出与阶段性目标联系起来，实施与新技术有关的科学试验。

在规制实践中，OFGEM 会首先考虑产出类别，之后设定主要产出及其相关的指标和标准，最后设定次要产出和相关指标和标准。在这一过程中，OFGEM 会充分尊重电网企业和利益相关者的意见，力求设定出清晰透明、可供电网企业间横向比较的通用指标以及可实现的、具有挑战性的标准。

3. 利益相关者

在 RIIO 框架下，输配电部门的利益相关者包括很多，如图 4 所示，既包括消费者（电力用户），还包括政府、其他规制机构、环保部门和输配电投资者以及供应商。OFGEM 虽然具有准许收入的最终决定权，但是考虑到利益相关者之间以及现在消费者和将来消费者之间的利益冲突，因此特别强调：（1）关注能源的长期和可持续发展；（2）公平对待现在和将来的消费者；（3）强化输配电投资中的成本效益分析。同时通过"强化参与项目（enhanced engagement）"加强电网企业与其利益相关者之间的沟通。

（三）基础收入

1. 基本原则

在 RIIO 框架下，电网企业的基础收入反映的是电网企业提供输配电服务时产生的有效成本，OFGEM 需要依靠电网企业提交的业务计划书对其提供的服务和所需成本进行评估，据此得到预期的有效成本。在这一过程中，

OFGEM 会参考其他企业的业务计划书以及国外电网企业的最佳实践和过往绩效等信息。考虑到电网企业可能基于自身利益最大化而非成本最小化编制计划书，因此 OFGEM 会要求电网企业：第一，明确给出为电力用户提供服务的数量、质量、所需的成本和成本分配比例（在现有用户和将来用户之间）；第二，要有定量的成本效率分析，各种预测和假设要尽可能合理、准确；第三，利益相关者要参与到计划书的编制过程中；第四，要求电网企业董事会成员在业务计划书上签字并附有连带责任，以此确保计划书的质量和可信度。

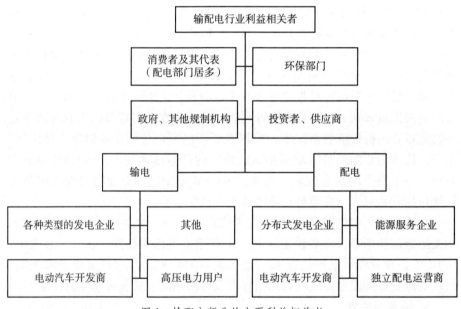

图 4 输配电行业的主要利益相关者

资料来源：笔者整理。

2. 成本监审

成本监审的第一步是分类评估。OFGEM 采用分类评估的目的在于激励电网企业提交合理的业务计划书，并以更高效率实现输配电业务。OFGEM 进行分类评估的第一阶段是初审，通过初审确定需要快速跟进的电网企业（A 类企业）和需要详细审查的企业（B 和 C 类企业）；第二阶段是对初审后的企业进行分类，具体过程如图 5 所示：OFGEM 通过初审将电网企业提交的业务计划书分为 A、B、C 三类，对不同类别的电网企业采用不同的评估方法。对 A 类电网企业计划书的审查强度较低，对主要产出、次要产出及有效成本的评估接近电网企业自身的预测；对 B 类电网企业的审查相对 A 类企业较为详细，与 B 类企业在前一个价格规制周期的审查水平相当；而对 C 类电网企业的审查最为严格。

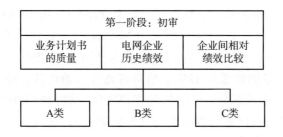

第一阶段：初审		
业务计划书的质量	电网企业历史绩效	企业间相对绩效比较

A类	B类	C类

第二阶段：分类			
	A类	B类	C类
审查强度	低	中	高
主要评估方法	提问式/短期审查	关注历史绩效与随机检查	详细分析与全面审查
最终决策时间	较早决定	审查的第四阶段	审查的第四阶段

图 5　成本监审分类评估示意

资料来源：OFGEM（2014）。

在对各个电网企业的成本进行相对绩效比较分析前，OFGEM 会对电网企业提交的成本数据进行标准化调整，目的是使数据之间具有可比性，便于其后的实证分析结果的利用。主要的调整项目包括：各个电网公司所在区域劳动力成本的调整、电网企业特定因素的调整、总成本（total expenditure，Totex）模型适用除外成本（如服务质量成本、外部环境等不可控成本，相对绩效比较中将不考虑这几项成本）。对于不可比较的成本，OFGEM 会根据企业的实际情况对预测成本进行单独分析调整，从而确定其有效成本。

OFGEM 在 RIIO - 1 中主要采用混合最小二乘法（POLS）来进行成本评估，函数形式为双对数的柯布 - 道格拉斯函数。在单一解释变量的情况下，成本函数的形式为：

$$\log(\text{Cost}) = \beta_0 + \beta_1 \times \log(\text{Costdriver}) + \varepsilon \tag{1}$$

其中，Cost 为调整后的电网企业成本，β_0 为常数项，β_0 为成本动因的待估系数，ε 表示无法被成本动因解释的误差项。在成本监审汇总，OFGEM 使用三种模型，每个模型的基本情况如表 2 所示。

表 2　　　　　　　　　　　　成本模型及其成本动因

模型	成本动因
汇总模型（top-down model）	客户数量、配电量、线路长度、MEAV、峰值和密度
加权汇总模型（bottom-up model）	与成本领域相关，与分类回归相似
分类回归（disaggregated model）	树木砍伐成本、低压和高压架空故障成本、密切相关的间接成本等

资料来源：OFGEM（2014）。

汇总模型的成本动因是一个复合产出变量（CSV），即 MEAV（the modern equivalent asset value）和客户数量（customer numbers）的加权平均，MEAV 是反映电网企业规模和结构的关键成本动因，OFGEM 规定其所占比重为 88%，客户数量的比重为 12%。估算有效成本的计算方法如下：第一步是将 CSV 的两个组成部分（MEAV 和客户数量）进行标准化处理（用每个变量的观测值减去其均值后再除以各自的标准差），这样可以避免较大的均值对权重的计算产生重大影响。第二步是对标准化后的变量取对数，并进行如下所示的多变量回归，即：

$$\log(\text{cost}) = a + b_1 \log(\text{Std. MEAV}) + b_2 \log(\text{Std. Numbers}) + \varepsilon \tag{2}$$

将 MEAV 和客户数量的权重分别设为 W_1 和 W_2，则有：

$$W_1 = \frac{b_1}{b_1 + b_2}, \quad W_2 = \frac{b_2}{b_1 + b_2} \tag{3}$$

第三步是计算 CSV，使用原始的未标准化的变量，计算公式如下：

$$\text{CSV} = \text{MEAV}^{W_1} \times \text{Customernumbers}^{W_2} \tag{4}$$

对数形式如下：

$$\log(\text{CSV}) = W_1 \log(\text{MEAV}) + W_1 \log(\text{Customer numbers}) \tag{5}$$

加权汇总模型（bottom-up model）与汇总模型（top-down model）的主要区别在于用于估计有效成本的成本动因 CSV 不同。加权汇总模型使用的 CSV 是将分类分析中使用的成本动因加总，各个动因的权重取决于各个活动类别的支出在总支出中的比重，因此在计算时不需要进行标准化处理。分类回归模型中使用的是专门用于评估某项特定活动成本的分类分析法，可采用不同的成本评估工具，如回归分析、比值分析、趋势分析和技术评估等，OFGEM 在对各项活动的成本分别评估后，加总得到分类分析法下的有效总成本。

计算出 CSV 后，OFGEM 会进一步使用 13 年的数据（5 年历史数据和 8 年预测数据）进行模型回归，回归后可以得出电网企业所有年份的一组斜率参数，进而得到 RIIO‑1 中的模型预测成本，即：

$$\log(\text{Totex}) = \alpha + \beta_1 \times \log(\text{CSV}) + \beta_2 \times \text{year} + \varepsilon \tag{6}$$

其中的 $\beta_2 \times \text{year}$ 为时间效应，反映了所用数据的面板属性。为了检验模型结果的稳健性，OFGEM 还使用随机效应模型（RE）进行了交叉检验，两个模型在参数估计和效率得分方面差别很小。

OFGEM 在利用上述三种模型测算出总成本后，会进一步通过加权得到总的模型成本（modelled cost），其中：汇总模型和加权汇总模型的权重均为 25%，分类回归模型的权重为 50%（对于快速审查的企业，上述权重则分别是 12.5%、12.5% 和 75%）。得到总的模型成本之后，OFGEM 会计算各个电网企业的效率得分，具体方法是用企业提交的标准化总成本除以总的模型成本，然后再基于 14 个电网企业的效率得分（OFGEM 假设电网企业的效率在样本期间没有变化）计算出效率基准得分（benchmark score），效率基准得分为 14 个电网企业效率得分的上四分位数水平（UQ），即：

$$效率得分 = \frac{标准化成本}{加权后模型成本} \qquad (7)$$

$$效率基准 = UQ(效率得分) \qquad (8)$$

最后是计算各个电网企业的有效成本，它等于调整后的总模型成本（模型成本加上其他无法用模型测算的成本）和效率基准得分的乘积。

3. 主要构成

基础收入是期初设定的，不包括期间和期末的收入调整，基础收入主要包括以下几个部分：

（1）准许资本支出。在 RIIO – 1 框架下，OFGEM 将运营支出和资本支出合并为总支出（Totex），不再进行分类审查，因此在得到企业有效总支出之后，OFGEM 通过事先设定的资本化率将部分有效总支出转化为逐期回收的成本，记入可计提收益的有效资产（即规制资产价值 RAB）。年末 RAB 等于年初 RAB 加上本年度新增投资（等于有效总支出×资本化率）减去折旧。年末 RAB 乘以准许收益率等于准许收益，也就是准许资本支出。

在 RIIO 框架下，计算准许收益率的加权平均资本成本（WACC）的公式如下：

$$WACC = 资产负债率×债务成本 + (1 - 资产负债率)×权益成本 \qquad (9)$$

其中，在计算债务成本时，OFGEM 主要基于平均债务长期成本而不是当前或预测的市场利率。在计算权益成本时，OFGEM 主要依据资本资产定价模型（CAPM），同时辅助使用其他模型——如股息增长模型（DGM）和市场资产比值（MAR）来检验结果。

（2）准许运营支出。基准总支出的一部分通过资本化率计入可计提收益的有效资产，余下部分（1 - 资本化率）则以快钱（fast money）的方式当期回收，这一部分就是准许运营支出。

（3）税收和折旧。在产出导向型 RIIO 框架下，折旧率反映了资产基础的平均预期经济寿命，通过资产折旧的方式，企业可以在现有和将来消费者的利益之间取得平衡。

（四）准许收入

1. 产出激励

在产出导向型 RIIO 框架下，OFGEM 会提供包括财务激励和声誉激励在内的一系列激励措施来鼓励电网企业高效实施输配电业务，因此各个电网企业的准许收入和资本回报率会因绩效的不同而有所不同。

财务激励是指 OFGEM 根据电网企业交付主要产出的绩效来对其基准收入进行调整，包括事前财务奖励和差别化总支出激励比例两种形式。例如，对于 RIIO – 1 中被认定为快速审查的电网企业，OFGEM 会提供相当于准许总支出 2.5% 的前期财务奖励。另外，OFGEM 还设定了成果分享（profit sharing）机制，例如，假设 OFGEM 将分享比率设置为 40%，则电网企业在规制期内相对于准许支出每节省 100 英镑，可获得 40 英镑利润；同理，超支100 英镑则需承担 40 英镑的成本（其余的 60 英镑将通过较低或较高的电价转嫁给消费者，从而形成从降低输配电成本到降低输配电价的制度通道）。除了自动调整以外，OFGEM 还会对企业的绩效进行个别审查后实施激励机制，具体形式包括定额奖惩或比例调整（向上或向下），究竟是哪种激励形式取决于价格审查时的具体情况。财务激励的时间会因激励形式的不同而不同，有的是事前激励，有的需要滞后两年。声誉激励是一种非财务激励。OFGEM 在评估企业交付产出绩效后，通过将评估结果公布给利益相关者来对评估优异的企业实施声誉激励。声誉激励可以与财务激励相结合使用，也可以单独使用。

产出导向型 RIIO 框架下通过总支出计算准许收入的方式如图 6 所示。

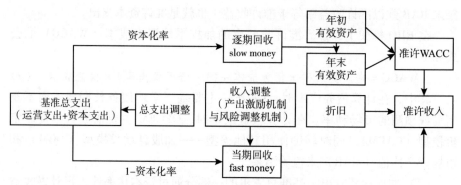

图 6 产出导向型 RIIO 框架下的准许收入

资料来源：笔者整理。

2. 提效激励

OFGEM 得到电网企业基础总支出（基础收入）之后，还会根据信息质量激励机制（information quality incentives，IQI）对基础收入进行事后调整，这种调整主要基于企业绩效，因此也叫提效激励。该机制于 DPCR4（distribution price control review，2005－2010）中首次被 OFGEM 应用于电网企业资本支出的调整，在 DPCR5（2010－2015）中被拓展应用到运营支出和资本支出的核审中。OFGEM 在 RIIO－ED1 中使用的 IQI 矩阵如表 3 所示。IQI 机制的核心是电网企业预测的支出越准确，事后获得的财务激励程度越高。在表3 中，IQI 矩阵第 1 行是电网企业自身预测成本与 OFGEM 预测成本的比值，当二者相等时，比值为 100。一旦该项确定，则以下三个激励参数同时确定：（1）表 3 中第 2 行的效率分成比例（efficiency incentive），即电网企业少支或超支时的分享（分担）比例，该值越大，电网企业降低成本的激励强度就越大；（2）表3中第3行的额外前期收入奖励比例（additional income）；（3）表3中第4行的准许支出比例（allowed expenditure）。在 RIIO - 1 规制框架下，电网企业的事前准许支出是 OFGEM 预测成本与电网企业预测成本的加权平均数，其中前者占比 75%，后者占比 25%。

表3　　　　　　　　　　　　OFGEM 在 RIIO - ED1 使用的 IQI 矩阵

项目	（1）	（2）	（3）	（4）	（5）	（6）	（7）	（8）	（9）
DNO：OFGEM ratio	90	95	100	**105**	110	115	120	125	130
efficiency incentive	65	63	60	**58**	55	53	50	48	45
additional income	3.1	2.4	1.7	**0.9**	0.1	-0.8	-1.8	-2.8	-3.9
allowed expenditure	97.5	98.75	100	**101.25**	102.50	103.75	105	106.25	107.5
actual expenditure									
90	**7.9**	7.9	7.7	**7.4**	7.0	6.4	5.7	4.9	4.0
95	4.7	**4.76**	4.7	**4.5**	4.2	3.8	3.2	2.5	1.7
100	1.5	1.6	**1.7**	**1.6**	1.5	1.1	0.7	0.1	-0.6
105	-1.8	-1.5	-1.3	**-1.2**	-1.3	-1.5	-1.8	-2.2	-2.8
110	-5.1	-4.6	-4.3	**-4.1**	**-4.1**	-4.1	-4.3	-4.6	-5.1
115	-8.3	-7.7	-7.3	**-7.0**	-6.8	**-6.7**	-6.8	-7.0	-7.3
120	-11.6	-10.9	-10.3	**-9.9**	-9.6	-9.4	**-9.3**	-9.4	-9.6
125	-14.8	-14.0	-13.3	**-12.7**	-12.3	-12.0	-11.8	**-11.7**	-11.8
130	-18.1	-17.1	-16.3	**-15.6**	-15.1	-14.6	-14.3	-14.1	**-14.0**
135	-21.3	-20.2	-19.3	**-18.5**	-17.8	-17.2	-16.8	-16.5	-16.3
140	-24.6	-23.4	-22.3	**-21.4**	-20.6	-19.9	-19.3	-18.9	-18.6
145	-27.8	-26.5	-25.3	**-24.2**	-23.3	-22.5	-21.8	-21.2	-20.8
150	-31.3	-29.6	-28.3	**-27.1**	-26.1	-25.1	-24.3	-23.6	-23.1

资料来源：OFGEM（2010）。

下面举例说明 IQI 机制的激励规则。假设电网企业自身的预测成本与 OFGEM 预测成本的比值为 105%（即表3中的第5列的黑体字）。则根据 IQI 矩阵，对应的前期收入奖励为 0.9，事后绩效分成比例为 58%，事前准许支出为 105 × 25% + 100 × 75% = 101.25%（如表4所示）。若企业最终的实际成本与其预测成本相同，即等于 105%，那么基于 IQI 矩阵的总支出激励的调整就等于效率分成比例加上前期财务奖励，即：（101.25% - 105%）× 0.58 + 0.9% = -1.2%，进而根据电网企业实际准许收入的计算公式，企业最终实际准许收入为：$105\% + 100\% \times (-1.2\%) = 103.8\%$；若企业最终的实际支出与 OFGEM 认定的有效成本相同，为 100%，那么总的奖惩比例变为 1.6%，企业最终的实际准许收入为：$100\% + 100\% \times 1.6\% = 101.6\%$。由此可知，企业的实际支出越低，基于 IQI 矩阵的总支出激励就越高，这意味着电网企业节约成本的努力程度与自身的利益正向相关，符合激励相容法则。

表 4　　　　　　　　IQI 机制下的准许收入计算规则　　　　　　单位：%

IQI 比值	105
准许支出	101.25
效率激励率	58
前期财务奖励	0.9
情景 1	
实际支出	105
总支出激励 = 效率激励 + 前期财务奖励	$(101.25 - 105) \times 0.58 + 0.9 = -1.2$
实际准许收入 = 实际支出 + 总支出调整	$105 + 100 \times (-1.2) = 103.8$
情景 2	
实际支出	100
总支出激励 = 效率激励 + 前期财务奖励	$(101.25 - 100) \times 0.58 + 0.9 = 1.6$
实际准许收入 = 实际支出 + 总支出调整	$100 + 100 \times 1.6 = 101.6$

资料来源：笔者计算。

IQI 矩阵还可以激励企业提交更加准确的支出预测。这一激励作用体现在：假设企业的实际支出是 100，OFGEM 的估计也是 100，而企业提交的预测为 105，那么在企业提交准确预测（为 100）的情况下所获得的奖励为 1.7，高于企业提交预测为 105 时的 1.6。从矩阵中也可以看出，当企业的实际支出等于其预测支出时，所获得的总激励强度总是最大的（表 4 中每行黑体值在所在行中均为最大值），所以 IQI 矩阵可以削弱电网企业利用信息优势夸大成本预测的动机。

3. 风险调整

产出导向型 RIIO 框架下的规制周期延长至八年，因此为了应对较长规制周期带来的不确定性风险，OFGEM 通过不确定性机制（uncertainty mechanisms）对企业的准许收入进行调整，以应对超出电网企业自身控制范围的风险对成本的影响。RIIO 框架下的不确定性主要包括投入要素价格不确定性、电力用户用电数量不确定性和物价指数的不确定性。

对于投入要素的价格风险，OFGEM 使用实际价格效应参数（real price

effects, RPEs）来反映输配电行业投入要素价格相对于全国零售价格指数（RPI）的差。例如，若 OFGEM 认为电网企业的投入要素价格比 RPI 高出 1%，则会将基准收入上调 1%。因为 RPEs 会受到总体通货膨胀指数和输配电行业投入要素价格预期的双重影响，因此 OFGEM 规定企业在提交的业务计划中需要明示所使用的通货膨胀指数以及对 RPEs 的调整依据。表 5 为 OFGEM 在规制实践中使用的一种或几种不确定性机制，以此体现电网企业成本与数量之间的线性或非线性关系。

表 5　　　　　　　　　　RIIO 框架下不确定性机制的类型

不确定性机制的类型	具体含义
①指数化（indexation）	允许根据指定价格指数（例如 RPI 或已发布的投入价格指数）的变化来调整准许收入
②数量动因校准（volume driver calibrated）	允许收入根据数量变化（例如新连接量）而变化
③收入触发校准（revenue trigger calibrated）	如果在规制期内发生某些特定事件，则允许收入随之增减
④使用或放弃机制（use it or lose it）	如果为特定活动或目的预留的支出未按计划使用，则可以调减收入
⑤成本传递（pass-through）	全额或部分补偿企业在特定区域或特定项目上的费用（例如 OFGEM 许可费）
⑥事后核审	允许企业在某项活动上的实际支出通过下一轮价格规制的准许收入全额回收

资料来源：OFGEM（2010）。

（五）并行机制

1. 创新激励计划

在英国电力行业实施私有化改革初期，也就是上 20 世纪 90 年代初期，OFGEM 制定的价格上限规制较多地专注于电网企业短期成本的降低，导致电网企业大幅削减研发支出。为了促进电网企业向低碳能源系统的过渡并确保电力供应安全，OFGEM 在 DPCR4（2005 - 2010）中导入创新资助计划（innovation financing incentive）、在 DPCR5（2010 - 2015）中导入低碳电网基金（low carbon network finance）来资助分布式电源的入网技术。在 RIIO 框架下，OFGEM 除了导入电网创新竞赛（network innovation competition）、电网创新补贴（network innovation allowance）、创新普及机制（innovation roll-out mechanism）（见表 6）以外，还承诺不对创新失败进行惩罚，以此激励电网企业的创新活动。

表 6　　　　　　　　　　产出导向型 RIIO 框架下的创新机制

	创新竞赛（NIC）	创新补贴（NIA）	创新普及机制（IRM）
目的	(1) 促进复杂研发项目和示范项目的竞争程度；(2) 促进潜在的低碳项目和对用户有环境效益的创新项目的研发竞争	(1) 为能够给用户带来收益的小型研发和示范项目提供资金；(2) 涵盖所有类型的创新项目	当其他机制无法为项目推广提供资金或者在当前规制期内不能给企业带来商业利益时，通过该机制促进符合特定要求的创新在日常业务中的推广
受益者	电力和燃气输配企业、第三方机构	电力和燃气输配企业	电力和燃气输配企业
资金发放流程	企业提交标书，专家小组评估后向 OFGEM 提出建议	OFGEM 基于企业业务计划书中的创新战略设定资金额度（RIIO-1 框架下最高为准许收入的 1%）	企业向 OFGEM 提交申请书，OFGEM 择优资助
年资助金额	电网：9000 万英镑 燃气管道：2000 万英镑	RIIO-1 框架下为准许收入的 0.5%～0.7%，约 2000 万英镑	取决于企业的申请额

资料来源：OFGEM（2017）。

2. 准市场竞争机制

在产出导向型 RIIO 框架下，一些与输配电服务相关的业务不具有自然垄断性，如为新客户铺设配电网、修建配电设施等，电网企业可以自己提供这些业务，也可以交给具有资质的第三方企业来提供。RIIO 框架下称交给第三方企业的行为为"市场交易行为"（外包是其中的一种形式）。如果是电网企业自己提供这些业务，需要证明自己提供服务所需成本或者解决方法要优于将该项业务外包出去等市场交易行为。

三、RIIO-1 框架的中期评估

根据 CEPA（2018）和 NAO（2020）的报告，RIIO-1 规制框架的中期评价具有以下几个特点：第一，电网企业产出绩效高于 OFGEM 设定的标准；第二，电网企业的实际支出普遍低于准许支出；第三，电网企业股东收益率偏高。

（一）产出绩效高于标准

绝大多数电网企业的产出绩效都超过了 RIIO – 1 框架中设定的标准，虽有个别电网企业的绩效低于规制目标，但是幅度低于 5%。例如，电力供应的可靠性和可得性（reliability and availability）是用来衡量电网企业服务质量的一个重要产出指标，通常用断电频率和断电持续时间来表示[①]。欧洲能源监管委员会 2017 年的报告显示：较大多数欧洲国家而言英国的断电频率相对较低，而且断电后也能更快得到恢复。特别是在计划性断电方面，英国电网企业的表现明显优于其他欧盟国家：2016 年英国每 100 个电力用户中约有 2 次计划性断电，而德国有 8 次，法国有 14 次，意大利有 41 次。图 6 为欧洲各国在非计划断电方面的绩效情况，2016 年欧盟国家非计划性断电频率的平均值是 1.1 次，英国只有 0.5 次（见图 7）；非计划性断电时长的平均值是 69 分钟，而英国仅为 38 分钟（见图 8）。图 9 对比了改革前后英国电力用户断电时间的变化情况，由图中可以看出：1990 年改革之后的断电时间明显少于 1990 年之前；2013 年实施 RIIO – 1 规制后的断电时间更是明显少于 2013 年以前。

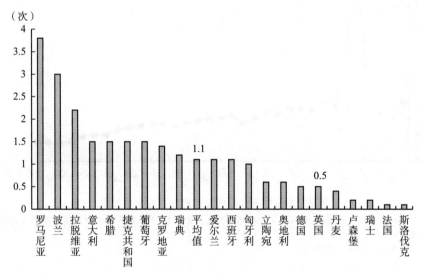

图 7　2016 年欧洲各国非计划断电频率的比较

资料来源：NAO（2020）。

---

① 断电频率通常用一定时间内每百户电力用户中有过停电经历的用户数量（customer interruptions, CI）来衡量；断电持续时间通常指一定时间内的停电时间（customer minutes loss, CML）。断电通常分为计划性断电（例如维护停电）和非计划性断电（例如技术故障或天气原因引发的停电）。

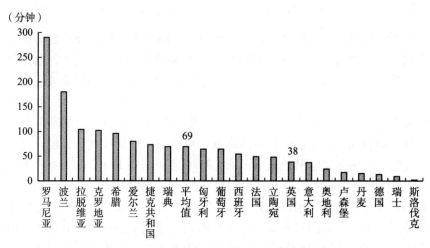

图 8　2016 年欧洲各国非计划断电时间的比较

资料来源：NAO（2020）。

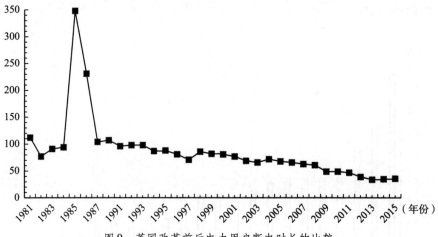

图 9　英国改革前后电力用户断电时长的比较

注：缺少 1988～1989 年和 1989～1990 年的数据。其中 1987 年用户断电时长陡增是因为遭遇了大风暴。

资料来源：NAO（2020）。

（二）实际支出小于准许支出

CEPA（2018）的报告显示，RIIO – ET1 中输电企业的实际总支出将比其准许支出少约 17 亿英镑，其中约有 11 亿英镑是由于 NGET 这家输电企业的非负荷相关资本支出①减少所致（见表 7）。

表 7　　　　　　　　　　输电企业负荷相关资本支出的绩效

电网企业	RIIO - T1 期中（实际）		整个 RIIO - T1 期间（预测）	
	超支（亿英镑）	占比（%）	超支（亿英镑）	占比（%）
NGET	− 655	− 24	− 288	− 7
SHET	− 618	− 31	− 306	− 11.5
SPTL	− 146	− 15	− 28	− 5
总计	− 1419	− 25	− 656	− 8

资料来源：CEPA（2018）。

　　表 8 比较了英国三家输电企业负荷相关和非负荷相关的资本支出绩效对比情况。从表中可以看出，2013 ~ 2017 年三家输电企业负荷相关资本支出和非相关资本支出都要低于其准许支出水平。其中，负荷相关资本支出低出 25% 左右，非负荷相关低出 31% 左右；预计在整个 RIIO - ET1 规制期内负荷和非负荷相关资本支出分别低出 8% 和 16% 左右。

表 8　　　　　　　　　　输电企业非负荷相关资本支出绩效

电网企业	RIIO - T1 期中（实际）		整个 RIIO - T1 期间（预测）	
	超支（亿英镑）	占比（%）	超支（亿英镑）	占比（%）
NGET	− 865	− 35	− 1177	− 20
SHET	− 20	− 18	106	33
SPTL	− 13	− 4	− 62	− 8
总计	− 889	− 31	− 1133	− 16

资料来源：CEPA（2018）。

　　NAO（2020）的调查发现，不论是实际截至 2019 年 3 月 31 日的期中水平，还是预测整个 RIIO - 1 规制期间水平，大多数电网企业的实际支出都小于预测支出（也就是准许支出）。图 10 中的纵轴表示电网企业实际支出的少

---

①　OFGEM 在 RIIO - ET1 监管期间进行成本评估时，主要评估间接运营支出、电网运营支出、负荷相关的资本支出、非负荷相关的资本支出以及非运营型资本支出等五类。与负荷相关资本支出是指将新设发电厂和新电力用户并入输配电网中，或者升级现有的输配电网以及满足需求变化产生而产生的支出。主要受新客户的容量需求、位置以及现有客户要求（包括需求方和发电方）的影响。非负荷相关资本支出包括由于使用年限或使用状况在资产使用寿命结束时进行更换或翻新、或出于安全环境原因需要更换资产的支出。主要受资产健康状况、资产故障风险和输电系统临界性的影响。

支比例，可以看出截至 2019 年 3 月 31 日，电网企业的少支比例在 1% ~ 28%，行业平均水平为 24%，除 SPEN 以外所有电网企业的期中实际支出均低于预测支出；而在整个 RIIO - 1 期间，NAO 预测只有一家电网企业（NPG）的实际支出会大于预测支出（少支比例为负）；两家电网企业（SPEN 和 WPD）的实际支出和预测支出相等（少支比例接近零）；剩下的电网企业的实际支出则全部小于预测支出，行业整体少支水平约为 16%。此外，平均而言，预测配电企业的实际支出将比准许支出少 3% 左右，输电企业少 16% 左右。

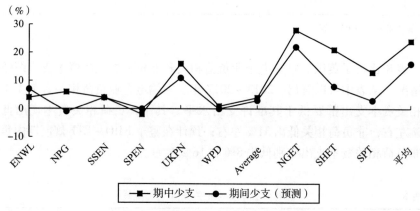

图 10 英国电网企业的成本绩效表现

注：图中为截至 2019 年 3 月 31 日各电网企业实际的少支和整个 RIIO - 1 规制期间预测的少支，负值表示超支。其中"Average"表示配电企业（前六个）均值，"平均"表示输电企业（后三个）的均值。

资料来源：NAO（2020）。

（三）规制资产收益率普遍偏高

OFGEM 监控电网企业财务绩效的主要指标是规制资产回报率（return of regulated equity，RORE），该指标能够反映电网企业股东在价格规制期间获得的收益率高低。在 RIIO - 1 规制期间，电网企业的平均收益率将达到 9%，而同一时期富时上市公司（英国富时指数纳入的各个上市公司）的平均收益率只有 5.25% ~ 5.75%，因为电网企业等受规制公用事业企业的风险程度普遍低于富时上市公司，因此前者的收益率也应该低于后者。据此，NAO（2020）认为电网企业股东获得了高于其承担风险程度的回报，这说明 RIIO - 1 规制框架有待完善。

表 9 为规制资产收益率的构成情况，由表可知，截至 2019 年输电企业的平均预期收益率为 9.3%；配电企业则为 9.1%。RIIO - 1 框架下电网企业规制权益收益率的主要来源包括基准权益收益率（baseline rate of return）、节约支出分成激励和其他绩效激励三个部分。其中基准收益率由 OFGEM 按

照风险程度与电网企业相似的上市股东可获得的收益设定，在 RIIO - 1 期间，配电企业的基准收益率平均为 6.1%，输电企业平均约为 7%；电网企业通过节约支出获得的分成激励贡献了 1.6% 和 0.9%；其他绩效激励则贡献了剩下的 0.7% 和 2.1%。

表 9　　　　　　　　　RIIO - 1 规制期间电网企业规制权益及收益率的分解

项目	输电企业	配电企业	总计
基准权益收益率（亿英镑）	3390（7.0%）	4200（6.1%）	7590（6.5%）
节约支出分成激励（亿英镑）	800（1.6%）	580（0.9%）	1380（1.2%）
其他绩效激励（亿英镑）	320（0.7%）	1400（2.1%）	1720（1.5%）
总计（亿英镑）	4510（9.3%）	6220（9.1%）	10720（9.2%）

资料来源：NAO（2020）。

（四）规制资产实际收益率偏高的原因分析

1. 基准收益率设定偏高

OFGEM 根据资本资产定价模型设定基准收益率。虽然市场分析认为电网企业的风险系数在 RIIO 规制框架下要低于 RPI - X 规制框架下，但是 OFGEM 为了保持规制的连续性，同时为了确保电网企业能够在 RIIO - 1 规制期间从资本市场上募集到足够的资金以满足大量的投资需求，仍采用了与 RPI - X 规制框架下相同的风险系数。NAO（2020）的测算表明，风险系数设定偏高给电网企业带来了至少 8 亿英镑的额外收益。

2. 绩效标准设定偏低

在 RIIO - ED1 规制期间，配电企业额外收益的很大一部分来自防断电激励（interruptions incentive scheme，IIS），IIS 通过对实现目标的企业提供奖励来激励电网企业进行创新和投资，从而进一步减少停电的频率和时间。OFGEM 是根据 2012 ~ 2013 年的数据设定的 IIS 标准，因为标准偏低，导致一些配电企业在 RIIO - 1 开始之初的 IIS 绩效就已经超过了设定目标。NAO 的测算表明，IIS 在 RIIO - ED1 期间将为配电企业带来近 8.9 亿英镑的额外收入。

3. 实际支出与预测支出差额奖励偏高

在 RIIO - 1 规制框架下，OFGEM 通过评估电网企业提供的预测支出来设定其准许支出，并允许电网企业保留实际支出与准许支出差额的一定比例作为奖励。NAO（2020）的评估报告显示，电网企业高达 44% 的规制资产回报率（RORE）来自企业的实际支出与准许总支出差额的分成比例，这主要是因为：第一，通货膨胀率和电力用户的并网需求低于 OFGEM 在设定准许总支出时的预期；第二，电网企业的运营效率超出了 OFGEM 的预期。NAO（2020）认为高绩效有可能是因为电网企业的运营确实高，但也可能是因为电网企业当初故意夸大了某些成本，而 OFGEM 由于信息不对称等原因未能发觉。

4. 风险调整机制失衡

OFGEM 在设定 RIIO－1 期间规制资产收益率的相关参数取值时，采用的是根据历史数据预测未来趋势的方法。NAO（2020）预测，如果采用指数法，将规制资产收益率的取值与适当的指数相关联，可以使电力用户节省 2 亿~8 亿英镑的输配电支出。另外，OFGEM 将规制期间从 RPI－X 规制框架下的 5 年延长至 RIIO－1 规制框架下的 8 年，并限制中期审查调整的范围，实际上等于延长了电网企业获得额外高收益的期间。OFGEM 延长规制期间的初衷是希望电网企业能从长远角度在设备更新等方面实施战略投资，但是 NAO（2020）认为这一目标似乎并没有实现。

四、RIIO－1 框架的改进

OFGEM 等根据 CEPA（2018）和 NAO（2020）的建议，在与利益相关者就 RIIO－1 取得的成效和存在的问题进行深入探讨的基础上，将在以下几个方面改进 RIIO 框架，并反映在 RIIO－2 规制框架中。

（一）完善总成本支出激励机制

总成本支出激励机制可以在事前激励电网企业尽可能提交准确的成本支出预测、在事中激励电网企业尽可能节约成本。但是 RIIO－1 的经验表明，这一机制存在问题：第一，电网企业的事前成本支出预测基于历史信息，但是历史信息无法准确预测未来；第二，OFGEM 无法独立于电网企业对其成本支出进行核审和预测。为此，OFGEM 提出的改进方案包括改善信息质量激励机制、优化节约成本分享机制和促进各项成本的定量化等。

1. 改善信息质量激励机制

自 DPCR4（2005~2010 年）以来，OFGEM 一直使该机制来设置电网企业的准许支出，即准许支出等于 75% 的 OFGEM 有效成本预测加上 25% 的电网企业成本预测。CEPA（2018）认为信息质量激励机制所依据的理论假设无法实现，因此需要完善。具体而言，该机制在实践中达到最佳效果需要满足以下条件：第一，电网企业是风险中性；第二，OFGEM 能够独立于企业的成本支出预测来设置电网企业的有效成本；第三，电网企业的规制资产准许回报率等于实际资本成本。然而在现实中这些条件可能都不成立，因此当前的信息质量激励机制并不能达到最佳效果，反而会加剧电网企业对短期收益的偏好。改善后的机制设计包括提前公布信息质量激励矩阵、废弃 75/25 法则（在对企业的成本预测实施评估之后，OFGEM 将完全根据自身对有效成本的测算设定企业的准许支出，不再利用电网企业提交的预测，即准许总支出等于 OFGEM 的基准有效成本）、提交准确预测的电网企业将获得更大的激励等。

2. 优化节约成本分享机制

节约成本分享机制始创于英国城市供水规制机构（Ofwat），目的是激励企业在提交预测成本时，充分考虑生产率在降低成本方面的作用。具体而言，若企业在考虑了技术进步的前提下提交了低于规制机构预测的成本，那么企业将获得更高的节约成本分成比例。这种方法的特点是：（1）少支和超支的分成比例不同；（2）无预先惩罚或奖励；（3）当企业的总支出预测低于规制机构的预测时，客户对于超支部分的支付比例不会超过50%。举例来说，假设电网企业提交的成本预测比 OFGEM 的预测低10%，即企业预测较OFGEM 的基准为90%，那么实际少支对应的成本分成比例为60%，实际超支的分成比例则为50%［表10（2）列］。假设企业最终的实际成本为110英镑，对于超支部分企业需要承担5英镑，即（100−110）×50% = −5；如果企业最终实际成本为90英镑，则对于少支的部分企业可以获得利润为6英镑，即（100−90）×60% =6。相反，如果企业提交的预测较 OFGEM 的基准为110%［表10（4）列］，则上述分成比例变为40%和60%，企业在同样少支10英镑或超支10英镑的情况下，需要分享的收益和负担的金额分别变为4英镑和6英镑。具体情况如表10和图11所示。

表10		成本分享机制示例			
项目	（1）	（2）	（3）	（4）	（5）
企业提交的计划总支出	80.0	90.0	100.0	110.0	120.0
规制机构的基准总支出	100.0	100.0	100.0	100.0	100.0
分成比例（少支）	65.0	60.0	50.0	40.0	35.0
分成比例（超支）	50.0	50.0	50.0	60.0	65.0
实际支出：基准支出					
80%	13.0	12.0	10.0	8.0	7.0
90%	6.5	6.0	5.0	4.0	3.5
100%	0.0	0.0	0.0	0.0	0.0
110%	−5.0	−5.0	−5.0	−6.0	−6.5
120%	−10.0	−10.0	−10.0	−12.0	−13.0

注：左上13% =（100%−80%）×65%（少支），右下−13% =（100%−120%）×65%（超支）。

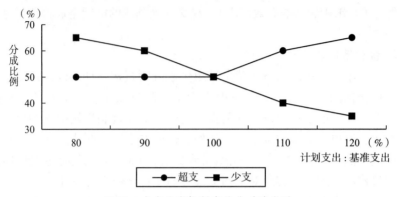

图 11　成本分享机制中的非对称激励

在图 11 中，横轴为电网企业的计划支出与 OFGEM 的基准支出之比，纵轴为分成比例，当电网企业和 OFGEM 的成本预测相同时，超支与少支的分成比例同为 50%，当计划支出与基准支出的比例低于 100% 时，企业少支获得的分成比例开始大于超支的负担比例（超支的负担比例保持在 50% 不变）；当这一比例高于 100% 时，企业超支后的负担比例则高于少支后的分享比例。利用这种非对称节省成本分享机制，OFGEM 可以激励电网企业尽可能地将未来的技术进步考虑在内，从而降低预测成本支出。

此外，为了减少 OFGEM 在成本监审过程中对单个电网企业信息的过分依赖，OFGEM 鼓励电网企业提供的各项成本尽可能做到可定量预测，从而提高项目成本之间的横向、纵向可比性，OFGEM 将符合上述条件的项目成本被称为"可基准化（baselined）成本"，并通过增加可基准化成本的权重诱导电网企业尽量实现成本的定量化。

（二）调整产出激励机制

1. 防止对单一绩效的双重奖励

在 RIIO - 1 框架下，产出绩效与准许支出直接挂钩的情况只是个别现象，比如电网企业在规制期间实现产出绩效并且因此实际支出高于准许支出时，如果 OFGEM 认为超支部分合理，则电网企业不但可以获得超支部分的成本，而且可以获得相当于超支部分 2.5% 的额外奖励。这样做的目的是防止电网企业担心超支而降低产出目标的数量或者质量。但是 CEPA（2018）认为这种做法可能会增加电网企业双重奖励的可能性，双重奖励是指企业通过基准收入改善了绩效，改善后的绩效又一次获得绩效激励，这样企业就会获得基础收入和绩效改善的双重奖励。CEPA（2018）建议 OFGEM 在 RIIO - 2 框架中强化产出绩效与准许收入的关联度，明确电网企业只有在实际绩效超过基础绩效（通过基础收入实现的产出绩效）水平一定程度以上时才能获得奖励，这样电力用户就不会为相同的产出支付两次费用。

2. 校准产出绩效目标

在 RIIO - 1 框架下，OFGEM 用来制定电网企业产出绩效的历史数据有一定程度的滞后性，不能体现企业最新的技术进步和绩效提升，从而使设定的产出绩效标准偏低，因此增加了电网企业的额外收入，提高了电力用户的用电成本。CEPA（2018）建议 OFGEM 在 RIIO - 2 框架中使用下述方法校准产出绩效目标：第一，参考电网企业最新的绩效标准设定下一期的产出绩效目标，并且充分考虑技术进步可能带来的绩效改善；第二，OFGEM 在设定产出绩效目标时应充分了解消费者的支付意愿，从而设定更符合消费者潜在需求的产出绩效目标；第三，考虑到不同地区的消费者偏好有实质性差异，OFGEM 设定的产出绩效目标应该体现地区差异性。对于很难用绝对值衡量的产出绩效指标，可利用最低绩效阈值来设定激励措施。

（三）调整风险应对机制

1. 降低实际价格效应的影响

在 RIIO - 1 框架下，OFGEM 通过历史数据预测降低实际价格效应（real price effects，RPEs）的水平，这种事前设定 RPEs 的方法要求经济整体的通货膨胀率与电网企业投入要素价格之间存在着长期稳定的关系，由于现实中并非如此，且 OFGEM 用来预测 RPEs 的许多因素都是不稳定的，通常这些因素的变化很难解释和预测，所以 OFGEM 事前预测未来八年的 RPEs 水平存在着较大的风险。为此，CEPA（2018）提出 OFGEM 在 RIIO - 2 框架中可以采用两个改善方案：第一种方案是设置 RPEs 的阈值，即设定临界区间（dead-band），超过这一临界区间后重新设定；第二种方案是将 RPEs 指数化，通过一组预先确定的指数确定 RPEs 水平。

2. 调整价格规制周期

OFGEM 将 RIIO - 1 的规制期设定为 8 年，这是为了激励电网企业能够通过制订更长期的计划来实现更高的效率，提高创新性。然而，更长的规制期间意味着更大的不确定性。事实证明，由于 OFGEM 在 RIIO - 1 规制框架下对电网企业风险预测存在偏误，在预测时所使用的数据过时等原因，一些电网企业获得了过高的绩效奖励。NAO（2020）建议 RIIO - 2 的规制期间恢复至 RPI - X 规制框架下的 5 年。较短的规制期间虽然会加重电网企业和 OFGEM 的合规审核负担，但是有助于降低 OFGEM 出现重大预测错误时带来的不良影响。

3. 增设收益校准机制

由于 OFGEM 和电网企业之间的信息不对称，NAO（2020）建议 OFGEM 需要校准电网企业的回报率以确保电网不会获得过高的损益。在 OFGEM 召开的 RIIO - 2 研讨会上，CEPA（2018）提出了一种校准收益的机制，即竞争池（competed pot）机制。概括而言，OFGEM 事先建立一个资金池，电网企业根据其产出绩效向资金池中缴纳或获得资金——绩效优异的电网企业从资金池中获得奖励，绩效未达标的电网企业向资金池缴纳资金。资金池的期初规模和分配规则事先确定，规模可以用货币来定义，也可以用规制资产回报率来定义。竞争池机制有三个主要优点：第一，该机制保留了激励电网企业提高产出绩效的事前激励；第二，该机制在电网企业之间引入了竞争，从而可以提高效率；第三，该机制使电网企业共享一定数量的资金奖励，可以降低行业整体的内部收益率。

五、我国电网企业输配电业务规制现状与问题分析

因为输配电业务具有自然垄断的性质，根据国际惯例，监管机构依法依规对其实施成本监审和收入核定。我国现行"准许成本＋合理收益"的规制模式（如图 12 所示）。突破了电网企业利益固化的藩篱，开创了对超大型垄断企业实施独立成本监审和独立定价的先河，在制度建设上实现了"从无到有"的突破。但另外，从推动电网企业高质量发展的角度来看，现行准许收入规制模式的主要问题是：其一，缺乏有效破解信息不对称的机制设计，致使规制机构核定的准许成本中混有无效成本，这些无效成本以输配电价的形式由电力用户支付，从而推高了我国的输配电价；其二，缺乏基于绩效导向的激励约束机制，刺激电网企业降低输配电成本的动力不足。比如，2002 年我国平均上网电价约为 0.356 元/千瓦时，2018 年微增至 0.374 元/千瓦时；与此相比，2002 年我国平均输配电价不足 0.11/千瓦时，2020 年则激增至

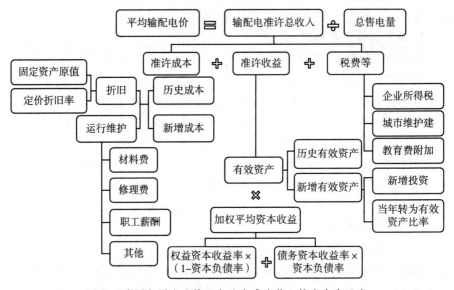

图 12　我国电网企业输配电业务准许收入核定内容示意

0.22 元/千瓦时①。发电环节和输配电环节价格变化差异固然是"多因一果"，但价格形成背后的机制差异可能是主因。

据其原因，我国电网企业与国外同行业相比同时具备国有独资、自然垄断和公用事业属性，且电网企业管理者对应的行政级别较高，在监管博弈中具有较强的谈判能力，因此自然垄断带来的各种弊端在电网企业中较为明显，包括效率低下以及不同业务板块之间的交叉补贴等违反公平竞争的行为。具体而言：

第一，我国电网工程建设效率低下推升了输配电成本。效率低下的典型行为包括：电网建设追求规模忽视效益。根据 2018 年国家能源局公布的监管报告（《浙福特高压交流等十项典型电网工程投资成效监管报告》），哈郑工程设计输送容量为 800 万千瓦，然而自投产以来最大输送功率一直低于设计水平，维持在 500 万千瓦以下；浙福工程 2015 年、2016 年的实际应用功率仅为设计能力的 3.6% 和 3.8%，年利用小时数只有 314 小时和 334 小时——年运行时间不足 15 天。记载电网工程建设支出的会计科目失真。根据上述 2018 年的监管报告，浙福、溪浙、哈郑工程分别发生了高达 11937 万元、5171 万元、4918 万元的研究试验费，报告认为其中部分项目需进行输配电成本的甄别。"近亲中标"致使无法通过竞争机制降低工程成本和提高工程质量。根据 2016 年国家能源局公布的监管报告（《2015 年度 110kV 及以上在建电网工程执行承装（修、试）电力设施许可制度情况专项监管报告》），在国家电网公司经营区域内的 24 个省（区、市）在建电网工程项目中，关联企业整体中标率约为 92.4%；南方电网公司经营区内（5 个省区）约为 67.7%；内蒙古电力公司经营区内（内蒙古西部）约为 39%。部分无证及伪造许可证施工企业凭借特殊关系中标，致使工程低下，增加了后续维修成本和安全隐患。

第二，不同业务板块之间的交叉补贴虚增了输配电成本。电网企业以输配电业务为主，但兼营其他关联或非关联业务。根据国家电网公司和南方电网公司在发行债券时公开披露的财务数据②，2010～2020 年，国家电网公司输配电关联业务板块的毛利率在 4.74%～8.32%，其他业务板块则高达 14.80%～36.83%；同期南方电网公司的上述指标则分别在 5.35%～7.74% 和 22.97%～52.99%（见图 13）。将其他业务板块的成本转移至输配电业务板块，然后通过法定输配电费回收，或者延伸输配电业务领域的垄断势力至其他业务板块通常会达到上述效果。

---

① 贾科华、卢彬：《改革 17 年，输配电价不降反升》，载《中国能源报》2020 年 1 月 6 日第 2 版。
② 上海清算所—债券信息披露，https://www.shclearing.com/xxpl/fxpl/。

（a）国家电网公司不同业务板块之间的毛利率比较

（b）南方电网公司不同业务板块之间的毛利率比较

图 13　电网公司不同业务板块之间毛利率的比较（2010～2020 年）

注：国家电网公司 2020 年为 1～3 月的数据，南方电网公司 2020 年为 1～9 月的数据。

资料来源：根据国家电网公司和南方电网公司发行债券时公开披露的财务数据做成。

　　第三，电网企业输配电业务成本效率低下。图 14 是项目组测算的我国 23 家主要省级电网企业输配电业务在 2006～2015 年①的成本效率情况。可以看出：（1）整体效率水平（Total_CE）较低，平均为 72.77%，意味着输配电成本的 1/4 左右都是无效成本；（2）图 13 的（a）图表明，由监管制度等相对稳定的外因决定的时不变效率（time invariant cost efficiency，L_CE）是造成整体效率低下的主因；（3）图 13 的（b）图表明，样本期间各个电网企业之间的成本效率差异较大，效率趋同现象不明显（如果监管制度有效，电网企业之间的效率应该出现收敛趋势）。样本期间输配电业务的总成本是

---

① 我国从 2005 年开始实施通过销售电价减去上网电价确定输配电价的规制政策，然后从 2016 年前后开始全面实施准许收入规制，这意味着 2005～2016 年实施的是同样的规制政策，因此具有政策稳定性和测算结果可比性的特点。

32621. 60 亿元（2006 年不变价格），理论上可节省的成本约为 8807. 8l3 亿元。我国输配电价占销售电价的比例在 30% ~ 35%，输配电价降低 1/4 意味着可降低销售电价 8% 左右（100% × 1/4 × 1/3）。根据庞雨蒙（2018）的模拟结果，如果电价降低 5%，则我国 GDP 可增加 0.5%，企业、政府和居民的收入可分别增加 0.49%、0.44% 和 0.47%[①]。

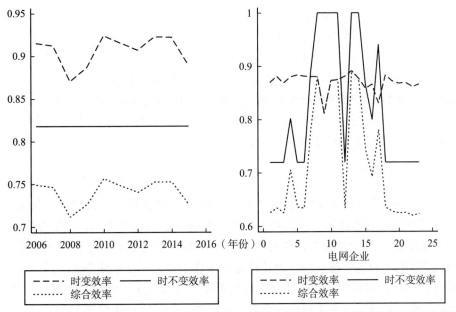

（a）样本期间电网行业整体的成本效率变化情况　（b）样本期间各个电网企业的平均成本效率情况

图 14　我国电网企业输配电业务成本效率的变化趋势（2006 ~ 2015 年）

资料来源：笔者根据测算结果整理而成。

　　由此可见，我国自然垄断行业中的输配电业务运行效率低下，无效成本占比较高。这种现状与现行"准许成本 + 合理收益"规制模式所体现的"从易到难、逐步提升"的监管理念有因果关系，现行输配电准许收入规制模式的标志性特点是合规导向，这种设计与新制度导入初期来自电网企业阻力较大、规制机构履职专业能力较弱和各种配套机制体制不健全的状况是相适应的，但是随着我国全面推进国家治理体系和治理能力现代化，监管理念也要从合规导向上升为效率导向，在制度建设上实现"从有到优"的提升。

---

① 理论上可降低的输配电成本有两层含义：第一，假设电网企业在运营中不存在无效率时可节省的成本，因为不可能完全消除无效率，所以实际上可降低的成本要低于该理论成本；第二，它是以我国现有输配电行业技术水平和电网企业现有最佳管理实践为标杆测算的结果，如果标杆从国内电网企业转为国际上更为先进的电网企业，则实际上可降低的成本可能高于该理论值。

六、对我国的启示

英国 1990 年开始对发电和售电环节实施市场化改革，同时对输配电环节实施 RPI－X 规制。RPI－X 规制内含的激励机制诱导电网企业提高了效率，但是也出现了一些问题，比如企业以降低服务质量来节省成本、减少创新投资、偏向于用更新设备替代日常维系等。OFGEM 针对上述问题，以"打补丁"的形式不断完善 RPI－X 规制框架。最后在 RPI－X 框架运行近 20 年之际，OFGEM 启动"RPI－X@20"项目，决定采用产出导向型 RIIO（收入＝创新＋激励＋产出）规制框架替代 RPI－X 规制框架，并通过在运行 RIIO－1 规制框架中得到的经验进一步完善 RIIO－2 规制框架。

根据英国输配电价成本监审与收入设定的规制实践，同时结合我国的规制现状，本文提出的改进建议如下：

（一）通过模拟市场竞争优化定价机制，缓解成本信息不对称

在市场机制下，微观市场主体通过降低成本和创新产品获得竞争优势，消费者通过自由选择和自由消费完成对企业和产品的优胜劣汰，这是竞争压力约束微观主体行为的核心机制。电网企业的输配电服务不存在市场竞争，因此英国的 OFGEM 通过制度设计构建影子竞争者，诱导电网企业与其竞争，通过有为政府和有效市场的结合，最大限度激活微观主体的活力，这是英国通过 RPI－X 规制框架实现电网企业增效保质、并且在产出导向型 RIIO 框架下继续使用的机制。

1. 通过在成本监审中导入相对绩效比较分析机制探寻电网企业最小成本

我国现行输配电成本监审通过本地监审、上级监审和交叉监审实施，以合规性审核为主，同时利用一些会计指标实施自我纵向比较。这种方式简单易行，但是容易诱发监审中的合谋行为，而且无法从根本上改变规制机构在成本信息方面相对电网企业的劣势。相对绩效比较分析机制的实质是电网企业间的横向比较，它建立在计量经济学基础之上，可以克服运营环境差异等不可控因素对电网企业绩效评估的影响，是更加科学化、精细化的成本核审工具，已广泛应用于 OFGEM 等国外垄断企业的规制实践中。在实际操作中，对标企业可以选择国内、国外电网企业，还可将对标要素优化为成本效率、全要素生产率等更加科学、全面的指标和标准体系。

2. 通过在准许收入中设立激励机制诱导电网企业提高效率

在市场机制下，竞争性企业的利润取决于产品的成本和市场价格，在市场价格给定的情况下，企业降低成本的努力程度与实现的利润多少成正比。在输配电服务中，增加激励机制的目的是规制机构代替市场机制诱导电网企业为获得更多利润而降低成本，具体方法是人为设定"市场价格"，即

RPI－X 规制框架和 RIIO 规制框架中事先设定的准许成本。如果垄断企业的实际成本小于准许成本，就会获得利润；反之则亏损。如无事先约定的情况发生，垄断企业的准许成本不可随意变更。在激励机制的设计中，科学、公开、透明地设定每个垄断企业的准许成本是关键：如果设定过高则企业不具降低成本的压力，如果设定过低则企业失去降低成本的信心。规制机构设定准许成本的依据是通过相对绩效比较分析机制测算影子成本。对于通过技术进步降低成本可行性较大的垄断行业，准许成本可以相对较低，以激励垄断行业通过创新活动降低成本；对于与对标企业差距较大的垄断企业，准许成本可以相对较高，以鼓励企业有信心通过加强内部管理逐步提高效率、降低成本。

3. 通过在绩效评定中添加传导机制实现改革成果共享目标

在市场机制下，竞争性企业通过降低成本获得超额利润的现象是暂时的，因为优胜劣汰的市场法则会驱使同类型企业在尽可能短的时间内赶上甚至超过对手，竞争的结果是市场价格降低，于是企业降低成本而增加的福利通过市场价格传导给消费者。在输配电规制中，添加传导机制的目的是规制机构替代市场机制，完成从降低电网企业成本到降低输配电价的传导，实现改革成果共享的目标。在英国的规制框架和产出导向型 RIIO 规制框架中，与传导机制相关的制度设计可分为：第一，合理设定过渡期间。规制机构通过对标发现差距后，需要求电网企业在一定期间内消除差距。在过渡期内，规制机构设定的准许成本并不是最小可行成本，而是包含一定程度的冗余成本，这意味着由消费者承担了电网企业的部分冗余成本。设定合理的过渡期间，就是将消费者负担的冗余成本总和降至最低程度。第二，事中临时调整准许成本。如果电网企业滥用信息优势误导规制机构设定较高的准许成本，并因此获得了超额利润，则规制机构一经发现，可以在规制周期内随时启动准许成本复议程序，将其调至合理水平，OFGEM 曾在改革之初对电网企业启动过此程序。第三，超额损益分担条款。规制机构事先设定的准许成本是基于一定的财务假设，这些财务假设依赖于对宏观经济发展的预测，如果事先预测的宏观经济发展状况与事后真实状态差异巨大，并由此给垄断企业带来超额损益，则须设立合理的分担机制。

（二）以系统观念协同推进改革，提高规制机构的履职能力

基于模拟市场竞争的政府定价机制科学性更强、精细化水平更高、规制效果更好，是推动输配电行业质量变革、效率变革、动力变革的重要抓手，是有效市场与有为政府相辅相成、相得益彰的"化学反应"，是有效破解电网企业成本信息优势、实现激励相容和提高全要素生产率的关键之举。为确保达到预期效果，须坚持系统观念，优化定价机制的实施体系、提高各方的协同质量、强化监管人员的履职能力、提升垄断企业的应变认知，精细设计

输配电的价格结构，这也是 OFGEM 总结 RPI – X 规制框架的经验，在制定实施产出导向型 RIIO 规制框架中着重强调的内容①。

1. 以价格结构的合理性确保定价结果的公平性与效率性

在模拟市场竞争机制使电力用户负担的成本总量最小化之后，还须考虑不同类型用户、不同电压等级、不同时间地域的电力用户如何分摊总成本，以实现输配电价的结构最优。高电压等级工商业用户对低电压居民用户的电价补贴体现了我国以民为本、关注民生的治国理念，然而随着居民生活水平的提高和居民用电量占比逐年攀升，交叉补贴问题在中国电力企业联合会 2018 年的调研中已被列为首个需要深化改革的问题。对居民用电实施阶梯定价同样是我国关照低收入群体和实现资源节约环境友好型社会的举措之一，为避免工商业用户对居民中收入较高群体的非必要补贴，需合理降低居民第一档电价覆盖范围并适当提升第三档电量电价。今年初我国部分省份实施了拉闸限电，这固然与极端天气变化等客观原因有关，但是通过实施分时输配电价，利用市场机制调整用电行为可为电力削峰填谷提供制度保障。为了减少负荷中心与电源中心的空间距离，实现输配电设备投资的源头最优化，可考虑由电源方承担基于地理位置信息的并网费用，这将有助于我国可再生能源发电从追求规模速度向追求质量效率发展。

2. 以监管体系的完备性确保定价过程的权威性与专业性

价格水平的合理性与结构的最优化最终都依托于政府定价监管体系的完备性。电网设备投资、维护等资本支出在总成本中占比 70% 以上，适时调整电网企业调度功能，改变电网企业主导投资规划现状，可从源头上控制成本。因此将电网规划职能与输配电定价职能、服务质量监管职能统一于专业化程度更高、相对独立性更强的规制机构是深化电力体制改革的未来趋势。电价涉及经济社会活动的各个角落，数量众多但力量分散的电力用户处于谈判弱势地位。因此确保核价程序的公开透明与消费者诉求渠道的畅通、落实电网企业举证责任、设计争端解决的行政法律程序是实现改革成果共享的制度保证。我国电网企业规模巨大、在规则制定和执行方面谈判能力更强，因此赋予规制机构准立法权、准司法权是推行模拟市场竞争定价体系的客观需求。我国幅员辽阔，区域间经济社会发展状况差别较大，因此坚持试点先行后总结提升可复制经验予以推广、准许试点地区在模拟竞争机制设计上体现多样性，做好"摸着石头过河"和顶层设计相结合是行之有效的改革路径。定价过程涉及跨学科知识，因此将强化监管人员的内部培训与借助外脑相结合，借助数字技术将定价过程细节及时披露是节省行政成本并预防"规制俘获"的有益探索。

---

① 在产出导向型 RIIO 框架下，输配电部门的利益相关者包括电力用户、政府部门、其他规制机构、环保部门和输配电投资者以及供应商等。

3. 以择善而从的开放性确保定价机制的主动性与适配性

历史经验表明，发展中国家在现代化建设中合理借鉴人类文明优秀成果，可以节省时间和学习成本。基于模拟市场竞争的政府定价机制扎根于规制经济学中的激励性规制理论，起源于 20 世纪 80 年代后期英国规制机构在输配电、城市供水、铁路客运等垄断行业的规制实践。OFGEM 在实施 RPI－X 规制的 20 年里，顾客满意度得到了提高，输配电设备实现了更新，输电成本降低了 50%，配电成本降低了 41%。学蜜蜂采百花，问遍百家成行家。我国现行输配电定价机制与美国有诸多相似之处，然而美国的规制实践既不是理论上最优，也不被学术界和产业界广泛接受，它是 2000 年加州电力危机后规制机构保身求稳的结果，相对于美国 20 世纪 80 年代的规制实践，现行机制是一种简单易行但效率低下的做法。2019 年针对美国电力企业所做的调查表明，至少近七成的受访者希望美国转向包括上限规制在内的激励性规制，2019 年，美国夏威夷州公共服务委员会已经开始导入基于模拟市场竞争的输配电定价机制。

参 考 文 献

［1］李宏舟、朱丽君、闫明喆：《RPI－X 规制研究：关于理论与实践的述评》，载《产业组织评论》2021 年第 2 期。

［2］贾科华、卢彬：《改革 17 年，输配电价不降反升》，载《中国能源报》2020 年 1 月 6 日第 2 版。

［3］庞雨蒙：《竞争政策、企业全要素生产率与资源配置效应——基于异质性发电企业的检验》，载《北京理工大学学报：社会科学版》2018 年第 1 期。

［4］Cambridge Economic Policy Associates（CEPA），2018：Review of RIIO Framework and RIIO－1 Performance. March. London.

［5］Helm, D., 2017：Cost Of Energy Review, Energy Focus, Vol. 34, No. 3.

［6］National Audit Office（NAO），2020：Electricity Networks. January. London.

［7］Office of Gas and Electricity Markets（OFGEM），2004a：Electricity Distribution Price Control Review：Initial Proposals, 145/04. June. London.

［8］Office of Gas and Electricity Markets（OFGEM），2004b：Electricity Distribution Price Control Review：Appendix－The Losses Incentive and Quality of Service, 145e/04. June. London.

［9］Office of Gas and Electricity Markets（OFGEM），2009a：Regulating Energy Networks for the Future：RPI－X@20 Principles, Process and Issues. 13/09. February. London.

［10］Office of Gas and Electricity Markets（OFGEM），2009b：Regulating Energy Networks for the Future：RPI－X@20 Context of Energy Regulation since Privatization, 13a/09. February. London.

［11］Office of Gas and Electricity Markets（OFGEM），2009c：Electricity Distribution Price Control Review Final Proposals, 144/09. December. London.

[12] Office of Gas and Electricity Markets (OFGEM), 2009d: Distribution Electricity on Price Control Review Final Proposals – Allowed Revenue – Cost Assessment Appendix, 146a/09. December. London.

[13] Office of Gas and Electricity Markets (OFGEM), 2010: Handbook for implementing the RIIO Model, October. London.

[14] Office of Gas and Electricity Markets (OFGEM), 2014: RIIO – ED1: Final determinations for the slow-track electricity distribution companies: business plan expenditure assessment, November. London.

[15] Office of Gas and Electricity Markets (OFGEM), 2017: The Network Innovation Review: Our Policy Decision, March. London.

Research on RIIO Regulation Model of UK's Power Transmission and Distribution Industry: Basic Framework, Operational Performance and Continuous Optimization

Hongzhou Li　Lijun Zhu

Abstract: The core of the output-oriented RIIO regulatory model is to determine the output type of the transmission and distribution business of the grid enterprise and the corresponding incentive and restraining mechanism according to the opinions of stakeholders, so as to supervise the behavior and income of the grid enterprise. During the implementation of the first round of RIIO (RIIO – 1) regulatory framework in the United Kingdom, the output performance of power grid enterprises is significantly higher than the standard set by the regulator, the actual expenditure is generally lower than the permitted expenditure, and the shareholder yield of the grid enterprise is high. For this reason, the regulatory authority in UK has proposed specific measures such as improving the total cost expenditure incentive mechanism, adjusting the output incentive mechanism, and adjusting the risk response mechanism during the second round of RIIO (RIIO – 2) regulatory framework. At the same time, this paper holds that the current transmission and distribution cost supervision and permitted income setting in China lacks the effective mechanism design to crack information asymmetry, performance-oriented incentive and restraining mechanism is absent, too. This paper finally combined with incentive regulation theory and British regulatory practice, put forward the proposal to optimize the pricing mechanism through simulated market competition and promote the reform of the transmission and distribution regulatory system with system concepts.

Keywords：RIIO　Output-oriented Regulatory Framework　Allowed Cost　Rational Return

JEL Classification：L50　L51　L52

第 21 卷第 3 辑　　　　　　　　产业经济评论　　　　　　　　Vol. 21　No. 3

2022 年 9 月　　　　　Review of Industrial Economics　　　　September 2022

融资约束、企业成长能力与中小金融机构包容性

于文领　　张力派　　张　良*

摘　要： 基于"适应性造就复杂性"的正反馈演化的规律，中小企业的可持续发展和稳固成长，不仅需要"打铁必须自身硬"的内部持续成长能力，而且要时刻调整经营策略以适应外界经济环境变化。本文立足梳理民营中小企业融资难题，以财务内部可持续增长能力的优化和以城乡商业银行为代表的中小金融机构包容性合作的两个视角进行研究，共收集整理 4617 个微观数据样本用以构建计量模型。研究发现，民营中小板和创业板上市公司的可持续增长率和实际增长率普遍不匹配，经营现金流难以满足实际发展和扩张需求；样本企业普遍存在融资约束，且均以内源融资为主，存在资产错配；企业经营现金流与中小金融机构包容性呈"互补"的反比关系，若以城乡商业银行等中小金融机构的杠杆在其中发挥作用，这可以有效缓解企业经营现金流、投资支出、现金持有等财务压力。因此，中小金融机构通过发挥"软"信息优势，多维度帮扶和解决民营中小制造业企业的内外部协同优化融资问题，才能更好地为其融资"松绑"，优化资源配置，增强微观主体的经济活力，助推中国经济高质量发展。

关键词： 可持续增长率　融资约束　成长能力　中小金融机构包容性

一、引　　言

"欲致其高，必丰其基；欲茂其末，必深其根。"截至 2022 年，经济规模不断壮大的民营经济，在国民经济中贡献了 50% 以上的税收，60% 以上的国内生产总值，70% 以上的技术创新成果，80% 以上的城镇劳动就业，90% 以上的企业数量（任晓猛等，2022）。中国民营中小企业是繁荣社会主义市场经济的生力军，是促进创新创业的重要主体，也是造就"中国经济奇迹"

---

*　本文受江苏省社会科学院青年项目"在提升产业链供应链竞争力的视角下江苏省中小微企业金融供给模式研究"（QN202119）。

于文领：江苏省社会科学院；地址：江苏省南京市秦淮区建邺路 168 号，邮编 210004；E-mail：lingwyu@ 163. com。

张力派：通讯作者，上海外国语大学国际工商管理学院；上海市松江区文翔路 1550 号，邮编 201620；E-mail：pzyz0907@ 126. com。

张良：江苏省社会科学院农村发展研究所；地址：江苏省南京市秦淮区建邺路 168 号，邮编 210004；E-mail：jsasszl126. com。

的重要"助推剂",其健康发展关乎国运腾飞。党的十九大报告明确指出要增强金融服务实体经济能力、提高企业直接融资比重和促进多层次资本市场健康发展,以释放长尾企业的经济活力。2018 年 11 月,习近平总书记主持召开民营企业座谈会并发表重要讲话,指出"我国经济发展能够创造中国奇迹,民营经济功不可没""我国民营经济已经成为推动我国发展不可或缺的力量"①。2019 年 12 月,《中共中央　国务院关于营造更好发展环境支持民营企业改革发展的意见》指出:"进一步提高金融结构与经济结构匹配度,支持发展以中小微民营企业为主要服务对象的中小金融机构。"2022 年 4 月,《中共中央　国务院关于加快建设全国统一大市场的意见》为中小企业提供了大有可为的重要战略机遇期。但是长期以来,相比大型国有企业,中小民营企业始终面临"融资难、融资贵"的困局。尤其是 2020 年初全球暴发的新冠肺炎疫情的持续冲击,使得中小企业融资渠道骤减,经营困境雪上加霜。如何解决中小企业的融资困境成为政府和市场主体的当务之急,具有广泛的现实意义。

"适应性造就复杂性"的正反馈演化,证实中小企业成长为大企业,不仅需要"打铁必须自身硬"的内部结构合理化,而且需要时刻调整经营策略以适应外界经济环境变化。银企关系是国民经济中重要的经济关系之一,以信贷服务为主的银行拥有巨量资金,资金是企业生存与发展的基础,是企业进行经营活动的"血脉"。作为主要的外部直接融资服务方,企业的成功离不开银行的支持。民营中小企业是一个相对的概念,该类型企业在不同的生长周期中呈现差异化规模分布,并且相比于成熟的大型国有企业,普遍存在财务不透明度、抵押品匮乏、信用评级缺位、管理规范有待提高等问题。大多是银行以提供信用贷款、抵押贷款、财务报表型贷款等贷款技术为基础的金融产品和服务,这导致具有先天劣势的中小企业难从大银行中获得有效的金融资源。针对民营中小企业长期存在的融资约束难题,本文梳理国内外的研究成果、实践经验和实际调查发现,主要有内外两方面原因:一方面是由于民营中小企业的财务可持续增长能力不足,从而制约了内源融资,这说明企业需要"打铁必须自身硬"的持续成长能力;另一方面是银行具有天生的谨慎倾向性,因民营中小企业发展前景的不确定以及内外的信息不对称,银行倾向给予信誉好、盈利稳定的大企业贷款,也更青睐于给增长率较高、波动率较低的大型企业贷款(陈彪等,2021),导致中小企业缺乏良好的外部"融资生态圈"。目前学术界对中小企业融资约束诱因的分析主要从定性层面考虑,且二者相对孤立,缺乏有效的系统分析。

2012 年以来,世界银行通过对 80 个国家进行调查、统计发现中国存在融资约束的非金融类企业占比位居全球首位,多数的非金融类企业存在融资

---

① 习近平:《在民营企业座谈会上的讲话》,载《人民日报》2018 年 11 月 2 日 02 版。

困境。民营中小企业长期受内外部融资约束的困扰，这使得企业的日常营运、及时偿债、持续盈利、研发决策、长期发展等方面都面临巨大威胁。民营中小企业的危急存亡直接关切着民生就业、生产体系完整以及国民经济的繁荣稳定发展。本研究基于"最优金融结构理论""优序融资理论""中小银行优势假说"，立足民营中小企业融资体系，从内外联动的企业持续成长视角，寻找系统解决中小企业融资约束的途径。企业内部关系到持续成长的内源融资，以具有"自我造血功能"的财务可持续增长率（SGR）进行衡量；企业外部立足于银行主导型金融结构，以城乡商业银行的包容性为主要研究对象，综合分析融资约束的内外部协同优化路径。本文的创新点是考虑内外因素的交互作用，将企业的融资约束问题进行多因素定量分析。在最优金融结构理论指导下构建内外联动的可持续融资体系，探寻解决民营中小制造业企业融资困难的新路径，促进企业优化资源配置。将中国民营中小制造业企业的"潜在比较优势"进一步转化为"竞争优势"，充分释放民营经济增长的活力，实现经济结构转型升级。本文研究内容安排为：第二部分是文献综述和研究思路，第三部分是理论基础和研究假设，第四部分是研究设计，第五部分是实证研究，第六部分是结论、建议和研究展望。

二、文献综述

融资约束是指企业因资金不足而无法满足投资正常需求，一般分为内源融资约束和外源融资约束，这两种募集资金的途径有所差异。在完美市场上，MM 理论认为，企业从外部资本市场获取资金与从内部获取的成本是一致的，资金成本只与资金需求数量有关（Modigliani and Miller，1958）。但现实中市场经济并不完美，存在诸多信息不对称和交易成本，导致以银行为主的资金供给方需要投入巨大的人力、物力、财力等成本加强对资金需求方的制度约束和监督，这使得资金需求方付出更多的外部融资对价，限制了融资渠道，导致融资约束（Whited and Guojun，2006）。这使得内源融资一直以来是民营中小企业主要的资金来源。对于如何衡量企业的融资约束，Hadlock and Pierce（2010）认为企业的规模和年龄是重要的预测因素。融资约束不仅从微观上影响企业的投资行为（赵娜等，2021）、创新决策偏好（马晶梅等，2020）、制约企业的生存和成长（Clementi and Hopenhayn，2006），而且在宏观上通过交易成本、要素结构、技术创新等中介途径影响一国全球价值链嵌入（刘会政、宗喆，2020），乃至影响企业全球价值链地位的提升（马述忠等，2017）。梅冬州等（2020）认为政府实施增值税减税政策重振经济会因企业融资约束的松紧而出现差异。

当前对于内部融资约束，国内外学者主要从资金需求、融资特点、不完全信息信贷市场结构等进行研究，聚焦融资租赁和银行信贷缓解融资约束

（赵娜等，2021），关注企业自身信息披露差、缺乏抵押品、经营能力与偿债能力不足等缺陷（Bester，1987；林毅夫，2014），这些研究往往推导出企业信用程度偏低，从而容易陷入信贷困境。此外，牛建高（2009）认为产权制度的不合理是导致中国民营中小企业融资困境的最大障碍，明晰并切实保障融资双方产权成为缓解民营中小企业融资困境的根本途径。但针对民营中小企业自身财务结构的定量分析则是相对缺失，特别是缺乏对内源融资能力的量化分析；内源融资主要是内部盈余等现金流，与销售净利率、总资产周转率、权益乘数、收益留存率等密切联系，关系到企业的盈利能力、营运周转能力、偿债能力、股利发放与留存收益。因此获取内外部融资不可忽视企业自我持续造血能力，这是企业实现融资成功的关键。基于此，文君等（2013）以"可持续增长率"视角，提倡基于 Higgins 模型对比可持续增长率理论值与实际值关系，以寻找内源融资持续增长点。

　　如何从外部环境出发缓解中小企业融资约束，众多学者的研究视角集中在金融发展水平（林毅夫等，2009）、利率浮动（IRF）、银行中介与金融市场比例构成（BS）、民企与国企制度差异等方面，提出解决中小企业融资约束的方案，但仅仅集中在外部融资来源。比如，Rajan and Zingales（1998）认为金融发展程度降低了企业的外部融资成本。陈彪等（2021）认为银税互动可以消除小微企业融资约束。林毅夫（2014）提出最优金融结构理论，现阶段我国要素禀赋结构决定了中小企业是中国主要企业类型，最优金融结构安排应适应和满足中小企业融资需求，需要发展能为中小微企业和农户提供金融支持的中小银行是我国高质量发展的关键。刘畅等（2017）利用县级层面的数据证实了"中小银行优势假说"，发现中小银行通过提高贷款利率覆盖因风险较高的中小企业贷款带来的损失。从实际现象可知，中小银行对中小企业提供金融服务比例较高（Jayaratne and Wolken，1999）。中小银行发展显著降低了企业投资对现金流的敏感性，有效缓解了中小企业融资约束（姚耀军、董钢锋，2014）。综上可知，学界对融资约束内外部研究缺乏建立协同联动缓解融资约束机制的构想。虽然诸多文献指出缓解中小企业的内源和外源的融资约束的办法，即企业需要"自我造血能力强"和政府支持中小银行发展，但是中小企业的融资需求如何进一步精准获得中小银行信贷服务，目前的研究尚未发现传导机制和作用路径，这是本文研究的重点。笔者根据市场调研发现缓解中小企业的融资约束需要内外相应、相得益彰，企业既要有"打铁必须自身硬"的财务可持续增长，又要兼顾与外部金融机构的互动合作，形成内外协同的联动机制，这才能更加有效地缓解自身融资压力。

　　中小企业不仅能够为社会提供大量就业机会，还会带动科学技术的创新，促进经济的双循环，而其持续发展依赖良好的自身融资能力与外部融资环境。改革开放以来的一系列政策为民营中小企业的提供了广阔的发展空间。现阶段国民经济正处于"立足新发展阶段，贯彻新发展理念，构建新发展格局"的关键时期，政府倡导构建的全国统一大市场，将加快建设统一的资本市场，持续推动普惠金融服务实体经济，这可为居于长尾位置的中小企业带来了新机遇。基于不完全契约的理论表明，小型组织在广泛使用"软"信息的活动中具有比较优势，小银行比大银行更有能力收集"软"信息并据此采取贷款行动（Berger et al.，2005）。国内外主流学者已经认识到中小银行与民营中小微企业良好的融资匹配度，并开始从可持续增长视角来分析中小企业成长的路径（Jayaratne and Wolken，1999；文君等，2013；刘畅等，2017）。但分析方向主要集中在民营中小企业自身条件、能力改善，或者聚焦于外部制度协调，而较少考虑内外部联动与共同影响对融资约束和相关财务经营状况的缓解意义。民营中小企业符合我国要素禀赋结构，在市场竞争中具有比较产业优势，基于潜在比较优势下自身财富积累与配套基础设施完善（如与城乡商业银行协作、政府补贴、税收优惠、降低门槛，等等），可充分利用现阶段非熟练劳动力资源。民营中小企业在此基础上提高财务支撑能力，做到企业内财务现金流的持续稳定成长，达到经济剩余最大化和资本快速积累，最终实现企业的做大做强做优。当前民营中小企业欲突破融资约束，应从内部应着眼于财务可持续成长，改善以销售净利率、总资产周转率、权益乘数、收益留存率为代表的盈利能力、营运周转能力、偿债能力、股利发放与留存收益情况，保持较好的长期发展态势；从外部应基于"中小银行优势假说"（林毅夫、李永军，2001），充分地与城乡商业银行等中小银行合作，推动融资内外部协同合作，发展关系型贷款，降低交易成本，为其融资约束松绑，使得自己在具备自生能力的基础上获得盈利能力。

三、理论基础与研究假设

（一）概念界定

本文定义的企业成长能力是以财务可持续增长率为代表，并从财务管理视角对企业可持续发展层面进行诠释。依据 Higgins（1977）的观点，该概念是用来衡量企业在保持当前经营效率和财务政策前提下的内在增长能力。具体来说，就是在不增发新股（外部股权融资）并保持现有的财务政策和营运效率情况下，公司销售所能达到的最大增长比率。可持续增长率的计算基于 Higgins 模型，该模型是以会计恒等式为基础的可持续增长模型，其设立的前提假设为企业资本结构、销售净利率、资产周转率和权益乘数保持不变。模型如下：

$$SGR_{i,t} = \frac{[p_{i,t-1}(1-d_{i,t-1})(1+I_{i,t-1})]}{[z_{i,t-1}-p_{i,t-1}(1-d_{i,t-1})(1+I_{i,t-1})]}$$

其中，$SGR_{i,t}$ 为企业 i 第 t 期可持续增长率；$p_{i,t-1}$ 为其第 $t-1$ 期销售净利率，$d_{i,t-1}$ 为其第 $t-1$ 期股权支付率，$l_{i,t-1}$ 为其第 $t-1$ 期产权比率，$z_{i,t-1}$ 为其第 $t-1$ 期总资产周转率。经变换，该式可简化为：$SGR_{i,t} = p_{i,t-1} \times d_{i,t-1} \times l_{i,t-1} \times z_{i,t-1}$。企业在保持成长能力的问题上，需要特别注意其可持续增长率与实际增长率的关系（实际增长率即该年度营业收入相对于上一年度营业收入的增长率）。实际增长率超过或低于可持续增长率，都预示着增长背后隐藏的一系列关键的财务问题。将实际增长率和可持续增长率进行比较，可判断出因收入增长带来的财务问题，民营企业可据此采取相应的经营与财务策略解决相关问题。本文以单个企业某一年度可持续增长率与实际增长率差值来衡量该企业年度内部现金流充裕程度，二者差值为正且越大，说明企业现有财务资源未能完全充分利用，存在资源闲置或浪费，机会成本将抑制企业成长潜力；二者差值为负值且越小，企业财务资源越难以支持现实发展需要，越不利于其融资约束先从企业内部被有效缓解。

中小金融机构包容性是指在不完全契约的理论的指导下，中小银行为缓解中小企业的融资约束，综合评估贷款对象的"软"信息和"硬"信息，并据此采取对中小企业的包容性贷款行为。中小金融机构包容性贷款行为不仅考虑中小企业显性的抵押品，而且综合考虑中小企业隐性的现金流存量和流量、可持续增长能力等方面。

（二）理论分析与研究假设

（1）"财务均衡状态"的核心内涵是寻求财务均衡增长的动态均衡，而保持财务均衡增长就是去调节由不平衡增长所引起的顺差或逆差，进行增长差异调节。财务增长管理策略的指导思想并不是寻求"不断提高"，而是达到一种动态均衡的状态，即财务可持续增长与实际增长相一致。在现实情境中，这种动态均衡往往难以实现。通常企业的实际增长率不等于其可持续增长率。具体来说，实际增长率大于可持续增长率意味着企业现金短缺。这种情况对那些处于初创期和成熟期的企业最易发生。从财务角度看，这种短缺问题最简单的解决办法是增加负债，等到企业步入成熟阶段后增长率下降，彼时用多余现金还掉借款，就会促使实际增长率和可持续增长率达到平衡。实际增长率小于可持续增长率意味着企业存在冗余现金。这种情况对处于成熟期和衰退期的企业较为常见。当企业的实际增长率不及可持续增长率时，企业现金将出现富余但缺少合适的投资机会。此时管理者应率先判断较低的实际增长率是否会长期持续。若管理者认为这种现象只是暂时的，在不久的将来企业会出现较大程度的增长，那么便可将多余现金用于日常所需，以满足流动性需求；但当增长潜力不足长期存在时，管理者就需想办法从根源解决投资效率不足的问题。民营中小企业财务可持续增长率与实际增长率往往不相一致，根据该类中小企业往往存在融资约束，甚至出现财务困境的现状，其财务可持续增长率与实际增长率的差值应不大于 0，即该类企业倾向出现现金流短缺现象。

故作出假设 1：$\sum_{i,t=1}^{\infty}(SGR_{i,t} - g_{i,t}) = 0$，否则 $\sum_{i,t=1}^{\infty}(SGR_{i,t} - g_{i,t}) < 0$ $\sum_{i,t=1}^{\infty}(SGR_{i,t} - g_{i,t}) < 0$。

（2）最优金融结构理论认为处于一定发展阶段的经济体的要素禀赋结构决定了该经济体的最优产业结构特征、规模特征和风险特性，并依此形成对金融服务的特定需求。此外不同时期的金融制度安排在动员储蓄、配置资金和分散风险方面也具有不同的影响作用。由此可以推断出企业在某一特定发展阶段的最优金融结构需与当时的金融制度安排相适配，进而有效发挥金融体系的基本功能，促进实体经济发展。民营中小企业受制于自身资金实力单薄、固定资产担保不足、信用评级较弱等问题，在获取外源性融资来源方面与国有企业竞争处于劣势，难以获得大银行的高额贷款。在发行股票等直接融资手段难以收到显著效果时，其与城乡商业银行为代表的中小银行联动成为外部融资的主要依靠。在此间接融资中，城乡商业银行的包容性贷款行为缓解其融资约束的程度应与企业的内部现金流成反比。即企业 i 的内部现金流越匹配可持续增长率与实际增长率，其经营发展越协调，内部经营中财务资源往往可以有效地获得和利用，则对外部的长短期借款会减少，城乡商业银行等中小银行的包容性贷款行为和缓解作用会相对缩小。当现金流量状况表现良好时，企业会优先选择内源融资（李涛、黄晓蓓，2008）。

故作出假设 2：城乡商业银行等中小银行融资包容性贷款行为与企业内部经营现金流呈反比关系。

（3）在理解融资约束与企业财务需求的关系时，优序融资理论认为一个企业需要为新的项目进行融资，企业会优先考虑的内部融资方式，不得以才会考虑外源融资。外源融资方式包括债务融资方式和股权融资方式，企业一般倾向于优先选择前者。这是因为信息不对称问题的存在，投资者在企业宣布发行股票时，投资者会调低对现有股票和新发股票的估价，从而导致企业市场价值降低。而如果选取内部融资就可以避免股价被低估，同时避免分散现有股东的控制权。若企业的保留盈余依然不能满足项目的资金需求，相较于股权融资，企业更倾向于优先选择债务融资的原因在于债权人仅仅享有固定的利息收益而不会分散企业控制权。民营中小企业融资约束很大程度上源于自身现金流难以满足日常经营、投资等业务需要。当企业可以保持一个较高的财务可持续增长率，则现金流会相对充裕。多余的现金可用于投资等，以避免造成资源闲置，实现财务效用最大化。

故作出假设 3：民营中小企业融资约束受制于内部现金流是否可以满足财务需求，二者呈反比关系，且显著相关。

（4）民营中小企业融资约束与城乡商业银行等中小银行缓解融资约束的作用相关。"中小银行优势假说"认为银行信贷因信息不对称而易产生道德风险和逆向选择。与大银行相比，中小银行更倾向于为中小企业提供贷款，因为更加贴合我国中小企业发展需求，相比大银行在利用"软"信息评估投融资项目时候具有明显的比较优势，中小银行对中小企业的贷款的比例优于大银行。虽然中小银行能够在一定程度上对口解决中小企业的资金紧缺问题，但由于较高的信用风险和较低的担保能力，中小企业始终面临着严峻的融资约束问题。目前学术界普遍以投资—现金流敏感性来判断企业是否存在融资约束，其内涵是研究企业内部现金流（内部融资存量）对投资支出影响问题。外部融资约束使企业更依赖于成本较低的内部现金流，因此融资约束理论认为企业面临的融资约束程度与企业"投资—现金流"敏感性呈正相关关系（Fazzari et al.，1988）。因此通过对企业投资额与内部现金流关系的研究，可在一定程度上证实是否存在融资约束问题，但该理论也存在一定局限性（Kaplan and Zingales，1997）。作为重要的间接融资手段，提供主要的外部资金支持，如短期借款、长期借款、应付票据等。良好的银企互利合作关系利于民营中小企业寻找战略合作伙伴，支撑中长期发展。长期、高频的交易与较高的财务投资包容性利于减轻企业融资压力。

故作出假设4：民营中小企业融资约束可在城乡商业银行等中小银行包容性贷款行为支持下得以缓解，二者呈互补的反比关系，且显著相关。

四、研究设计

（一）样本选择

制造业是中国经济社会发展的"稳定器""压舱石"，其发展程度直接体现了国家的生产力水平，这也是区分发达国家与发展中国家的关键要素。制造业的先进程度是全球大国博弈的重要"砝码"，在抗击金融风险中起"定海神针"作用。由于制造业企业初始投入回收期长、成本高、资产专用性强，在面对不确定性的市场环境时，易面临较大融资约束。对于民营企业划分，目前概念界限仍未足够清晰。本文将此类企业定义为仅私营企业和私营企业为主体的联营企业，从而更好地与占据经济优势地位的国有企业相分离，体现其"私营"特色。考虑到所选取信息应保证公开性与透明度，避免信息不对称现象，且须和"中小银行优势"理论契合，故本研究涉及的样本全部来源于我国制造业民营上市公司，且以中小板、创业板股票为主。若民营上市企业融资与可持续增长能力都存在一定的问题，那么其他非上市民营企业存在的问题将更为严重。考虑到民营企业发展水平参差不齐，经营规模与盈利总额均有显著差异，本文将采用分层抽样方法，将民营企业分两层，主要以中小板和创业板为样本，目的是达到统筹兼顾的效果。本文研究为保证数据的有效性，样本筛选遵循以下原则：（1）剔除 ST、＊ST 企业；（2）剔除相关财务指标缺失或记录不连续的公司；（3）剔除相关指标异常的企业，避免极值变量的影响。最终在制造业中选取了 2013～2018 年在沪深上市的属于中小板或创业板 A 股民营上市公司作为研究对象，六年累计 4617 组样本。样本分布如表 1 所示，研究所用的数据均来自中泰证券数据库，分析软件为 Stata 15.0。

表 1　　　　　　　　　　　　　　各年度样本分布

企业	2013 年	2014 年	2015 年	2016 年	2017 年	2018 年
中小板	405	424	445	484	506	510
创业板	205	242	283	341	384	388
总数	610	666	728	825	890	898

（二）变量选取与模型构建

1. 变量定义与选取

（1）融资约束（SA 指数）。

如何测量企业的融资约束，Fazzari et al.（1988）开创性地提出"投资—现金流"敏感性来衡量企业的融资约束程度，Kaplan and Zingales（1997）根据"投资—现金流"敏感性测定融资约束，得出相反的结论，进而提出 KZ 指标衡量融资约束。为避免内生性问题，Hadlock and Pierce（2010）按照 KZ 指标的方法，根据企业融资约束类型的差异，使用企业规模和企业年龄（具有较强的外生性）构建了 SA 指数。本文考虑到融资约束与现金流相互决定，存在内生性问题，而 SA 指数具有稳健性、不包含内生性特征等特点，最终选定 SA 指数来衡量企业受融资约束程度。SA 指数的计算公式为：

$$SAindex = -0.737 \times Size + 0.043 \times Size^2 - 0.04 \times Age$$

公式中的 Size 用总资产账面价值的对数表示，Age 是从公司成立之年或者合并之年起始到本年度的时间跨度。当 SA 指数绝对值越大，表明企业所受融资约束越小。

（2）企业现金流均衡度（BCF）。

为了从可持续增长率视角研究民营中小企业制约融资的因素，学术界通常将单个企业本年度可持续增长率与实际增长率二者差值作为衡量内部现金流均衡程度的指标。当可持续增长率大于实际增长率时，其差值越大，说明企业现有财务资源越可以有效获得并满足投资、经营所需现金流，财务业绩增长潜力越大，融资约束越能够先从企业内部被有效缓解；反之则说明企业现金短缺情况越为严重，往往需要对外借债等才可以弥补。同时，该差值应控制在合理范围内，过大或过小都会引发一系列财务增长问题，影响企业内生资源增长能力。现金流的不确定性会影响企业创新决策（刘波等，2017）。笔者设置 $BCF_{i,t}$ 指标计算公式为：

$$BCF_{i,t}\,index = \ln\left(SGR_{i,t} - g_{i,t}\right)^2$$

其中，$BCF_{i,t}$ 表示企业 i 在年度 t 的现金流均衡度，$SGR_{i,t}$ 和 $g_{i,t}$ 分别表示企业 i 在年度 t 的可持续增长率和实际增长率。当本年度可持续增长率与实际增长率二者差值越大时，财务资源供需越不匹配（相比国有企业，在经济上处于强"势"弱"位"的民营中小企业往往会引发资金短缺问题，故该指标越大往往反映其现金短缺越严重），从而对财务绩效产生放大的非线性负效用。因该指标数值与企业经营效率、财务政策有密切联系，故建立以下模型进行检验：

$$BCF_{i,t}\,index = \ln\left(SGR_{i,t} - g_{i,t}\right)^2 = \theta_0 + NIRS_{i,t} + TAT_{i,t} + RRR_{i,t} + EM_{i,t} + \varepsilon_{i,t}$$

NIRS 表示销售净利率，TNT 表示总资产周转率，RRR 表示收益留存率，EM 表示权益乘数。本文将依据本年度可持续增长率与实际增长率二者差值的正负分为两组：当差值为正时，表示企业现金流充裕，有多余的资金可以用于日常经营和生产投资；否则处于现金流短缺的状况。以此来对照被解释变量 $BCF_{i,t}$ 指数与企业经营效率、财务政策的关系。

企业现金流均衡度与财务政策、经营效率的关系模型，如表 2 所示。

表 2　　　　　企业现金流均衡度与财务政策、经营效率的关系模型

变量	变量	定义
被解释变量	BCF	$BCF_{i,t}\,index = \ln\left(SGR_{i,t} - g_{i,t}\right)^2$
解释变量	NIRS	销售净利率 = 本年净利润/本年营业收入总额
	TAT	总资产周转率 = 本年营业收入/期末总资产
	RRR	收益留存率 = 1 - 本年现金股利/本年净利润
	EM	权益乘数 = 期末总资产/期初股东权益
	Year	年度虚拟变量
	Industry	行业虚拟变量

（3）中小银行融资包容性（PFMB）。

企业融资约束、经营现金流与中小银行融资包容性模型，如表 3 所示。

表 3　　　　　　　企业融资约束、经营现金流与中小银行融资包容性模型

变量	变量名称	符号	计算及说明
被解释变量	融资约束	SA	$SA index = -0.737 \times Size + 0.043 \times Size^2 - 0.04 \times Age$
解释变量	企业经营现金流	CFS	经营活动经营现金流净额/期末总资产
	中小银行融资包容性	PFMB	取年度银行短期借款、长期借款、应付票据等总和的对数
控制变量	公司成立年限	Age	取对数
	企业成长性	Tobin Q	（流通股市价 + 非流通股账面价值 + 负债账面价值）/期末总资产
	现金持有集	CH	企业年度货币资金额/期末总资产
	盈利能力	NIRS	销售净利率 = 本年净利润/本年营业收入总额
	周转能力	TAT	总资产周转率 = 本年营业收入/期末总资产
	资本结构	EM	权益乘数 = 期末总资产/期初股东权益
	财务分配政策	RRR	收益留存率 = 1 - 本年现金股利/本年净利润
	年度	Year	虚拟变量控制

　　城乡商业银行现有 114 家。相对于大型银行"财务报表型贷款"，这些本身定位于服务中小企业的银行更倾向于利用软信息和中小企业进行合作，其信息不对称、担保不足的劣势被缩小。针对城乡商业银行对该类企业融资问题的缓解效果，本文以城乡商业银行借款等数额对数（$PFMB_{i,t}$）衡量。

2. 回归模型构建

　　对于研究假设部分的假设 1，后文将通过研究财务可持续增长率与实际增长率的回归结果来验证。为检验本文提出的第 2 ~ 3 项研究假设，设计以下回归模型：

$$PFMB_{i,t} = \alpha_0 + \alpha_1 CFS_{i,t} + \varphi control_{i,t} + \mu_{i,t} \tag{1}$$

$$SA_{i,t} = \beta_0 + \beta_1 CFS_{i,t} + \varphi control_{i,t} + \mu_{i,t} \tag{2}$$

$$SA_{i,t} = \gamma_0 + \gamma_1 PFMB_{i,t} + \gamma_2 CFS_{i,t} + \varphi control_{i,t} + \mu_{i,t} \tag{3}$$

　　其中，式（1）以中小银行融资包容性为被解释变量，企业经营现金流为主要解释变量，来验证二者的关系。若回归结果显示 $\alpha_1 < 0$，则二者为反比关系。式（2）为了验证融资约束程度与企业经营现金流关系。在控制其他变量不变的情况下，民营企业若经营现金流充足，则可发掘现有资源潜力，满足日常经营与投资所需，增强财务内生增长能力，融资约束就可以得到显著缓解。本公式关键在于观察 β_1 系数是否显著为正。式（3）考察融资约束程度与企业现金流关系。在控制其他变量不变的情况下，当企业内部现金流不足以支持融资需求时，会优先求助于外部融资渠道，而城乡商业银行

等中小银行融资包容性支持利于其有效缓解融资约束。式（3）的关键在于验证 γ_1 是否显著为正。

五、实证研究

（一）描述性统计

从表4中可看出，民营中小制造业企业的融资约束指数SA均值为3.48，极差为4.69，且标准差仅为0.97，故行业内企业所受融资约束程度相差不大。在两个解释变量中，企业经营现金流均值为0.22，表明每一单位总资产额都有0.22单位的经营净现金流覆盖，但最小值为 -1.50，可看出存在部分经营净经营现金流为负且额度高于总资产额的企业（该比值低于0的样本值有900个，低于 -1 的有71个），已经危及其持续经营；城乡商业银行等中小银行融资包容性平均值为19.76，标准差控制在1.47，可见银行借款额较为均衡。

表4　　　　　　　　　　　所选取样本的相关变量描述性统计结果

变量	N	最小值	最大值	均值	标准差
SA	4617	1.61	6.30	3.48	0.97
CFS	4617	-1.50	2.57	0.22	0.48
PFMB	4617	10.95	25.23	19.76	1.47
Age	4617	2.00	4.00	2.78	0.43
Tobin Q	4617	0.00	13.42	3.38	2.41
CH	4617	0.02	0.62	0.18	0.12
NIRS（%）	4617	-70.35	39.74	8.67	14.12
TAT	4617	0.11	2.13	0.62	0.34
EM	4617	1.05	4.03	1.63	0.55
RRR（%）	4617	-2464.10	600.00	69.04	59.66
SGR（%）	4617	-2600.04	276.28	-241.92	287.44
g（%）	4617	-43.19	175.06	19.92	32.87
SGR - g（%）	4617	-2592.73	229.66	-261.84	291.27
BCF	4617	-9.34	15.72	9.74	3.01

注：以上变量均保留两位有效数字。

从企业成立年数来看，取对数后的值在 2 ~ 4 区间内，这意味着所有的样本企业成立年限均保持在 8 ~ 45 年以内，均已度过初创期，进入上升期或成熟期、衰退期，具备一定的经营基础和物质条件。Tobin Q 均值保持在 3.38，46 个样本中该指标大于 1 的有 4427 个，说明该类企业金融市场价值普遍高于其重置成本，意味着企业投资支出会增加。在企业经营效率指标中，总资产周转率为均值 0.62，低于行业标准值 0.8，说明周转速度和利用资产创收能力相对不足；根据所观察采集的 4617 个样本，排除极端值影响后，民营中小上市公司销售净利率偏低，平均值约为 8.67%，可见仍有近半数上市公司存在处 10% 的净利率红线中。民营中小上市公司销售净利率整体正常但偏低，在本来收入规模偏小的情况下，其净利润只能更加微薄，因此可以判断该类企业日常资本积累、可分配利润不足，直接影响股利支付率，这在平均值高达 69.04% 的留存收益率一行可得到证实。

此外，在企业财务政策指标中，权益乘数均值为 1.63，样本中最小值为 1.05，说明该样本发行债券融资额度几乎为零。总体来讲，负债运用较少，杠杆作用不充分，企业在资产结构中更多依靠所有者权益来实现营运。虽然偿债付息压力减小，但也存在在预期收益率大于借款利率情况下通过财务杠杆放大收益的机会成本。

（二）相关性分析

根据表 5 相关性分析结果，与 SA 相关性最强的是 PFMB 和 EM，相关系数为 0.8011 和 0.4416，在 1% 概率水平上显著。这表明缓解融资约束需要提高杠杆利用程度，比如加大银企合作获得间接融资、适度提高负债在总资产中比重，同时这也说明了企业融资约束与杠杠之间存在内生性问题。Tobin Q 相关性系数为 -0.3685，且在 1% 概率水平上显著，说明企业成长性越强，对投资支出需求越大，从而增加资金约束。CH 与 SA 呈负相关关系，系数为 -0.1925 且高度显著。随着企业内部不断增持现金，企业的过度投资发生的概率增加，最终导致内部现金的边际价值减少。解释变量中，EM 与 PFMB 相关性系数最大，为 0.7896，且高度显著。可见通过运用杠杆，会导致负债比例上升，其上升与城乡商业银行的融资包容性有密切联系。除此之外，解释变量中两两之间相关系数均小于 0.5，所以不存在强相关。

表 5 变量相关性系数矩阵

变量	TAT	EM	NIRS	RRR	Age	CFS	PFMB	Tobin Q	CH	SA
TAT	1									
EM	0.21 ***	1								
NIRS	-0.17 ***	-0.44 ***	1							
RRR	-0.13 ***	0.25 ***	-0.120 ***	1						
Age	0.03 *	0.05 ***	-0.08 ***	0.04 **	1					

续表

变量	TAT	EM	NIRS	RRR	Age	CFS	PFMB	Tobin Q	CH	SA
CFS	0.17 ***	− 0.23 ***	0.37 ***	− 0.19 ***	0.00	1				
PFMB	0.20 ***	0.79 ***	− 0.35 ***	0.17 ***	0.11 ***	− 0.19 ***	1			
Tobin Q	− 0.07 ***	− 0.37 ***	0.37 ***	− 0.07 ***	− 0.05 ***	0.15 ***	− 0.44 ***	1		
CH	0.00	− 0.30 ***	0.29 ***	− 0.17 ***	− 0.12 ***	0.27 ***	− 0.31 ***	0.49 ***	1	
SA	0.04 ***	0.44 ***	− 0.11 ***	0.08 ***	0.02	− 0.04 ***	0.80 ***	− 0.37 ***	− 0.12 ***	1

注：*** 代表 1% 显著水平上显著，** 代表 5% 显著水平上显著，* 代表 10% 显著水平上显著。

（三）回归结果分析

1. BCF 模型回归结果分析

根据财务可持续增长率与实际增长率的差值大小，以差值 0 为分界点，划分为以下三组：（1）全体样本组；（2）差值不小于 0 的样本组，即内部现金流充裕的企业组；（3）差值小于 0 的样本组，即内部现金流短缺的企业组。进行分层选样，以凸显样本结构性差异，回归结果如表 6 所示。

表 6　　　　　　　　　　　BCF 模型的回归分析

变量	BCF − 1	BCF − 2(≥0)	BCF − 3(<0)
TAT	2.12 *** (19.16)	− 0.55 (− 1.64)	2.10 *** (25.09)
EM	− 0.06 (− 0.89)	0.59 *** (3.19)	0.03 (0.48)
NIRS	0.09 *** (31.84)	0.04 *** (2.74)	0.09 *** (44.77)
RRR	− 0.013 *** (− 21.73)	0.001 ** (− 2.09)	− 0.012 *** (− 20.03)
Constant	8.70 *** (59.62)	4.57 *** (9.75)	8.89 *** (81.15)
年度	控制	控制	控制
行业	控制	控制	控制
Observations	4617	602	4015
R²	31.05%	3.71%	46.16%
r2_a	30.99%	3.06%	46.11%
F	519.16	5.74	859.63
P − Value	0.00	0.00	0.00

注：括号内为 t 统计量，*** p<0.01，** p<0.05。

在第（1）组中，拟合度为 31.05%，修正后为 30.99%，则可以解释至少 30.99% 的方差；F 值为 519.16，在 1% 概率水平上高度显著，说明方程总体回归关系显著。四个解释变量除权益乘数外系数值均在 1% 概率上显著。其中经济意义最显著的为总资产周转率，系数为 2.1。在第（2）组中，因财务可持续增长率与实际增长率差值为正，表示该样本组企业总体现金流相对充裕，有资金剩余待使用，且 BCF 值越大，表示剩余资金越充分，内源融资能力越强，融资约束越小。但也意味着资源运用不充分，存在机会成本。该组共 602 组样本观测值，拟合度仅为 3.71%，修正后为 3.06%，则只可以解释至少 3.06% 的方差。但 P 值仍在 1% 概率上显著，说明该方程设置仍有一定合理性。解释变量中，总资产周转率系数降为 -0.55，且不显著；经济意义最显著的为权益乘数，但系数值仅为 0.59。在第（3）组中，因财务可持续增长率与实际增长率差值为负，表示该样本组企业总体现金流相对短缺，且 BCF 值越大，表示资金越匮乏，内源融资能力越差，融资约束越大。该组共 4015 组样本观测值，占总样本数约 86.96%，说明制造业中绝大多数民营中小企业存在内源融资不足的问题，现有资源难以满足企业实际发展需求。方程拟合度为 46.16%，修正后为 46.11%，F 值为 859.63 且高度显著（1% 概率水平上）。其中经济意义最显著的仍为总资产周转率，系数为 2.10。

综上所述，在资金相对充裕情况下，BCF 越大意味着资金越充裕和持有资金机会成本越大，此时可通过减少杠杆运用等方式降低机会成本；在资金相对短缺情况下，BCF 越大意味着资金越难以满足经营投资需求、财务压力越大，可通过调整总资产规模、现有资产重置等方式来改变资金短缺。在三个样本组中，NIRS 与 RRR 均分别显著为正值和负值，意味着销售净利率和留存收益率的提高会分别增大和减少财务不均衡程度。在行业 Tobin Q 均值远大于 1 的情况下，相比发行证券企业更倾向于并购、吸收其他企业资源来实现扩张，故利润率提高会加大并购等投资支出，显著扩大现金流需求，导致资金供需不匹配，财务不均衡程度上升；而留存收益的增多可提高资金供给，应对不同情况下财务需要，降低财务不均衡程度。

2. 可持续增长率与实际增长率关系分析

对于可持续增长率与实际增长率，可在表 4 看出两者均有明显的标准差，特别是可持续增长率指标，方差达到 287.44，在行业内波动较大，且二者差值的行业均值达到 -261.84%，说明制造业中现金短缺较为严重，在扩张上升阶段仅凭自身财务能力还不足以实现财务平衡。

从表 7 可以看出，实际增长率和可持续增长率相关系数仅为 -0.06，且 P 值显著性概率为 0.00，二者具备较弱的线性相关性；进一步我们从表 8 配对样本 T 检验结果分析，双尾显著 P 值小于 0.01，说明样本所采集的二者存在显著差异。由此可以否定原假设 1。这是由于其销售增长与经营管理不相匹配,需要去调节所引起的顺差或逆差,用以平衡财务可持续增长与实际增长的差异。

表 7　　　　　　　　　　　样本可持续增长率与实际增长率相关性检验

变量名称	相关指标	实际增长率	可持续增长率
实际增长率	相关系数(Pearson)	1	−0.056
	显著性概率(双侧)	——	0.00
	样本量	4617	4617
可持续增长率	相关系数(Pearson)	−0.06	1
	显著性概率(双侧)	0.00	——
	样本量	4617	4617

表 8　　　　　　　　　　　样本可持续增长率与实际增长率配对 T 检验

项目	平均值(E)	标准偏差	标准误差平均值	差值95%置信区间		T	自由度	显著性
				下限	上限			
配对变量1　实际增长率(%)和可持续增长率(%)	−261.84	291.27	4.02	−268.49	−252.72	−64.81	4616	0.00

3. 融资约束、企业经营现金流与中小银行融资包容性关系分析

依据上文所构建的式(1)~式(3),在控制年度和行业变量后,将所有样本、"SGR − G > 0"的样本组、"SGR − g < 0"的样本组等三组进行多元回归,用以验证假设 2 ~ 假设 4。三个模型的九组回归结果从拟合优度、F 值、P 值三方面评估均表现优良,有良好的解释能力和显著性,总体模型和核心变量均设置合理;每个模型中前两个样本组 F 值均远大于第三个样本组,说明在企业现金流短缺情况下,回归模型具有更强的解释力度。

(1)企业经营现金流与中小银行融资包容性关系。

如表 9 所示,在三个样本组中企业经营现金流(CFS)与中小银行融资包容性呈反比关系且显著,即企业经营现金流每增加一个单位,中小银行融资包容性就分别降低 0.10 个、0.07 个和 0.42 个单位,且系数 T 值分别为 −3.07、−1.91 和 −4.05,分别在 1%、10% 和 1% 概率下显著;其次,企业现金存量即现金持有 CH 系数值均为负数且高度显著。说明企业现金流存量和流量越多,财务供给越充分,自身财务内生能力越强,从而会降低对外银行借款需求,使得城乡商业银行等中小银行包容性降低,相应指标下降。从而验证了假设 2 成立。需要注意的是,当企业可持续增长率高于实际增长

率时，存在现金流剩余和其他待利用的资源，财务压力相对较小；此时其每增加一单位的经营现金流，则对中小银行融资支持的需求相比其他两个样本组会更低。此时表中的相关系数为 −0.42，显著性最高。同样，销售净利率和留存收益率在企业处于资金短缺状态时，会高度显著呈现正相关，从而增加对银行间接融资的合作；在资金相对充裕时则系数均不显著。

表 9　　　　　　　　　　　式（1）的多元回归结果

变量	PFMB	PFMB(if SGR − g < 0)	PFMB(if SGR − g ≥ 0)
CFS	−0.10 *** (−3.07)	−0.07 * (−1.91)	−0.42 *** (−4.05)
Age	0.09 ** (2.42)	0.10 *** (2.83)	−0.07 (−0.50)
Tobin Q	−0.16 *** (−21.69)	−0.16 *** (−20.26)	−0.18 *** (−7.55)
CH	−1.45 *** (−10.91)	−1.52 *** (−11.00)	−1.39 *** (−2.76)
TAT	0.55 *** (12.34)	0.52 *** (11.15)	0.68 *** (4.25)
EM	1.48 *** (49.63)	1.49 *** (47.37)	1.33 *** (13.90)
NIRS	0.001 *** (3.94)	0.001 *** (3.44)	0.00 (0.30)
RRR	0.00 * (1.91)	0.00 *** (2.69)	−0.00 (−0.19)
Constant	17.87 *** (135.29)	17.84 *** (128.84)	17.79 *** (39.12)
行业	控制	控制	控制
年度	控制	控制	控制
Observations	4617	4241	376
R^2	55.40%	55.65%	56.70%
r2_a	55.27%	55.51%	55.14%
F	439.68	407.94	36.36
P − Value	0.00	0.00	0.00

注：*** $p < 0.01$，** $p < 0.05$，* $p < 0.1$。

（2）融资约束与企业经营现金流关系。

在描述性统计中，所计算的融资约束指标 SA 均为正，故当 SA 数值越大，表明所受融资约束程度越低。表 10 中三个模型考察企业在没有外源融资情况下，通过内源融资来缓解融资约束。可得出，在式（1）和式（2）中，企业经营现金流（CFS）每增加一个单位，SA 指数分别显著提高 0.08 个、0.08 个单位，融资约束程度降低；而在式（3）中，虽显示正比关系，但不显著。因此，当企业资金相对短缺时，假设 3 可成立。但前两个样本组中现金存量 CH 与 SA 呈反比关系，系数分别为 -0.36、-0.43 且高度显著，因为在融资约束和高成长性条件下，企业不断增持现金易导致过度投资，最终导致内部现金的边际价值减少，从而间接加大资金约束。第三个样本组系数为正但不显著，不予讨论。

表 10　　　　　　　　　　　　式（2）的多元回归结果

变量	SA	SA(if SGR – g < 0)	SA(if SGR – g ⩾ 0)
CFS	0.08 *** (2.81)	0.08 *** (2.73)	0.06 (0.75)
Age	-0.11 *** (-3.71)	-0.09 *** (-3.02)	-0.25 ** (-2.26)
Tobin Q	-0.12 *** (-19.47)	-0.12 *** (-18.30)	-0.14 *** (-7.05)
CH	-0.36 *** (-3.19)	-0.43 *** (-3.75)	0.35 (0.86)
TAT	0.04 (1.15)	0.05 (1.30)	-0.08 (-0.64)
EM	0.70 *** (28.11)	0.71 *** (26.75)	0.69 *** (8.91)
NIRS	0.01 *** (10.50)	0.01 *** (10.04)	0.01 * (1.87)
RRR	0.00 (0.84)	0.00 (1.34)	0.00 (1.24)
Constant	3.00 *** (27.76)	3.16 *** (27.25)	2.82 *** (7.68)
行业	控制	控制	控制
年度	控制	控制	控制
Observations	4616	4241	375
R²	28.69%	28.47%	35.05%
r2_a	28.49%	28.25%	32.71%

续表

变量	SA	SA(if SGR − g < 0)	SA(if SGR − g ≥ 0)
F	142.41	129.43	14.98
P − Value	0.00	0.00	0.00

注：*** p < 0.01，** p < 0.05，* p < 0.1。

（3）融资约束与中小银行融资包容性关系。

根据优序融资理论，企业在内部现金流不足以覆盖现实资金需求时，会进行外部融资。相比股权等直接融资方式，不稀释股权、不改变管理层组织结构且有利息抵税作用的间接融资方式会是优先选择。而服务于中小企业融资、以城乡商业银行为代表的中小银行会对民营中小企业有明显促进作用。表 11 中第三个模型考察除企业内部资金支持经营、投资需求外，加入新变量中小银行融资包容性对融资约束的影响。由表 11 可得，PFMB 系数为 0.62 且高度显著，对缓解融资约束有正向意义。全样本组在外部融资支持下，CFS 系数值由 0.08 上升为 0.14，经济意义更为显著，可更好地发挥其支持财务营运的作用；Tobin Q 系数值也由 − 0.12 调整为 − 0.02，表明高成长性的制造业企业因投资支出所产生的融资压力得到缓解；CH 系数值也由负转正，其较为紧迫的投资用途得以缓解，可作为留存应对所需，增强抵御风险的能力。从而验证假设 4 成立。由表 11 可看出，当中小银行参与企业融资支持活动后，对不同财务资金情况的企业组的缓解力度会有一定的差别。在资金相对短缺的样本组，系数最大为 0.63；在本身就有资源剩余的企业组，其系数值下降为 0.54。

表 11　　　　　　　　式（3）的多元回归结果

变量	SA	SA(if SGR − g < 0)	SA(if SGR − g ≥ 0)
CFS	0.14 *** (7.60)	0.12 *** (6.31)	0.29 *** (4.50)
PMFB	0.62 *** (75.40)	0.63 *** (74.06)	0.54 *** (16.87)
Age	− 0.16 (− 0.86)	− 0.16 *** (− 7.79)	− 0.22 *** (− 2.58)
Tobin Q	− 0.02 *** (− 4.77)	− 0.02 *** (− 4.46)	− 0.04 ** (− 2.52)
CH	0.55 *** (7.26)	0.52 *** (6.75)	1.10 *** (3.56)

续表

变量	SA	SA(if SGR − g < 0)	SA(if SGR − g ≥ 0)
TAT	− 0. 30 *** (− 11. 81)	− 0. 28 *** (− 10. 58)	− 0. 45 *** (− 4. 52)
EM	− 0. 22 *** (− 10. 61)	− 0. 23 *** (− 10. 84)	− 0. 03 (− 0. 35)
NIRS	0. 01 *** (11. 30)	0. 01 *** (11. 28)	0. 01 ** (2. 24)
RRR	− 0. 0002286 (− 0. 86)	− 0. 00 (− 1. 02)	0. 00 * (1. 83)
Constant	− 7. 89 *** (− 48. 86)	− 8. 07 *** (− 47. 50)	− 6. 73 *** (− 10. 69)
行业	控制	控制	控制
年度	控制	控制	控制
Observations	4616	4241	375
R^2	68. 10%	68. 87%	63. 73%
r2_a	68. 01%	68. 77%	62. 32%
F	701. 71	667. 82	45. 19
P − Value	0. 00	0. 00	0. 00

注：*** $p < 0.01$，** $p < 0.05$，* $p < 0.1$。

（四）稳健性检验

为了保证回归结论的稳健性，本文将融资约束指标 SA 调换为反映企业经营规模的总销售额对数（ln Sale）。该类指标反映企业资本存量、市场份额等真实价值，与反映其他公司财务健康的指标高度相关，相对小规模公司有更低的"投资—现金流"敏感性。所以当该值越大，融资约束程度越低。将该指标代入模型进行稳健性检验，多元回归结果如表12所示。

表 12　　　　　　　　　　　模型多元回归结果（稳健性检验）

变量	仅内源融资、无外源融资条件			中小银行等外源融资参与的新条件		
	ln Sale	ln Sale (if SGR − g < 0)	ln Sale (if SGR − g ≥ 0)	ln Sale	ln Sale (if SGR − g < 0)	ln Sale (if SGR − g ≥ 0)
CFS	0. 11 *** (4. 58)	0. 12 *** (4. 70)	0. 03 (0. 38)	0. 17 *** (10. 57)	0. 16 *** (9. 50)	0. 25 *** (4. 48)

续表

变量	仅内源融资、无外源融资条件			中小银行等外源融资参与的新条件		
	ln Sale	ln Sale (if SGR − g < 0)	ln Sale (if SGR − g ≥ 0)	ln Sale	ln Sale (if SGR − g < 0)	ln Sale (if SGR − g ≥ 0)
PMFB				0. 56 *** (78. 74)	0. 57 *** (76. 48)	0. 52 *** (18. 96)
Age	0. 15 *** (5. 86)	0. 17 *** (6. 36)	− 0. 05 (− 0. 49)	0. 11 *** (6. 16)	0. 11 *** (6. 48)	− 0. 01 (− 0. 20)
Tobin Q	− 0. 12 *** (− 21. 53)	− 0. 12 (− 20. 31)	− 0. 12 *** (− 6. 92)	− 0. 03 *** (− 7. 44)	− 0. 03 *** (− 7. 18)	− 0. 03 ** (− 2. 08)
CH	− 0. 56 *** (− 5. 71)	− 0. 60 (− 5. 91)	− 0. 28 (− 0. 75)	0. 25 *** (3. 87)	0. 25 *** (3. 76)	0. 44 * (1. 68)
TAT	1. 53 *** (46. 87)	1. 49 *** (43. 45)	1. 83 *** (15. 57)	1. 22 *** (56. 55)	1. 20 *** (53. 19)	1. 47 *** (17. 30)
EM	0. 56 *** (25. 46)	0. 57 *** (24. 44)	0. 45 *** (6. 36)	− 0. 27 *** (− 15. 02)	− 0. 27 *** (− 14. 54)	− 0. 24 *** (− 3. 95)
NIRS	0. 01 *** (10. 14)	0. 01 *** (8. 55)	0. 01 *** (2. 88)	0. 01 *** (10. 94)	0. 01 *** (9. 14)	0. 01 *** (3. 76)
RRR	0. 00 (− 0. 71)	0. 00 (0. 29)	0. 00 (− 0. 30)	− 0. 01 *** (− 3. 31)	− 0. 01 *** (− 2. 71)	0. 00 (− 0. 23)
Constant	19. 12 *** (196. 23)	19. 11 *** (187. 17)	20. 00 *** (57. 16)	9. 13 *** (64. 36)	9. 09 *** (61. 90)	9. 81 *** (18. 20)
行业	控制	控制	控制	控制	控制	控制
年度	控制	控制	控制	控制	控制	控制
Observations	4616	4241	375	4616	4241	375
R^2	51. 36%	50. 55%	57. 58%	79. 28%	79. 26%	78. 78%
r2_a	51. 22%	50. 40%	56. 06%	79. 22%	79. 19%	77. 95%
F	373. 82	332. 43	37. 70	1257. 62	1153. 51	95. 45
P − Value	0. 00	0. 00	0. 00	0. 00	0. 00	0. 00

注：*** $p < 0.01$，** $p < 0.05$，* $p < 0.1$。

　　表 12 的两个模型六个回归结果从拟合优度、F 值、P 值三方面评估均表现优良，有良好的解释能力和显著性。在有无间接融资的情况下，CFS 和 PFMB 系数均为负且高度显著，对降低 ln Sale 指数值，缓解融资约束有意义。在全样本组中，CFS 每增加一个单位，ln Sale 指数分别显著地增加 0. 11 个和 0. 17 个单位，且在 PFMB 加入模型的情况下，CFS 经济意义更为显著；

变化均与上文观测结果相一致。可见所设置模型稳健性较强。

六、研究结论与建议

（一）研究结论

民营中小企业是我国社会主义市场经济的重要组成部分，是制造业和产品出口的最大主体，是推动技术创新与产业变革的市场主要力量，是吸纳劳动就业与新增就业的最大贡献者。本文通过系统梳理和分析民营中小企业经济发展，研究发现如下：

第一，本文证实了"中小银行优势假说"，中小微金融机构的"活水"为经济高质量发展赋能。民营中小企业的可持续增长率与实际增长率显著不匹配，后者平均值远大于前者，其经营发展存在弊端，自身资源不足难以满足发展扩张的需求。民营中小上市公司受制于资金管理规模、生命周期长度、自身经济实力以及补偿初始投资支出压力，普遍存在融资约束，对自身净产出和现金流依赖性强，其营业收入往往成为留存收益，不利于支付股利、吸引股东投入，且股权融资的直接融资渠道缓解效用不佳。因此，该类企业需要保持现金流均衡，使得现有资源带来的理想收入增长水平与实际发展相匹配；提高日常经营现金流收入，并在此基础上加强对外合作，发挥杠杆作用。

第二，民营中小上市企业从资本结构角度看，主要依靠内源融资，留存收益在净利润中所占比重较高；当内部经营现金流和存量越大，对银行借款等间接融资需求越低，从而减少城乡商业银行等中小银行融资包容性，但会存在当预期收益率大于借款利率情况下，通过财务杠杆放大收益的机会成本。其高成长性决定了该类企业更倾向于并购、吸收其他企业资源来实现扩张，所以当利润率提高时，企业会加大投资支出等现金需求，导致资金供需不能匹配，加剧财务不均衡程度；而留存收益的增多能有效提高资金供给，以应对不同经营状况下财务需要，降低财务不均衡程度。

第三，无论民营中小企业的现金流均衡程度如何，其经营现金流均与中小银行融资包容性呈显著的反比关系，在"自给自足"程度越高时，对中小银行需求程度会越低，中小银行的包容性贷款行为则因而下降更为明显。可得出该类企业的杠杆利用往往和中短期需求相关，以流动负债为主，缺乏中长期资本性筹划。在无外部融资的条件下，制造业中提高经营现金流可显著降低融资约束程度，但也会更加依赖现金持有等内部资源，导致投资中货币边际效用降低。在外部融资条件下，中小银行的包容性贷款对财务资金相对短缺的企业意义尤为显著，它可以减轻企业对经营现金流、现金持有的依赖，缓解投资支出压力，从而更好服务于企业成长。

（二）政策建议

针对民营中小上市公司存在的融资约束问题，结合制造业本身特征，笔者根据本文的结论，从宏观、中观、微观三方面考虑，以建立"民营企业内部缓解—外部城乡商业银行互利合作—政府补助"三方协调共助的方式来缓解民营中小企业融资约束。

第一，从微观层面，"打铁必须自身硬"。民营中小企业依据已得出的内部现金流均衡度与各项财务指标关系，可实施以下优化措施：第一，适度提高负债比例，发挥财务杠杆正面效应，以缓解内源融资压力；第二，须加快资产合理运用，优化总资产结构，将所有者权益额与负债保持在一个合理的比例区间；第三，提高资产周转率，避免资产闲置，以更好地实现资源优化配置，发挥其创造收入的能力，弥补和满足上市公司发展扩张需求，使得可持续增长率和实际增长率处于动态的契合状态，保证销售增长与财务运营相匹配。

第二，从中观层面，精打服务"组合拳"，畅通融资堵点，逐步完善针对小微企业的多层次金融支撑体系。民营企业完善资本结构的同时，可借助城乡商业银行"在市场利率化改革下回归本质"的有利时机，利用自身比较优势与其进行充分合作互利，侧重发展关系型贷款，以形成中长期融资关系纽带，多渠道接触企业生产相关"软"信息，以减少信息不对称，在包括但不限于财务信息的基础上进行是否贷款的综合决策。城乡商业银行在与民营中小企业合作中，为其提供必要的包容性贷款，从而降低企业的"投资—内部现金流"的敏感性。

第三，从宏观层面，有序推动基础设施、社会事业、金融服务业等领域大幅放宽市场准入。多点发力提升中小企业融资便利度，须快速精准加大信贷投放。这需要政府发挥"润滑剂"作用，为处于上升期、成熟期的民营中小企业提供补贴、减税等优惠政策，特别鼓励一批有新兴技术、有良好发展前景的创业板公司成长，减少发展中的摩擦和交易成本；同时积极关注城乡商业银行的成长和发展，推动其回归"服务中小企业"的本质职能。

当前本研究通过企业自身、城乡商业银行和政府三方面协同优化来改善融资约束问题，可为处于劣势地位的民营中小企业松绑融资约束。考虑到目前多数未上市的民营企业存在缺乏完整的会计准则和财务核算制度，影响数据准确性、真实性、可获得性，故所采集的样本局限在上市的民营公司；对于最新的科创板企业，还缺乏一定的专门介绍和研究针对性。这些缺陷会在日后研究中努力弥补。

参 考 文 献

[1] 陈彪、罗鹏飞、杨金强：《银税互动、融资约束与小微企业投融资》，载《经济研

究》2021 年第 12 期。

[2] 刘畅、刘冲、马光荣：《中小金融机构与中小企业贷款》，载《经济研究》2017 年第
8 期。

[3] 刘波、李志生、王泓力、杨金强：《现金流不确定性与企业创新》，载《经济研究》
2017 年第 3 期。

[4] 刘会政、宗喆：《融资约束对中国区域全球价值链嵌入的影响》，载《国际贸易问
题》2020 年第 4 期。

[5] 林毅夫、李永军：《中小金融机构发展与中小企业融资》，载《经济研究》2001 年第
1 期。

[6] 林毅夫、孙希芳、姜烨：《经济发展中的最优金融结构理论初探》，载《经济研究》
2009 年第 8 期。

[7] 林毅夫：《新结构经济学：反思经济发展与政策的理论框架》，北京大学出版社 2014
年版。

[8] 李涛、黄晓蓓：《企业现金流量与融资决策关联性的实证研究》，载《管理世界》
2008 年第 6 期。

[9] 梅冬州、杨龙见、高崧耀：《融资约束、企业异质性与增值税减税的政策效果》，载
《中国工业经济》2022 年第 5 期。

[10] 马晶梅、赵雨薇、王成东、贾红宇：《融资约束、研发操纵与企业创新决策》，载
《科研管理》2020 年第 12 期。

[11] 马述忠、张洪胜、王笑笑：《融资约束与全球价值链地位提升——来自中国加工贸
易企业的理论与证据》，载《中国社会科学》2017 年第 1 期。

[12] 牛建高：《民营企业投融资与资本结构实证研究》，人民出版社 2009 年版。

[13] 任晓猛、钱滔、潘士远、蒋海威：《新时代推进民营经济高质量发展：问题、思路
与举措》，载《管理世界》2022 年第 8 期。

[14] 姚耀军、董钢锋：《中小银行发展与中小企业融资约束——新结构经济学最优金融
结构理论视角下的经验研究》，载《财经研究》2014 年第 1 期。

[15] 赵娜、王博、张珂瑜：《融资租赁、银行信贷与企业投资》，载《金融研究》2021
年第 1 期。

[16] 文君、周传丽、徐兰：《中国民营企业可持续发展的融资策略研究》，人民出版社
2013 年版。

[17] Berger, A. N., Miller, N. H., Petersen, M. A., Rajan, R. G. and Stein, J. C.,
2005: Does function follow organizational form? Evidence from the lending practices of
large and small banks, Journal of Financial Economics, Vol. 76, No. 2.

[18] Bester, H., 1987: The role of collateral in credit markets with imperfect information,
European Economic Review, Vol. 31, No. 4.

[19] Hadlock, C. J. and Pierce J. R., 2010: New Evidence on Measuring Financial Con-
straints: Moving Beyond the KZ Index, The Review of Financial Studies, Vol. 23,
No. 5.

[20] Clementi, G. L. and Hopenhayn, H. A., 2006: A Theory of Financing Constraints and
Firm Dynamics, *Quarterly Journal of Economics*, Vol. 121, No. 1.

[21] Fazzari, S. M., Hubbard, R. G. and Petersen, B. C., 1988: Financing Constraints and

Corporate Investment, Brookings Papers on Economic Activity, Vol. 1, No. 1.

[22] Higgins, R. C., 1977: How Much Growth Can a Firm Afford? Financial Management, Vol. 6, No. 3.

[23] Jayaratne, J. and Wolken, J., 1999: How important are small banks to small business lending?: New evidence from a survey of small firms, *Journal of Banking & Finance*, Vol. 23, No. 2.

[24] Kaplan, S. N. and Zingales, L., 1997: Do Investment – Cash Flow Sensitivities Provide Useful Measures of Financing Constraints? Quarterly Journal of Economics, Vol. 112, No. 1.

[25] Modigliani, F. and Miller, M. H., 1958: The Cost of Capital Corporation Finance and The Theory of Investment, American Economic Review, Vol. 48, No. 3.

[26] Rajan, R. and Zingales, L., 1998: Financial Dependence and Growth, American Economic Review, Vol. 88, No. 3.

[27] Whited, T. M. and Guojun, W., 2006: Financial Constraints Risk, The Review of Financial Studies, Vol. 19, No. 2.

Financing Constraints, Enterprise Growth Capability and Inclusiveness of Small and Medium Financial Institutions

Wenling Yu   Lipai Zhang   Liang Zhang

Abstract: Based on the law of positive feedback evolution of "adaptability creates complexity", the sustainable development and stable growth of small-and medium-sized enterprises not only require the internal sustainable growth ability, but also have to adjust their business strategies to adapt to changes in the economic environment. Based on sorting out the financial problems of small-and medium-sized private enterprises, this paper conducts research from two perspectives: the optimization of internal financial sustainable growth capacity and the inclusive cooperation of small-and medium-sized financial institutions represented by urban and rural commercial banks. The study concludes that company's sustainable growth rate and actual growth rate generally do not match, and the operating cash flowsare difficult to meet the actual development and expansion needs; enterprises generally have external financial constraints, and there exists asset mismatch; there is an inverse relationship between the operating cash flows of enterprises and the inclusiveness of financial institutions. If the leverage of financial institutions plays an active role in this process, it can effectively alleviate financial pressures such as business cash flows, investment expenditures and cash holdings. Therefore, small-and medium-sized financial institutions can better expand financing channels for these companies, optimize resource allocation, enhance the economic vitality of market players, and boost the Chinese economy high-quality development.

Keywords: Sustainable Growth Rate　Financial Constraints　Growth Ability　Inclusiveness of Small-and Medium Financial Institutions

JEL Classification: G32　L60

《产业经济评论》投稿体例

　　《产业经济评论》是由山东大学经济学院、山东大学产业经济研究所主办，由经济科学出版社出版的开放性产业经济专业学术文集。它以推进中国产业经济科学领域的学术研究、进一步推动中国产业经济理论的发展，加强产业经济领域中海内外学者之间的学术交流与合作为宗旨。《产业经济评论》为中文社会科学引文索引（CSSCI）来源集刊。

　　《产业经济评论》是一个中国经济理论与实践研究者的理论、思想交流平台，倡导规范、严谨的研究方法，鼓励理论和经验研究相结合的研究路线。《产业经济评论》欢迎原创性的理论、经验和评论性研究论文，特别欢迎有关中国产业经济问题的基础理论研究和比较研究论文。

　　《产业经济评论》设"综述"、"论文"和"书评"三个栏目。其中："综述"发表关于产业经济领域最新学术动态的综述性文章，目的是帮助国内学者及时掌握国际前沿研究动态；"论文"发表原创性的产业经济理论、经验实证研究文章；"书评"发表有关产业经济理论新书、新作的介绍和评论。

　　《产业经济评论》真诚欢迎大家投稿，以下是有关投稿体例说明。

　　1. 稿件发送电子邮件至：rie@ sdu. edu. cn。

　　2. 文章首页应包括：

　　（1）中文文章标题；（2）200 字左右的中文摘要；（3）3～5 个关键词；（4）作者姓名、署名单位、详细通信地址、邮编、联系电话和 E-mail 地址。

　　3. 文章的正文标题、表格、图形、公式须分别连续编号，脚注每页单独编号。大标题居中，编号用一、二、三；小标题左齐，编号用（一）、（二）、（三）；其他用阿拉伯数字。

　　4. 正文中文献引用格式：

　　单人作者：

　　"Stigler（1951）……" "……（Stigler, 1951）" "杨小凯（2003）……" "……（杨小凯，2003）"。

　　双人作者：

　　"Baumol and Willig（1981）……" "……（Baumol and Willig, 1981）" "武力、温锐（2006）……" "……（武力、温锐，2006）"。

　　三人以上作者：

"Baumol et al.（1977）……""……（Baumol et al.，1977）"。

"于立等（2002）……""……（于立等，2002）"。

文献引用不需要另加脚注，所引文献列在文末参考文献中即可。请确认包括脚注在内的每一个引用均有对应的参考文献。

5. 文章末页应包括：参考文献目录，按作者姓名的汉语拼音或英文字母顺序排列，中文在前，word 自动编号；英文文章标题；与中文摘要和关键词对应的英文摘要和英文关键词；2 ~ 4 个 JEL（*Journal of Economic Literature*）分类号。

参考文献均为实引，格式如下，请注意英文书名和期刊名为斜体，中文文献中使用全角标点符号，英文文献中使用半角标点符号：

［1］武力、温锐：《1949 年以来中国工业化的"轻重"之辨》，载《经济研究》2006 年第 9 期。

［2］杨小凯：《经济学——新兴古典与新古典框架》，社会科学文献出版社 2003 年版。

［3］于立、于左、陈艳利：《企业集团的性质、边界与规制难题》，载《产业经济评论》2002 年第 2 期。

［4］Baumol，W. J. and Willig，R. D.，1981：Fixed Costs，Sunk Costs，Entry Barriers，and Sustainability of Monopoly，*The Quarterly Journal of Economics*，Vol. 96，No. 3.

［5］Baumol，W. J.，Bailey，E. E.，and Willig，R. D.，1977：Weak Invisible Hand Theorems on the Sustainability of Multiproduct Natural Monopoly，*The American Economic Review*，Vol. 67，No. 3.

［6］Stigler，G. J.，1951：The Division of Labor is Limited by the Extent of the Market，*Journal of Political Economy*，Vol. 59，No. 3.

［7］Williamson，O. E.，1975：*Markets and Hierarchies*，New York：Free Press.

6. 稿件不做严格的字数限制，《综述》《论文》栏目的文章宜在 8000 字以上，欢迎长稿。

7. 投稿以中文为主，海外学者可用英文投稿，但须是未发表的稿件。稿件如果录用，由本刊负责翻译成中文，由作者审查定稿。文章在本刊发表后，作者可以继续在中国以外以英文发表。

8. 在收到您的稿件时，即认定您的稿件已专投《产业经济评论》并授权刊出。《产业经济评论》已被《中国学术期刊网络出版总库》及 CNKI 系列数据库收录，如果作者不同意文章被收录，请在投稿时说明。

《产业经济评论》的成长与提高离不开各位同仁的鼎力支持，我们诚挚地邀请海内外经济学界的同仁踊跃投稿，并感谢您惠赐佳作。我们的愿望是：经过各位同仁的共同努力，中国产业经济研究能够结出更丰硕的果实！

让我们共同迎接产业经济理论繁荣发展的世纪！